동방 정교회 신학

동방 정교회 신학
EASTERN ORTHODOX THEOLOGY

개정판 발행 2012년 11월 20일
지은이 대니얼 B. 클린데닌
옮긴이 주승민
발행처 은성출판사
등록 1974년 12월 9일 제9-66호

ⓒ 1995, 2012년 은성출판사

주소 서울시 강동구 성내동 538-9
전화 070)8274-4404
팩스 02)477-4405
홈페이지 http://www.eunsungpub.co.kr
전자우편 esp4404@hotmail.com

이 책의 한국어판 저작권은 Baker Academics를 통한 독점 계약으로 한국어 판권을 은성출판사가 소유합니다. 저작권법에 의하여 한국 내에서 보호를 받는 제작물이므로 무단 전제와 복제를 금합니다.

Eastern Orthodox Theology: A Contemporary Reader. 2nd edition Copyright ⓒ 1995, 2003 by Daniel B. Clendenin(Editor). Published by Baker Academic. All rights reserved Korean translation copyright ⓒ 2012 by Eunsung Publications Korean translation rights

All rights reserved

printed in Korea
ISBN 978-89-7236-405-4 33230

Eastern Orthodox Theology
A Contemporary Reader

edited by
Daniel B. Clendenin

translated by
Seung-Min Joo

차례

서문 6

제1부 예배로서의 신학: 성찬예배와 성례전
제1장 지상의 천국 11
제2장 성례전 27
제3장 이콘의 의미와 내용 43
제4장 성모 마리아와 성인들 93

제2부 전승으로서의 신학: 공의회와 교부들
제5장 동방 정교회 관점에서의 신학 연구 115
제6장 고대 교회에서 전승의 역할 143
제7장 고대 공의회들의 권위와 교부들의 전승 171
제8장 본질적 전승과 비본질적 전승들 187

차례

제3부 만남으로서의 신학: 하나님, 그리스도, 인간
제9장 부정의 신학과 삼위일체 신학　223
제10장 정교회의 삼위일체 신학에서 성령의 발현　245
제11장 신의 성품에 참여하는 자　277

제4부 선교 신학: 정교회와 서방교회
제12장 정교회 전통에서의 선교 명령　297
제13장 정교회에서 진리의 중요성　309

색인　321

서문

정교회 예배학 분야의 저명한 학자 알렉산더 슈메만(Alexander Schmemann)은 동방 정교회 신자들과 서방 기독교인들 사이에 얼마간의 상호작용이 있지만 정교회의 유산이 서구인들의 의식 속에 "통합되지 못하고" 있으며 지금도 많은 사람들이 정교회를 "별로 중요하지 않으며 이국적이고 동양적인" 종교로 간주하고 있다고 주장한 적이 있다. 또 토마스 둘리스(Thomas Doulis)는 정교회로 개종한 사람들이 기록한 자서전적인 글 모음집 『정교회로의 여행』(Journeys to Orthodoxy) 서문에서 오늘날도 정교회는 "미국 내의 교파들 중에서 가장 알려져 있지 않다"고 언급했다.

이 책은 미흡하기는 하지만 최소한 위에서 말한 불운한 상태를 극복하며, 동방 정교회의 풍부한 전통을 서방의 기독교인, 즉 가톨릭 신자들과 개신교 신자들에게 소개하려는 의도로 저술되었다. 특히 여기에 실린 논문들은 정교회의 특징적인 주제들과 현대의 중요한 신학자들을 소개하기 위해 채택된 것들이다.

이 책은 정교회에 대한 해설서인 『동방 정교회 개론』(Eastern Orthodox Christianity, Grand Rapids: Baker, 1994)의 자매서로 기획되었다. 이 책에서 나는

정교회 연구를 위한 변증을 하고, 동방 정교회의 간단한 역사를 제시한 후에 네 가지 주요한 신학적 주제―부정의 신학, 이콘, 성경과 전승, 신화(theosis)―에 초점을 두었다. 그리고 마지막 장에서는 정교회 신학에 대한 개신교 입장에서의 평가를 수록했다.

그러나 정교회의 전승을 책에서 배울 수 있는 것일까? 한 개신교 신자가 정교회 사제에게 그의 신학적인 신념들에 대해 설명해 달라고 요청했더니, 그 사제는 "우리가 무엇을 믿는가를 묻기보다는 어떻게 예배해야 하는가를 묻는 편이 더 나을 것 같다"고 대답했다고 한다. 정교회 신앙은, 정교회의 총대주교 셀레스틴 1세(422-32)가 말한 바 *Lex orandi est Lex credendi et agendi*(기도의 규칙이 신앙과 행위의 규칙이다)라는 격언을 문자 그대로 취하는 성찬예배의 전통이다. 서방 기독교인들은 신학을 도서관의 책으로부터 배우는 경향이 있는 반면에, 정교회 신자들은 특별히 성소에서 베풀어지는 전례(성찬예배)와 예배로부터 신학을 배운다. 물론 이 책에서 보여주고 있듯이, 정교회는 뛰어나게 풍성한 지적 유산을 향유하고 있다(그것은 서방 기독교가 풍부한 전례들을 잃지 않고 있는 것과 같다). 그 같은 현상의 기원은 삼위일체론적 정통주의를 위해 싸운 위대한 투사인 아타나시우스에게까지 거슬러 올라가며, 오늘날도 줄어들지 않고 지속되고 있다. 이 책에서 소개하는 논문들을 대하는 독자들은 정교회 신앙에 대한 학문적 분석을 정교회 유산의 특징인 예배의 전례적 경험으로 오해해서는 안 된다.

많은 사람들이 이 책이 출판되는 데 도움과 충고를 주었다. 나는 특히 성 블라디미르 정교회신학교의 요한 브렉과 폴 마이엔도르프, 휘튼 대학의 제임스 스타물리스, 정교회 신앙과 복음주의 연구 협회의 브래들리 나시프, 트리니티 복음주의 신학교의 사서인 케이스 웰스, 그리고 베이커 출판사의 편집장인 짐 위버와 레이 위어스마에게 감사한다.

대니얼 B. 클렌데닌

제1부

예배로서의 신학: 성찬예배와 성례전

지상의 천국
티모티 웨어(Timothy Kallistos Ware)

티모티 웨어(Timothy Kallistos Ware)는 옥스포드의 막달렌 대학을 졸업했다. 거기에서 그는 고전, 철학, 그리고 신학을 연구했다. 그는 1958년 정교회에 입회하여, 1966년에 사제로 서품 되었으며, 밧모섬에 위치한 신학자 성 사도 요한의 수도원에서 수도서원을 한 후 칼리스토스라는 새 이름을 받았다. 1982년 그는 디오클레이아의 명의 사제로 봉사했고, 두아디라와 대영제국 정교회의 대주교 관구의 보좌주교로 임명되었다. 1966년 이후로 그는 옥스포드 대학에서 동방 정교회의 연구 분야에서 스팔딩 강의를 맡았고, 1970년에는 펨브로크 대학 특별 연구원이 되었다. 1973년 이래로 그는 영국 성공회-정교회 연합 교리 위원회의 위원으로 있다. 웨어는 4세기부터 15세기까지의 정교회 신비 문서들의 집록으로서 아주 중요한 출판물인 바 5권으로 된 『필로칼리아』(1979-)를 영어로 번역한 세 번역자 중 한 분이다. 1963년에 처음으로 출간된 그의 저서 『정교회』(*The Orthodox Church*)는 최근 1993년까지 빈번히 재판되고 있다. 그 책은 정교회 신앙의 역사, 신앙 그리고 예배를 위한 고전이 되었다.

"지상의 천국"은 웨어가 정교회의 예배와 성례전을 다룬 두 장 중 첫 번째의 것이다. 슬라브 민족이 이슬람이나 가톨릭이 아니라 정교회로 개종한 것에 관한 러시아 역사의 최초의 문서인 12세기『러시아 주요 연대기』의 유명한 구절을 인용하면서, 웨어는 정교회의 삶과 사상에서 성찬예배가 얼마나 중요한지 그 위치를 증명해 주고 있다. 다음의 본문은 예배와 신학적 교리의 관계에 관한 정교회의 개념을 논함에 있어서 특히 교육적이다.

교리와 예배

『러시아 주요 연대기』(*Russian Primary Chronicle*)에 다음과 같은 이야기가 있다. 키에프의 왕 블라디미르가 아직 이교도였을 때, 그는 어느 종교가 참 종교인지 알고자 하여 세계 여러 나라로 사신들을 보냈다. 사신들은 처음에 볼가 강 지역의 회교도인 불가리아인들에게 갔는데, 당시 불가리아인들이 기도할 때에 마치 무엇에 홀린 사람들처럼 주위를 응시하는 것을 보고서 실망하여 다른 지역으로 떠났다. 그들은 블라디미르에게 "그들에게는 기쁨이 없고 비탄과 악취뿐이었습니다. 그들의 체계에는 전혀 좋은 것이 없습니다"라고 보고했다. 그들은 다음으로 독일과 로마를 여행했는데, 그곳의 예배가 다소 만족스러운 것을 발견했으나, 여기에도 역시 아름다움이 없다고 불평했다. 마침내 그들은 콘스탄티노플로 갔고 소피아 대성당에서 드리는 성찬예배에 참석함으로써 그들이 원하던 것을 발견했다. "그 때 우리는 하늘에 있는지 지상에 있는지 알 수 없었습니다. 왜냐하면 지상의 어느 곳에서도 그같이 찬란하고 아름다운 것을 발견할 수 없기 때문입니다. 우리는 그것을 다 묘사할 수 없습니다. 우리가 아는 것은 단지 하나님께서 거기 사람들 중에 계셨다는 것, 그리고 그들이 드리는 예배가 다른 모든 장소에서 드리는 예배를 능가한다는 것입니다. 우리가 그 예배의 아름다움을 잊을 수 없습니다."

이 이야기에서 정교회의 몇 가지 특징이 발견된다. 첫째, 신적인 아름다움의 강조이다: "우리는 그 아름다움을 잊을 수 없습니다." 많은 사람들이 볼 때에 정교회를 믿는 민족들-특히 비잔티움과 러시아-의 특별한 은사는 영적 세계의 아름다움을 감지하고 그 아름다움을 예배 안에서 표현하는 능력이다.

두 번째로, 러시아인들이 "우리가 하늘에 있는지 지상에 있는지 알지 못했다"고 말한 것이 특이하다. 정교회인들이 볼 때에 예배는 "지상의 천국" 바로 그것이다. 거룩한 성찬예배는 동시에 두 세계를 포용한다. 왜냐하면 지상에서나 천국에서 성찬예배는 동일한 것-하나의 제단, 한 희생제사, 한 임재-이기 때문이다. 예배하는 모든 장소에서, 비록 외적으로는 초라해도 신실한 자들이 성찬(Eucharist)을 거행하기 위해 모일 때에 그들은 "하늘의 처소"로 들려 올려진다. 어느 곳이든 거룩한 희생제사를 드리는 곳에는 그 지역의 회중이 함께 할 뿐만 아니라 보편 교회 즉 성인들, 천사들, 동정녀 마리아와 그리스도 자신이 임재하신다. "지금 천상의 권세들이 우리와 함께 하며, 눈에 보이지 않게 예배하고 있다."[1]-"우리가 아는 것은 하나님께서 그곳에서 인간들 중에 거하신다는 것이다."

이 "지상의 천국"이란 통찰에 의해 고취되고 있는 정교회는 천국의 위

---

1) 이 구절은 입당[빵과 포도주를 제단으로 가져가는 봉헌 행진] 시에 부르는 찬송이다.

대한 전례를 외적으로 빛나는 광채와 아름다움을 지닌 성화로 표현하려고 노력해 왔다. 612년에 거룩한 지혜의 교회의 직원은 80명의 사제, 150명의 보제(補祭), 40명의 여 봉사자, 70명의 부보제, 160명의 봉독자, 25명의 성가대원, 100명의 문지기들로 구성되어 있었다. 이 사실은 블라디미르의 사신들이 참석했던 예배의 웅장함을 알 수 있도록 약간의 실마리를 제공해 준다. 그러나 매우 다른 외적 환경에서 정교회의 예배를 경험한 많은 사람들 역시 키에프에서 온 러시아인들 못지않게 사람들 사이에 계시는 하나님 임재를 느꼈다. 『러시아 주요 연대기』에서 눈을 돌려 1935년에 어느 영국인 여성이 쓴 편지를 보라:

> "오늘 아침은 아주 색다른 아침이다. 러시아인들은 어느 차고 위 아파트 안에 있는 매우 지저분하고 더러운 개신교 선교 센터를 빌려 두 주일에 한 번 성찬예배를 드리고 있다. 바로 무대에 적절하다고 생각되는 이코노스타시스와 몇 개의 현대적인 이콘, 더러운 마룻바닥과 벽 쪽에 놓인 긴의자 … 여기에 두 명의 훌륭한 노 사제들과 한 보제, 향 내음, 그리고 아나포라(성체 기도)에서 초자연적인 인상이 압도하고 있다."[2]

블라디미르의 사신들의 이야기는 정교회의 세 번째 특성을 묘사한다. 참 신앙을 발견하기 위해 노력하던 이 러시아인들은 도덕적 규칙들에 관해 묻지 않고, 합리적이고 교리적인 진술을 요구하지 않았으며, 다만 각 민족들의 기도하는 모습을 지켜보았다. 종교에 대한 정교회의 접근은 근

---

2) *The Letters of Evelyn Underhill*, ed. Charles Williams (London, 1943), 248.

본적으로 전례적인 접근, 즉 신적 예배라는 맥락 안에서 교리를 이해하는 것이다. 정통주의(orthodoxy)라는 단어가 올바른 신앙과 올바른 예배를 의미하는 것은 우연한 일이 아니다. 왜냐하면 이 두 가지는 서로 불가분리하기 때문이다. 비잔틴 사람들에 관하여 "그들에게 있어서 교리는 성직자들이 이해하여 평신도에게 설명해 주는 지적인 체계일 뿐 아니라, 성찬예배를 통해서 지상에 있는 모든 것이 위대한 천상의 것들과의 관계 안에서 보이는 통찰의 장(場)이다"라고 말해진다.[3] 조지 플로로프스키의 말에 따르면, "기독교는 성찬예배의 종교이다. 교회는 무엇보다 예배하는 공동체이다. 예배가 으뜸이고, 교리와 기독교적 훈련은 두 번째이다."[4] 정교회에 관하여 알고자 하는 사람들은 책을 읽을 것이 아니라 블라디미르의 사신들의 본을 받아 정교회의 성찬예배에 참석해야 한다. 그리스도께서 안드레에게 "와서 보라"고 하셨다(요 1:39).

이처럼 정교회는 성찬예배를 통해서 신앙에 접근하기 때문에, 종종 의식의 세밀한 곳에까지 중요한 의미를 둠으로써 서방의 기독교인들을 놀라게 한다. 그러나 우리가 정교회의 삶에서 예배가 중심이 된다는 것을 이해한다면, 러시아 교회의 이교자(離敎者: Old Believers)들의 분열과 같은 사건을 그런 대로 이해할 수 있을 것이다. 만일 예배가 행동하는 신앙이라면, 전례적 변화들은 가볍게 취급되어서는 안 된다. 15세기의 어느 러시아인 작가가 플로렌스 공의회를 공격하면서 라틴인들의 결점이 교리상의 오류가 아니라 예배에서의 행위라고 비난한 것은 전형적인 예라 하겠다.

---

3) George Every, *The Byzantine Patriarchate* (London, 1947), ix.

4) George Florovsky, "The Elements of Liturgy in the Orthodox Catholic Church," *One Church* 13.1-2 (1959): 24.

"당신은 라틴인들 가운데서 가치 있는 것을 발견한 적이 있습니까? 그들은 어떻게 하나님의 교회를 섬겨야 하는지조차도 모르고 있습니다. 그들은 광대처럼 목소리를 높이며, 그들의 노래는 불협화음의 부르짖음입니다. 그들은 예배 안에 있어야 할 미와 경외심에 대한 개념이 전혀 없습니다. 그렇기 때문에 그들은 트럼본이나 나팔을 불고, 오르간을 사용하고, 손을 흔들고 발로 장단을 맞추며, 그것도 모자라 악마에게 기쁨을 주는 많은 엉뚱하고 무질서한 일들을 행합니다."[5]

정교회에서는 인간을 무엇보다도 하나님께 영광 돌릴 때 진실로 참된 존재가 되며 예배 안에서 자신의 완전과 자아 성취를 발견하는 성찬예배적 피조물로 본다. 정교회 신자들은 자신의 신앙의 표현인 거룩한 성찬예배 안에 자신의 모든 종교적 경험을 쏟아 놓았다. 성찬예배는 그들의 시, 예술, 음악에 영감을 주어 왔다. 정교회의 성찬예배는 중세 시대에 그러했던 것처럼 결코 학식 있는 자나 성직자의 전유물이 아니라 대중적인 것, 즉 전체 기독교인들의 공동 소유로 남아 있었다.

"정교회의 정상적인 평신도 예배자는 유아기부터 유지해온 친숙함 때문에 교회에 있을 때에 마치 집에 있는 듯이 편안하며, 거룩한 성찬예배의 모든 부분에 정통하며, 그 의식에 무의식적이고 편안하게 참여하되 서방교회에서는 신심 깊은 자들과 교회적으로 훈련된 지성의 소유자만이 동참하는

---

5) Nicolas Zernov, *Moscow, the Third Rome*(London, 1937), 37 인용. 이 구절은 그 내용 중에 나타난 서방교회의 혹평을 제시하려는 의도가 아니라 단지 정교회의 성찬예배 접근 방식의 예로 인용한 것이다.

수준까지 참여한다."⁶

역사적으로 몽고와 터키, 또는 공산주의의 지배하에 있었던 암흑시대에, 정교회를 신봉하는 민족들은 항상 영감과 새로운 소망을 얻기 위해 거룩한 성찬예배를 의지했으며, 그러한 수고는 결코 헛되지 않았다.

외부의 상황: 사제와 백성

정교회 예배의 기본 형태는 로마 가톨릭 교회와 같다. 첫째로 성찬예배가 있고, 둘째로는 성무일과(만과, 석후과, 심야과, 조과)가 있으며, 시과로는 제1시과[오전 9시 기도], 제3시과[정오 기도], 제6시과[오후 3시 기도] 그리고 제9시과[오후 6시 기도] 등 여덟 차례 기도 시간이 있다.⁷ 셋째는 특별한 경우에 행하는 성사로서, 예를 들면 세례, 결혼, 수도 서약, 대관식, 교회 봉헌, 그리고 장례 등 특별한 경우를 위해 의도된 예배이다. 정교회에서는 이것들 외에 여러 가지 준성사들을 집례하고 있다.

영국 국교회의 많은 교회 및 거의 모든 가톨릭 교구 교회에서 매일 성찬식이 거행되지만, 오늘날 정교회에서는 일반적으로 규모가 큰 수도원이나 주교가 있는 대성당을 제외하고는 날마다 성찬예배를 드리지는 않으며, 일반 교구 교회에서는 주일과 축일에만 거행된다. 그러나 현대 러시아에서는 예배 장소가 거의 없고 많은 기독교인들이 주일에 직장에 나가야 하

---

6) Austin Oakley, *The Orthodox Liturgy*(London, 1958), 12.
7) 로마교회 전례에서 저녁기도가 동방에서는 조과이지만, 동방교회에서 저녁기도는 석후과의 일부다. 동방교회의 조과는 서방교회의 조과와 철야기도와 같다.

는데도 많은 도회지의 교구에서 매일 성찬예배가 거행되고 있다.

성무일과는 매일 러시아의 많은 도회지의 교구에서는 물론이요 일부 대성당 및 크고 작은 수도원에서 거행되고 있다. 그러나 정교회의 평범한 교구 교회에서는 주말이나 축일에만 드려진다. 그리스의 교회들은 저녁 기도(vesper)를 토요일 저녁에 드리며 아침 기도(Matin)는 주일 아침 예배 전에 드린다. 러시아 교구에서 아침 기도는 일반적으로 토요일 저녁 기도 후 곧바로 이어서 드린다. 따라서 이 두 기도 및 그 뒤에 이어지는 조과(prime)는 철야 기도회 혹은 철야 예배의 중요한 구성요소가 된다. 그러므로 서방 기독교인들은 주일 저녁에 예배를 드리는 경향을 보이는 반면에, 정교회 신자들은 토요일 저녁에 예배를 드린다.

정교회 예배에서는 대중이 이해하기 쉬운 언어를 사용한다. 이를테면 안디옥에서는 아랍어로, 헬싱키에서는 핀란드어로, 동경에서는 일본어로, 런던과 뉴욕에서는 영어로 예배를 거행한다. 9세기의 키릴과 메토디우스로부터 19세기의 이노센트 베니아미노프와 니콜라스 카자트킨에 이르기까지, 정교회 선교사들이 행한 우선적인 과업은 예식서를 그 지방의 토착어로 번역하는 것이었다. 그러나 실제로는 지방 토속어를 사용하는 일반적인 원리에 반하는 예외들이 있다. 다시 말해 그리스어를 사용하는 교회들은 현대 그리스어가 아니라 신약 시대와 비잔틴 시대의 그리스어를 채택했으며, 러시아 교회는 지금도 9세기에 슬라브 교회에서 사용하던 역본들을 사용하고 있다. 그러나 이 두 경우에 성찬예배에서 사용하는 언어와 그 지방의 현대 언어 사이의 차이는 회중들이 예배에서 사용하는 언어를 이해하지 못할 정도로 크지 않다. 1906년에 많은 러시아 주교들은 교회에서 슬라브어 대신에 현대 러시아어를 사용할 것을 요구했다. 그러나 이러한 계획이 실행되기 전에 볼세비키 혁명이 일어났다.

오늘날 정교회의 예배는 초대교회에서처럼 모두 찬송이나 성가로 진행된다. 정교회에서는 가톨릭 교회에서처럼 합창이 없는 독창 미사(low mass)나 영국 성공회에서처럼 "said celebration"(대화식 성찬식)과 같은 것을 찾아볼 수 없다. 모든 아침 기도와 저녁 기도는 물론 성찬예배 때에도 향을 피우며, 성가대나 회중이 없이 사제와 한 명의 봉독자만 있어도 의식은 진행된다. 그리스어를 사용하는 정교회의 음악에서는 8개의 음조를 가진 고대 비잔틴 단선율 성가(plainchant: 무반주로 제창하는 초기 기독교 시대로부터의 교회 음악-역자주)가 사용된다. 비잔틴 선교사들이 슬라브 땅에 도입한 이 단선율 성가는 여러 세기를 거치는 동안 광범위하게 수정되었고, 슬라브 교회들은 각기 나름대로의 교회 음악의 전통과 형태를 발전시켰다. 이러한 전통 중에서 러시아의 전통이 서방 사람들에게 가장 잘 알려져 있고 즉각적인 호응을 얻고 있다. 많은 사람들은 러시아 교회 음악이 모든 기독교 음악 중에서 가장 훌륭하다고 생각하며, 소련 연방 및 그곳에 있는 이주자들 역시 러시아 성가대들을 인정하고 있다. 최근까지 정교회 내에서의 성가는 일반적으로 성가대가 행하고 있다. 오늘날 소규모이기는 하지만 그리스와 러시아, 그리고 루마니아와 디아스포라의 교구들 중에서 회중 찬송을 부흥시키려는 움직임이 증가하고 있다. 예배 전체에서는 아니지만 특별한 순간, 이를테면 신조와 주기도문을 암송할 때에 회중 찬송을 적용할 수 있다.

오늘날도 정교회에서는 초대교회에서처럼 찬송이 사용되지 않으며 기악도 발견되지 않는다. 그러나 예외적으로 미국 정교회의 그리스인들은 오르간이나 하모니카를 선호하고 있다. 대부분의 정교회에서는 교회 안에서 손이나 종을 사용하지 않는다. 그러나 교회 밖에는 종루가 있어서, 예배 전에는 물론 예배가 진행되는 동안에도 종을 울린다. 러시아에서의 타종 소리는 특히 유명했었다. 알렙포의 폴은 1655년에 모스크바를 방문하고 다음과 같이 기록했다:

> 주일 밤과 큰 축일 전야 및 자정에 울려 퍼지는 종소리만큼 많은 영향을 나에게 준 것은 없다. 그 진동소리에 땅이 떨렸다. 그 소리들은 천둥처럼 하늘로 울려 퍼졌다. …그들은 관습대로 청동으로 된 종들을 쳤다. 하나님께서 요란하면서도 즐거움을 자아내는 그 소리에 놀라지 않으시기를![8]

정교회의 건물 형태는 일반적으로 사각형으로서 중앙에는 둥근 지붕으로 덮인 넓은 공간이 있다(러시아에서 교회의 둥근 지붕은 양파의 형태로서, 러시아 전 지역의 특징적인 풍경을 이룬다). 고딕식 대성당이나 규모가 큰 교구 교회에서 흔히 볼 수 있는 바 길게 이어진 중앙의 회중석과 성단소(聖壇所)는 동방 정교회의 건축에서 발견되지 않는다. 일반적으로 벽면에 긴의자나 성직자석이 놓일 수도 있지만, 교회의 중앙에는 의자나 회중석이 마련되어 있지 않다. 일반적으로 정교회 신자들은 서서 예배를 드린다(정교회 신자가 아닌 방문객들은 종종 늙은 부인들이 피곤한 기색을 보이지 않고 몇 시간 동안 서서 예배 드리는 모습을 보고 놀란다). 그러나 회중들이 앉거나 무릎을 꿇을 수 있는 순간들이 있다. 제1차 에큐메니컬 공의회의 교회법 제20조는 주일이나 부활절부터 성령강림절 사이의 50일 동안에는 무릎을 꿇는 일을

---

8) Paul of Aleppo, *Travels of Macarius*, ed. Laura Ridding(London, 1936), 27, 6.

금지하고 있지만, 오늘날 이 규칙이 항상 엄격히 지켜지는 것은 아니다.

회중석의 유무는 기독교 예배의 전반적인 정신에 현저한 차이를 가져온다. 알프스 북부에 있는 정교회의 예배에는 서방교회의 회중들에게서는 발견할 수 없는 융통성, 그리고 다른 사람들을 의식하지 않는 비격식성이 있다. 서방의 예배자들은 지정된 곳에 있는 좌석에 줄을 맞추어 앉으므로 예배 도중에 움직이면 소란을 일으키게 된다. 따라서 서방교회의 회중은 예배 전에 도착하여 끝까지 머물러 있어야 한다. 그러나 정교회의 예배자들은 자유롭게 드나들 수 있으며, 예배 중에 움직이는 사람이 있어도 누구도 크게 놀라지 않는다. 성직자들의 행위에서도 동일한 비공식성과 자유함이 특징을 이룬다. 예식과 관련된 동작은 서방에서처럼 상세하게 규정되어 있지 않다. 성직자들의 자세는 덜 형식적이며, 훨씬 자연스럽다. 이런 비공식적인 모습이 때로는 불경으로 이어질 수도 있으나, 그것은 정교회가 상실할 경우 매우 유감스러울 중요한 특징이다. 정교회 신자들은 교회에 있으면 아주 편안함을 느낀다. 그들은 연병장에 있는 군대가 아니라, 아버지의 집에 있는 자녀들이다. 종종 정교회의 예배는 "저 세상"에 속한 것이라고 말해진다. 그러나 더욱 진실하게 말하자면 "가정적"이라고 묘사되어야 한다. 즉 예배는 가정적인 일이다. 그러나 이 가정적이며 비공식적인 면 뒤에는 신비에 대한 심오한 의식(意識)이 있다.

모든 정교회의 성소는 이코노스타시스(iconostasis)에 의해 분리된다. 이코노스타시스란 성화들이 그려진 나무 칸막이이다. 초기에는 이코노스타시스의 높이는 3-4 피트로서 낮았다. 이렇게 낮은 이코노스타시스는 베니스에 있는 성 마가의 교회에서 볼 수 있다. 최근에 들어서(여러 지방에서는 15세기나 16세기에) 비로소 이 기둥들 사이의 공간이 채워졌고, 이코노스타시스가 현재와 같은 완전한 형태를 취하게 되었다. 오늘날 많은 정교회 전례학자들은 크론스타트(Kronstadt)의 요한 사제가 제시한 본보기를 따라 이코노스타시스를 보다 개방된 형태로 개조하기를 원하고 있으며, 몇 곳에서는 이 일이 실제로 이루어지고 있다.

이코노스타시스에는 세 개의 문이 있다. 중앙에 있는 큰 문(거룩하며 호화로운 문)을 통해서 제단을 볼 수 있다. 이 문은 두 짝으로 되어 있고, 그 뒤에는 커튼이 드려져 있다. 부활절 주간을 제외하고는, 예배 시간 외에 그 문은 닫혀 있고, 커튼이 드려져 있다. 예배가 진행되는 동안에 그 문이 때때로 열리고 때로는 닫히는데, 문이 닫힐 때에는 커튼도 드려진다. 그러나 많은 그리스의 교구에서는 성찬예배가 진행되는 내내 문을 닫지 않고 커튼도 치지 않는다. 많은 교회에서는 두 짝으로 된 문을 완전히 제거했고, 또 어떤 교회들은 전례학적으로 훨씬 더 정확하게 문은 그대로 두고 커튼은 제거했다. 나머지 두 개의 문 중에서 왼쪽에 있는 문은 성찬준비소(*prothesis*: 여기에는 성찬 그릇이 보관되며, 사제는 이곳에서 성체와 성혈을 준비한다)로 통한다. 오른쪽의 문을 통해서는 봉사실(*diakonikon*)로 들어가는데, 이곳은 요즈음 일반적으로 제의방(祭衣房)으로 사용되지만 원래는 성경 특히 복음서와 성유물이 보관되었던 곳이다. 평신도들은 성찬예배 때에 복사(服事)의 일을 하는 경우 외에는 이코노스타시스 뒤에 들어갈 수 없다. 정교회에서 제단(거룩한 식탁, 또는 보좌라고 불린다)은 성소 중앙에 위치한다. 제단 뒤 벽을 마주 보고 주교의 자리가 놓인다.

정교회는 성화로 가득 차 있다. 칸막이에, 벽에, 특별한 성물함에, 혹은 책상 위에 성화가 놓여져 신자들이 공경할 수 있게 되어 있다. 정교회 신자들이 교회에 들어가서 제일 먼저 하는 행동은 양초를 사 가지고 성화에 다가가서 성호를 긋고 성화에 입을 맞추고 그 앞에서 촛불을 켜는 것이다. 엘리자베스 1세 때에 러시아를 방문한 영국 상인 리차드 챈슬러는 "그들은 위대한 촛불 봉헌자들이다"라고 평했다. 교회를 장식하는 데 있어서 성화들은 임의적으로 배열되는 것이 아니라 분명한 신학적 계획을 따라 배열되므로, 교회 건물 전체가 하나의 위대한 성화, 또는 하나님 나라의 이미지를 이룬다. 정교회의 종교 예술에는 중세 서방의 종교 예술에서처럼 교회 건물 전체와 장식을 포함하는 정교한 상징의 체계가 있다. 성화, 프레스코화, 모자이크 등은 단순히 교회를 근사하게 보이려고 계획된 장식이 아니라, 나름대로 성취해야 할 신학적이고 전례적인 기능을 지닌다.

교회를 가득 채운 성화들은 천국과 지상이 만나는 지점 역할을 한다. 각 지역의 회중이 매 주일 그리스도와 천사들과 성도들의 형상에 둘러싸여 기도할 때에, 이 보이는 형상들은 예배에 참석한 신자들에게 천국의 전체 회중의 보이지 않는 임재를 상기시켜 준다. 신자들은 교회의 벽이 영원을 향해 열린 것을 느끼고, 지상에서 드리는 성찬예배가 천국의 위대한 성찬예배와 동일한 것임을 깨닫도록 도움을 받는다. 성화들은 천국에 대한 의식을 가시적으로 표현한다.

정교회 예배는 공동체적이고 대중적이다. 정교회 예배에 종종 참석하는 비정교회인들은 예배하는 전체 공동체(사제와 회중)가 얼마나 밀접하게 결속되어 있는지를 재빨리 깨닫게 될 것이다. 특히 회중석의 부재는 일종의 일체감을 창출하는 데 도움이 된다. 대부분 정교회의 회중들은 찬송에 실제로 참여하지 않지만, 그렇다고 해서 그들이 예배의 실제적인 참여자가 되지 못하고 있다고 생각해서는 안 된다. 또한 견고한 형태로 존재하고 있는 이코노스타시스가 교인들로 하여금 성소에 있는 사제들과의 거리감을 느끼게 하지는 않는다. 실제로 많은 예식들이 성화 칸막이 앞에서, 즉 회중들이 완전히 볼 수 있는 위치에서 거행된다.

정교회의 평신도들은 "미사를 듣는다"(hear the mass)라는 표현을 사용하지 않는다. 왜냐하면 정교회에서 미사는 성직자들이 평신도들을 위해 수행하는 것이 아니라 성직자와 평신도가 함께 수행하는 것이기 때문이다. 평민들이 이해할 수 없는 학문적인 언어로 성찬식이 집례된 중세 시대의 서방에서 사람들은 성체 거양을 위해서 교회에 갔지만, 다른 경우에 미사는 주로 개인적인 기도를 드리기 위한 편리한 기회로 취급되었다.[9] 정교회의 성찬예배는 항상 사제와 평신도가 함께 행하는 하나의 공통된 행위였으며, 회중은 개인 기도를 드리기 위해서가 아니라 예배 의식 자체의 행위에 참여하며 성찬예배의 공동 기도를 드리기 위해서 교회에 간다. 정교회에서는 중세 시대 및 중세 이후의 서방교회가 경험했던 바 전례와 개인적인 헌신의 분리를 경험한 적이 없다.

확실히 서방교회는 물론 정교회는 하나의 성찬예배 운동을 필요로 한다. 사실 그러한 운동은 이미 정교회 세계의 일부 지역에서 소규모로 시작되었다(회중 찬양의 부흥, 예배가 거행되는 동안 거룩한 문을 열어두는 것, 보다 개방적인 형태의 이코노스타시스 설치 등). 그러나 필요한 변화가 크게 근본적인 것은 아니므로 정교회 내에서의 성찬예배에 관한 운동의 범위는 크게 제한될 것이다. 서방에서 부흥시키려는 성찬예배 개혁의 주요 목표인 공동예배라는 의식은 끊임없이 정교회 내에 살아 있었다.

대부분의 정교회 예배는 성급하지 않고 시간의 제한을 받지 않는다. 그

---

9) 물론 서방교회에서는 현재 성찬예배 운동에 의해 이 모든 것들이 변화되고 있다.

것은 부분적으로는 연도(連禱: litany)를 끊임없이 반복한 데 따른 결과이기도 하다. 연도는 다소 긴 형태나 짧은 형태를 취하는데, 비잔틴 의식의 모든 예배에서 여러 차례 반복된다. 연도를 드릴 때에는, 보제(보제가 없을 경우에는 사제)가 교인들에게 교회와 세상의 여러 가지 필요한 일을 위해서 기도하라고 요청하며, 각각의 간구에 대해 성가대나 교인들은 "주여, 불쌍히 여기소서"(Kyrie eleison)라고 화답하는데, 아마 이 표현은 정교회를 방문하는 사람들이 정교회 예배에서 파악하게 되는 최초의 표현일 것이다(어떤 연도에서는 그 화답이 "주여, 이것을 주소서!"라고 바뀌어 있다). 회중은 십자성호를 긋거나 몸을 굽혀 절을 함으로써 여러 가지 상이한 중재기도에 합류한다. 일반적으로 십자성호를 긋는 행위는 서방교회보다 정교회에서 훨씬 더 자유롭고 빈번하게 행해진다. 물론 예배 도중에 모두가 동시에 성호를 그어야 할 특별한 경우들이 있지만, 예배자들은 각기 다른 순간에 나름대로 성호를 긋는다.

앞에서 정교회 예배가 시간 상의 제한이 없고 조급한 것이 아님을 밝혔다. 대부분의 서구인들은 비잔틴의 예배가 문자 그대로 시간의 제한을 받지 않는다 하더라도 어느 정도 견디기 어려울 정도로 길게 진행된다고 생각한다. 물론 정교회의 예배 중에 나타나는 기능들은 서방교회에서의 기능들에 비해 다소 긴 것이 사실이지만 그것을 너무 과장해서는 안 된다. 1시간 15분 동안 비잔틴식의 성찬예배를 드리면서 짧은 설교를 한다. 실제로 1943년 콘스탄티노플의 총대주교는 그의 관할 하에 있는 교구 내의 모든 교회의 주일 예배 시간이 1시간 반을 넘어서는 안 된다고 공포했다. 전반적으로 러시아인들의 예배 시간은 그리스인들의 예배 시간보다 길다. 그러나 이민들이 모이는 정상적인 러시아 교구에서의 주일 저녁 예배는 두 시간 이상 걸리지 않고, 때로는 그보다 짧다. 물론 수도원에서의 성무는 보다 오래 지속된다. 아토스 산에서 거행되는 큰 축일의 예배는 휴식 없이 12시간 내지 15시간 이상 계속되는데, 이것은 예외적인 경우이다.

정교회 신자들 자신도 종종 예배 시간이 길다는 사실에 놀라곤 한다. 알렙포의 폴은 러시아로 들어가면서 자신의 일기에 다음과 같이 기록했다: "지금 우리의 고통과 진통이 시작된다. 교회에는 좌석이 하나도 없다. 심지어 주교를 위한 좌석도 없다. 당신은 교인들이 예배 시간 내내 바위처럼 움직이지 않고 서 있거나, 기도하면서 끊임없이 몸을 굽히는 모습을 볼 수 있다. 하나님께서는 우리를 도와 그들이 드리는 오랜 기도와 성가와 미사에 참여하게 해주신다. 왜냐하면 우리는 큰 고통을 겪어 우리의 영혼이 피로와 고민을 당했기 때문이다." 그는 고난 주간에 다음과 같이 외쳤다: "하나님께서 우리를 특별히 도우사 이 한 주간을 견뎌낼 수 있게 하소서! 모스크바인들의 발은 쇠로 만들어졌음이 분명하다."[10]

---

10) Paul of Aleppo, *Travels of Macarius*, ed. Ridding, 14, 46.

성례전
존 카르미리스

존 카르미리스(John Karmiris)는 1904년에 태어났다. 그는 아텐 대학에서 신학과 그리스 문학을 공부했다. 후에 그는 본(Bonn) 대학과 베를린(Berlin) 대학에서 신학을 공부했다. 그는 아텐 대학에서 신학박사 학위를 받았고, 1937년 이래 그곳의 신학과 교수로 봉직하고 있다. 일부 정교회 신학자들은 그를 그리 중요하지 않은 학자로 여기지만, 다음에 나오는 글은 성례전에 대한 정교회의 입장을 간략하게 보여준다. 교부들의 저서를 크게 의존하고 있는 카르미리스의 글은 표준적인 정교회의 신학적 방법을 나타낸다.

교회는 성찬식에 의해서 교회 안에 거하는, 하나님의 의롭게 하시고 성화시키시는 은혜를 교인들에게 수여한다. 성찬식은 거룩하게 제정된 의식으로서, 신비하게 전해진 불가시적 은혜를 가시적인 수단에 의해서 전해

준다. 그러므로 합당하게 받은 성례전은 하나님의 은혜의 도구가 된다. 성례전은 "참여하는 자들을 위한 효과적인 은혜의 도구"로서 신실한 참여자로 하여금 구주의 구속 사역 안에서 성체 배령자가 되게 해 준다.[1] 성례전은 하나님의 명령들을 위한 훌륭한 수단은 아니다. 하나님의 구원의 능력은 성례전의 행위를 통해서 우리 안에서 성화의 과정을 완성하신다. 이것은 성령의 능력과 은혜에 의해서 모든 신실한 사람들 안에서 이루어진다. 이것이 성례전이 정교회 의식에서 중요한 위치를 차지하고 있는 이유이다. 실로 "교회의 총괄적인 의미는 성례전, 교회의 존재, 그리스도의 몸의 충만과 세부적인 지체들 안에서 실현된다."[2]

성례전에는 세례, 견진례, 성찬식, 서품식, 고해성사, 혼인(혼배성사), 성유식 등 일곱 가지가 있다. 이중 세 가지(세례, 견진, 서품)는 반복될 수 없는 것이며, 나머지 네 가지(성찬, 고해성사, 혼인, 성유식)는 반복될 수 있다(즉 동일한 사람에게 일 회 이상 행할 수 있다).[3] 각각의 성례는 나름의 특별한 은혜를 전달한다. 세례와 견진례는 의롭게 하고 중생하는 은혜를 전달하며, 고해

---

1) Dositheus, *Confession*, 15, quoted in John Karmiris, *The Dogmatical and Symbolical Texts of the Orthodox Catholic Church*, 2 vols. (Athens, 1951, 1953), 2:758.

2) Nicholas Cabasilas, *Interpretation of the Divine Liturgy* 37-38, in *Patrologia Graeca*(PG), ed. J. P. Migne, 162 vols. (Paris, 1857-66), 150.452-53. 교회는 성례전을 상징으로 이해하는 것이 아니라 몸에 속한 지체들의 핵심, 가지들을 지탱해주는 뿌리로 이해한다. 상징이라는 단어를 반대하는 것은 성례전이 하나의 그림이나 추상적인 표상을 전하는 것이 아니라 그 주체의 실체를 전달한다는 사실에 기초를 둔다 (예. 우리는 성찬 안에서 실제로 그리스도의 몸과 피를 받는다). 이러한 방편을 통해서 신자들은 실제로 머리가 되시는 그리스도의 생명에 참여한다. 그리스도께 대한 신자들의 의지는 상징적인 것이 아니라 지극히 실질적인 것이다.

3) 서방교회에서 주장하는바 어떤 성례의 "지울 수 없는 특성"이 정교회에서는 받아들여지지 않음에 유의해야 한다. (See K. Dyobouniotes, *The Sacraments of the Eastern Orthodox Church* [Athens, 1913], 24-30). 그러나 고대 동방 교부들은 "지울 수 없는 인, 성령의 영원한 인"을 가르쳤다.(*Cyril of Jerusalem Procatechesis* 16.17[PG 33.365]을 보라; 그리고 Basil the Great, *On Holy Baptism* 13.5[PG 31.433]도 보라.)

성사와 성유식은 영혼과 몸을 치료하는 은혜를 전한다. 서품식과 혼배성사는 우리로 하여금 어떤 특별한 기능을 행할 수 있게 한다. 성찬식은 영적으로 우리를 먹이고 만족하게 해 준다.

성례전의 완전함은 보이지 않는 (성례) 집전자이시며, "전수자"이신 주님의 명령과 제정에 의존한다. 이것은 또한 성례를 집례하는 사제의 지위와 영향력에 의존한다*(ex opere operato, ex opere operantis)*. 성례전의 효력은 결코 집전자나 그것을 받는 자의 도덕적 자질 또는 신앙에 의존하는 것이 아니다.[4] 그러나 성례를 거행하는 데 있어서 모든 마술적이고 기계적인 행위가 배제된다. 그러므로 우리는 성례 집전자인 사제는 눈에 보이지 않으나 실질적인 집례자인 주님의 도구에 불과함을 깨닫는다. (이런 까닭에 성찬식을 거행할 때에 사제는 하나님께 "당신은 주시는 자시요 봉헌 받는 분이시며, 받는 자시요 나누어짐을 당하시는 분이시니 이 떡을 그리스도의 귀중한 몸으로 만들어"[5] 달라고 기도한다). 둘째, 성례의 성취는 교인들에게 의존하는 것이 아니다. 성례가 교인들에게 개인적으로 효력이 있는 것이 되기 위해서는 "주의 몸을 분별하지 못하고 먹고 마시는 자는 자기의 죄를 먹고 마시는 것이니라"(고전 11:29)고 하신 성경 말씀에 따라 스스로를 준비하기만 하면 된다. 이와 같이 성례전은 그것을 받는 사람의 신앙과는 상관없이 효과적으로 성취된

---

4) "비록 사제들이 극도로 악하더라도, 그는 자기가 맡은 모든 일을 행하며, 성령을 보낼 것이다. 왜냐하면 깨끗한 자들(사제)이라고 해서 자신의 깨끗함에 의해서 성령을 끌어내려올 수 없기 때문이다. 모든 일을 행하는 것은 은혜이다. …사제의 수중에 놓인 모든 일은 하나님만이 주시는 것이며, 인간의 지혜가 아무리 크다 해도 그 은혜보다는 열등할 것이다. …천사나 천사장도 하나님으로부터 주어지는 것에 관해서는 아무 일도 할 수 없다. 그러나 성부와 성자와 성령은 사제의 입과 손을 빌려 모든 것을 주신다."(Chrysostom, *Homilies on John* 84.4[PG 59.472]; See also *Gregory of Nazianzus, Orationes* 40.26["On Holy Baptism," PG 36.396]; Jeremiah II, *Answer I to the Lutherans, in Karmiris, Dogmatical and Symbolical Texts*, 1:391ff.).

5) Liturgy of Chrysostom, in Karmiris, *Dogmatical and Symbolical Texts*, 1:255-60.

다. 정교회는 참된 교회 밖에서는 하나님의 은혜가 주어지지 않는다고 믿으며, 그렇기 때문에 특별한 상황을 제외하고는 교회 밖에서 행해진 성례 행위들의 완전성을 인정하지 않는다(교회는 특별한 섭리와 겸손에 의해서 교회에 나아온 이단자들의 성례전을 인정한다).[6]

정교회는 위에서 언급한 일곱 가지 성례전을 받아들이는데, 그것은 동방 정교회에서는 예부터 알려져 있었던 것이다. 성찬예배의 관습에서 증명되는 바처럼, 그것들은 언제나 신봉되어 왔다. 그러나 그것들에 관한 가르침은 비밀로 간주되었기 때문에 글로 기록되지 않았다.[7] 또 아무도 이에 대해 의심을 제기하지 않았으므로, 어떤 이유에서건 교회는 공식적으로 성례전을 일곱 가지로 정의해야 할 강요를 받지 않았다. 그러나 우리는 고대 정교회 교부들, 그리고 심지어 고대 공번된 교회로부터 분열해 나갔으면서도 계속 일곱 가지 성례에 대한 교회의 가르침을 신봉했던 네스토리우스파와 단성론자들로부터의 충분한 증언을 소유하고 있다. 그것은 동방과 서방이 처한 공통된 상태였다. 이런 까닭에 분열이 있었던 기간에 성례전의 숫자에 대해서 전혀 의심이 제기되지 않았으며, 동방이나 서방에서 성례의 숫자를 늘리거나 줄이려는 시도가 이루어지지 않았다.[8]

세례

성령의 새롭게 함과 "중생의 목욕"인 거룩한 세례에 의해서, 믿는 자

---

6) See John Karmiris, *How Heterodox Who Come to Orthodoxy Should Be Accepted* (Athens, 1954).

7) Karmiris, *Dogmatical and Symbolical Texts*, 1:41-42.

8) Karmiris, *Orthodoxy and Protestantism* (Athens, 1937), 148ff.

들은 옛 사람의 죄악된 옷을 벗고 그리스도로 옷 입으며, 그를 통해서 은혜의 나라인 교회에 들어간다. 우리의 본성이 하나님의 형상으로 지음을 받기 때문에 우리는 중생하고 새롭게 되며 새로이 지음을 받음으로써 그리스도의 신비한 몸의 지체가 되며, 은혜에 의해 하나님의 자녀가 되며, 성령 안에 참여함을 통해서 신적 본성에 참여하게 된다. 크리소스톰(Chrysostom)의 말에 의하면, "세례를 통해 우리는 죄사함을 받고, 성화되며, 성령과 교제하게 되며, 양자가 되며, 영원한 생명을 얻는다."[9] 대 바실(Basil the Great)에 의하면, 세례는 "포로들을 속량해 주는 것, 빚을 탕감해 주는 것, 영혼의 중생, 밝고 빛나는 옷, 누구도 공격할 수 없는 인(印), 천국을 향하는 전차, 천국의 목적, 양자 됨의 선물이다."[10]

실제로 믿는 자들은(어른들의 경우) 이러한 성례전을 통해서 그들의 원죄 및 모든 자죄(自罪)를 용서받는다. 신적 양자됨의 은혜에 의해서 죄의 몸은 (정욕은 제외됨) 하나님과 화목하게 되며 의롭게 되고 가치 있게 되기 때문에, 이러한 모든 죄는 (그 죄책과 형벌과 함께) 완전히 사해지며 제거된다. 그리하여 세례 받은 사람들은 그리스도의 신비한 몸 안에, 교회의 몸 안에 연합된 지체요 시민이 된다. 그리스도의 신비한 몸은 실질적으로 세례를 통해 형성된다. 세례를 통해서 원죄는 완전하고 분명하게 사함을 받으며, 아울러 개인이 범한 자죄들도 근절된다. 세례는 사망의 근원인 죄의 몸의 존재론적인 멸망을 가져온다. 왜냐하면 죄로 말미암아 모든 사람에게 사망이 초래되었기 때문이다(롬 5:12). 총대주교 도시테우스(Dositheus)에 의하면, "세례에 의해 모든 죄가 용서된다. 죄의 성향은 남아 있으나 무관하

---

9) Chrysostom, *Homilies on Acts* 14.3(PG 61.285).
10) Basil the Great, *On Holy Baptism* 13.5(PG 31.433).

다. …세례를 받기 전이나 받는 동안에 범한 모든 죄는 사라지며, 전혀 그런 죄를 범한 적이 없었던 것처럼 간주된다."[11] 결론적으로, 세례는 "우리를 (죄의) 모든 더러움으로부터 자유롭게 해주므로 우리는 하나님의 거룩한 성전이 되며, 그의 성령에 참여함으로써 신의 성품에 참여하게 된다."[12]

세례가 정당한 것으로 간주되기 위해서는, 세례 받는 사람이 축성된 물에 세 번 들어갔다 나와야 한다. "(임종시, 또는 그와 유사한 특별한 상황에서 불가피하게 거행된 세례가 아닌) 표준적 세례와 관련하여, 감독이나 사제는 '하나님의 종은 성부와 성자와 성령의 이름으로 세례를 받는다'고 선포한다."[13] (긴급한 상황에서) 불가피할 경우에만 남녀를 불문하고 세례받은 평신도들이 세례를 집례할 수 있다. 인간이 육신적으로 단 한 번만 태어날 수 있듯이, 영적 삶에 있어서도 단 한 번만 거듭날 수 있기 때문에 세례는 교리적으로 되풀이될 수 없는 성례이다: "우리 주께서 단번에 영구적으로 죽으신 것처럼, 우리도 단번에 영구적으로 세례를 받아야만 한다."[14] 이런 까닭에 우리는 다른 저서[15]에서 정교회로 개종한 이단자들의 재세례가 거의 불가능하다고 제안했다. 왜냐하면 지식이 없이 행하는 신앙적인 열심은 재세례파라는 이단에 빠지기 쉽기 때문이다. 재세례파에서는 "나는 하나

---

11) Dositheus, *Confession*, 16, in Karmiris, *Dogmatical and Symbolical Texts*, 2:760.

12) Cyril of Alexandria, *On Luke* 22(PG 72.904).

13) 공의회와 교부들이 증언하는 바처럼 이 표준적인 세례 정식은 고대 교회가 알고 있었던 것이다. 이러한 교부들 중에서 바실을 언급할 수 있는데, 그는 "세 번 물에 들어가고 세 번 기도할 때에 위대한 세례의 신비가 완전히 수행된다. 그리하여 사망의 전형이 완전히 상징되며, 또한 신적 지식의 전승에 의해 세례자의 영혼이 조명된다"(*On the Holy Spirit* 15.35[PG 32.129]).

14) Chrysostom, *Homilies on Hebrews* 9.3 (PG 63.79); John of Damascus, *Exposition of the Orthodox Faith* 11.9(PG 64.117-1120).

15) Karmiris, *Heterodox Who Come to Orthodoxy*, 30.

의 세례를 믿습니다"라는 교리를 부인한다.[16]

견진례(chrismation)

세례 받은 사람들은 견진례를 통하여 세례 때에 시작된 새로운 영적 상태를 발달시킬 수 있는 능력 및 성령의 여러 가지 은사를 받는다. "몸은 눈에 보이는 기름으로 부음을 받으며, 영혼은 거룩하시고 생명을 주시는 성령에 의해서 성화된다." 견진례는 "성령이며…그리스도의 선물인 성령이며, 그의 신적 임재의 실현이다."[17] 그러므로 세례는 우리에게 그리스도 안에 있는 새로운 영적 본성을 주는 반면, 견진례는 그것을 더 확장시켜 주어 새로이 세례 받은 사람으로 하여금 그리스도의 형상을 이루게 해 준다. 이런 까닭에 견진례는 실질적으로 세례와 연결되며, 정교회에서는 "신자가 세례의 물에서 올라온 즉시"[18] 주어진다. 바로 이런 이유 때문에 세례와 견진례는 어린아이에게 베풀어진다. 사제나 주교는 향료로 만든 거룩한 기름을 세례를 받는 사람의 몸의 여러 부위에 십자 모양으로 바르면서 "성령의 선물의 인이니라. 아멘"이라고 말한다. 교회법에 따라 거행된 견진례는 되풀이될 수 없다. 이단 종파에서 탈퇴하여 정교회에 입회한 사람들에게 행하는 기름부음은 견진례의 반복이라고 볼 수 없다. 그것은 이단을 신봉하면서 정당한 사제직과 기름부음을 박탈당했던 사람들에게 처음 일회

---

16) Karmiris, *Dogmatical and Symbolical Texts*, 1:134.

17) Cyril of Jerusalem, *Lectures* 3.3(PG 33.1029).

18) Cyril of Jerusalem, *Lectures* 3.1 (PG 33.1089). See also Canon 48 of Laodicea (Karmiris, *Dogmatical and Symbolical Texts*, 1:215): "새로 세례받은 사람이 그리스도의 나라에 참여하는 자가 되기 위해서는 천상의 기름으로 부음을 받아야 한다."

적으로 성례를 베풀어 주는 것이다. 이런 까닭에 고대 교회에서는 "이단에서 탈퇴한 사람들은 전에 거룩한 견진례를 받은 적이 없기 때문에 견진례를 받았다."[19]

성찬식(Holy Eucharist; 성체성혈)

신자들은 성찬식을 통하여 그리스도의 참된 몸과 피에 참여한다. 그들은 그리스도와 신비하게 연합하며, 안디옥의 이그나티우스의 묘사대로 "한 몸, 한 피, 그리스도의 담지자요 성전의 담지자들"이 된다. 예루살렘의 키릴(Cyril of Jerusalem)의 말에 의하면, "그리스도의 몸과 피에 참여함으로써, 그대는 그분과 동일한 몸, 동일한 피로 만들어진다. 그리스도의 몸과 피가 우리 지체들에게 공급되기 때문에 우리 안에 그리스도를 품게 된다. 그리하여 복된 베드로의 말대로 우리는 그의 거룩한 성품에 참여하는 자가 된다."[20] 주님의 몸은 본질적인 연합을 통해서 그것을 받는 사람들에게 활력을 주고 또 그들을 신화(神化)시켜 준다. 그것은 자체의 본성적 특성을 상실하지 않으면서 그들에게 신적 생명을 전해주고, 또 그들 안에 신적 생명을 심어준다. 그리스도와 믿는 자들의 연합은 결과적으로 믿는 자들의 죄사함을 이루며, 이 죄사함은 불멸과 영생을 이루어낸다. 그것은 미리 축성된 성찬예배(Liturgy of the Presanctified Gifts)에 포함된 다음의 기도문의 의미에 따른 것이다: "깨끗한 양심으로, 부끄러움이 없는 얼굴로, 조명된 마음으로 이 거룩하고 축성된 선물들을 받으며, 그것들을 통해서 활력을

---

19) Didymus of Alexandria, *On the Holy Trinity* 2.15(PG 39.720).
20) Cyril of Jerusalem, *Lectures* 22.3(PG 33).

되찾음으로 말미암아, 우리가 참 하나님이신 그리스도와 연합되며…당신의 지극히 거룩하시고 경모할 만한 성령의 전이 되기를 원합니다. 또한 말이나 행동이나 생각에 의해서 행해진 마귀의 모든 궤계에서 속함을 받고 우리에게 약속된 선한 것들을 얻게 되기를 원합니다."[21]

크리소스톰의 성찬예배식문에 의하면, 신자들은 "영혼의 정화와 죄사함과 성령과의 사귐과 하늘나라의 성취를 위해"[22] 그리스도의 몸과 피의 성찬을 받는다. 첫째, 수찬자의 영혼은 정화되고 성화되고 영적 양분을 받으며, 신비하게도 썩지 않게 된다. 둘째, 수찬자는 썩지 않음, 부활, 불멸, 그리고 영생의 씨를 받는다. 즉 "그리스도의 몸과 피를 흡수"[23] 하여 그리스도의 신비한 몸의 지체로서 더욱 크게 성화되며, 신적 생명과 신화(神化)를 받는 통로인 거룩한 성찬을 통해서 그리스도 및 다른 사람들과 연결된다.[24] 고백자 막시무스(Maximus the Confessor)에 의하면, 그리스도는 "자신을 먹을 수 있게 하심으로써 우리에게 신적 생명을 전해주신다. …이 생명의 특성은 진실로 신적인 것이며, 그런 까닭에 이 생명에 참여하는 자는 신화된다."[25] 다마스커스의 존(John of Damascus)의 말에 따르면, "사람들은 그리스도의 거룩한 몸을 받고 그의 피를 마시는 데 비례하여 신의 성품에 동참

---

21) J. Coar, *Euchologion*(Prayer Book): *Sive Rituale Graecorum* (Venice, 1730), 167.

22) Karmiris, *Dogmatical and Symbolical Texts*, 1:260, 261, 263.

23) Cyril of Jerusalem, *Lectures* 22(PG 33).

24) Chrysostom, *Homilies on Corinthians* 24(PG 61.200): "많은 낱알로 만들어진 빵이 하나가 되어 낱알은 어디에서도 찾아볼 수 없게 되듯이(낱알들은 실제로는 존재하지만 서로 연합되었기 때문에 차이점들이 눈에 보이지 않는 것이다), 우리도 서로에게, 그리고 그리스도에게 결합되어 있다: 당신을 위한 몸이 있고, 당신의 이웃을 위한 몸이 따로 있는 것이 아니라 모든 사람들을 위한 하나의 몸이 있다. …왜냐하면 우리는 모두 하나의 떡을 함께 떼기 때문이다"(고전 10:17).

25) Maximus the Confessor, *Hermeneia to Prayer* (PG 90.877).

하는 자가 된다."²⁶ 성찬 안에서 사람들은 신화에 필요한 신의 성품을 받으며 신인(神人)과 연합하여 하나가 된다.²⁷

정교회는 성찬에 그리스도가 실제로 임재한다고 믿는다. 즉 성찬의 떡과 포도주는 그리스도의 몸과 피로 바뀌며,²⁸ 그리스도는 본질적으로 성례 안에 임재하게 된다. 여기에서 정교회는 7세기의 에큐메니컬 공의회에서 공식화된 전통을 고수한다: "주님이나 그의 제자들은 결코 사제가 축성하여 그리스도의 몸과 피가 진실로 임재하게 된 제물이 우상이며 허상이라 말씀하지 않으셨다."²⁹ 다마스커스의 요한은 다음과 같은 글을 썼다:

"떡과 포도주는 하나님의 몸과 피로 변화된다. 그러나 이런 일이 일어나는 방법에 관해 질문하기보다는, 이것이 성령에 의한 것임을 아는 것만으로 충분하다. …변화의 방식은 결코 우리가 조사할 수 없는 것이다. 우리는 그것을 다음과 같이 표현할 수 있을 것이다: 즉 사람이 평범한 떡을 먹고 포도주와 물을 마실 때에 그 떡과 포도주는 먹고 마시는 자의 몸과 피로 변화되지만 이전의 것과 다른 몸으로 변화되는 것이 아니듯이, 성찬의 떡과 포도주도 성령의 임재와 기도에 의해서 초자연적으로 그리스도의 몸과 피로 변화되지만 두 개가 아닌 하나의 동일한 몸으로 변화된다. …우리는 성찬에 참여함으로써 예수의 신성에 동참한다. 교제(communion)에 대해

---

26) John of Damascus, *On the Divine Images* 3.26(PG 94.1348).

27) Gregory of Nyssa, *Catechism* 37(PG 45. 93-97).

28) Chrysostom, *Homily on the Betrayal of Judas* 16(PG 49.380).

29) *Acta Conciliorum*, ed. Jean Hardouin, 12 vols. (Paris, 1714-15), 4.309, 372. See also Theodore of Mopsuestia, *On Matthew* 26:26-"그분은 '이것은 내 몸과 피의 상징이니라'라고 말씀하신 것이 아니라 '이것은 내 몸이요 내 피다'라고 말씀하셨다. 그분은 우리에게 그 물체의 성질을 보라고 가르치신 것이 아니다. 왜냐하면 떡과 포도주는 성찬이 되면서 그리스도의 몸과 피로 변하기 때문이다" (PG 66.713).

서 거론되는데, 그것을 통해서 우리가 그리스도와 교제하며 그의 몸과 신성에 동참하므로 그것은 실질적인 교제이다. 우리는 그것을 통해서 교제하며 서로 연합된다. 우리는 하나의 떡을 나누어 받으므로, 모두 그리스도의 한 몸과 한 피가 되며, 그리스도와 한 몸이기 때문에 다른 몸의 지체가 된다."[30]

정교회는 성찬식이 거행되는 모든 장소에, 그리고 성찬의 떡과 포도주에 완전한 그리스도가 영구적으로 임재한다고 인정한다.

"이 성례는 감독이나 장로가 발효된(무교병이 아님) 떡과 포도주를 사용하여 집례한다. 포도주는 물을 섞어서 사용한다. 성변화는 주님의 성찬 제정의 말씀을 반복함에 의해서 발생하는 것이 아니라, 다음과 같이 성령의 도움을 기원함으로써 발생한다: '당신의 성령을 우리에게 보내시며, 여기에 있는 이 음식에게도 보내 주옵소서. 이 떡을 그리스도의 귀한 몸으로 만드시고, 이 잔의 포도주를 그리스도의 귀중한 피로 만드소서. 당신의 성령에 의해서 그것들을 변화시켜 주소서.'"[31]

이 성례가 우리의 구원을 위해 지니는 중요성이 대단히 크므로, 이 성례는 그 중요성에 있어서 세례와 동등하다. 이런 까닭에 정교회 사람들은 성

---

30) John of Damascus, *Exposition of the Orthodox Faith* 4.13(PG 94.114ff.). 이러한 변화와 관련된 정교회 가르침에는 라틴 교회의 화체설이 자리할 곳이 없다. 그 용어는 일부 비잔틴 신학자들에 의해서만 받아들여지는데, 이들 신학자들도 다만 올바른 교부적인 가르침을 전하기 위해서 그 용어를 사용할 뿐이다. see John Karmiris, *External Influences upon the Confessions of the Seventeenth Century* (Athens, 1948), 56-61. "화체라는 라틴 교회의 스콜라적 이론은 정교회 및 정교회 신학에서 받아들여지지 않았으며, 앞으로도 받아들여질 가능성이 없다"(p. 126). 그러므로 빌헬름 니젤의 반대는 올바른 것이 못된다.

31) Liturgy of Chrysostom, in Karmiris, *Dogmatical and Symbolical Texts*, 1:260-61. 최근 정교회 신학자들은 성찬 제정의 말과 에피클레시스(성령강림을 구하는 기도)를 결합함으로써(이것은 옳은 일이다), 특이하고 분리될 수 없는 완전한 것을 형성했다.

직자나 평신도 모두가 2종의 성찬을 받는다. 2종 성찬은 마태복음 26장 26-27절에 기초를 두고 있으며, 요한복음 6장 53-54절에 따라 유아들도 세례 직후에 성찬에 참여하는데, 유아세례는 요한복음 3장 5절에 기초를 두고 있다.[32] 위의 사실들로 볼 때, 성찬은 단순히 성례에 그치는 것이 아니라 희생제사이기도 하다. 그것은 "모든 사람 안에서 모든 사람을 위한 것,"[33] "온 세상을 위한 것, 거룩하고 공번된 사도적 교회를 위한 것"[34] – 살아 있는 자나 부활하여 영생을 얻으리라는 소망 안에 잠자고 있는 모든 정교회 신자들을 위한 것이다. 그 제사는 최후 심판이 있기 전에는 결코 완성되지 않을 것이다.[35] 당연히 이 모든 일에 있어서 십자가의 제물, 성찬에 참여하는 자에게 전달되는 구원의 열매에 아무것도 추가되지 않는다는 것을 이해할 수 있다. 또한 십자가 상에서의 대속자의 죽음도 되풀이되지 않는다. 그리스도의 성찬 안에의 임재는 신비한 것으로서 "제공자요 제공되는 자, 받는 자요 나누어져 베풀어지는 자,"[36] 성찬에 참여하는 자들에게 십자가 상에서의 자기의 희생의 열매들을 전해주는 희생제물이다.

---

32) See John Karmiris, *The Confession of Metrophanes Kritopoulos* (with Replies to Godon) and *His Dogmatic Teaching* (Athens, 1948), 77.

33) Liturgy of Chrysostom, in Karmiris, *Dogmatical and Symbolical Texts*, 1:260.

34) Ibid., 262. 정교회 성찬예배에서는 성찬을 제물, 제단의 제물로 언급한다.

35) Confession of Peter Mogila, in Karmiris, *Dogmatical and Symbolical Texts*, 2: 639; Liturgy of Chrysostom, in Karmiris, *Dogmatical and Symbolical Texts*, 1:261.

36) Liturgy of Chrysostom, in Karmiris, *Dogmatical and Symbolical Texts*, 1:255, 264.

고해성사(Repentance)

우리가 세례 받은 후에 범한 죄들을 뉘우치고 사제나 주교 앞에서 고백하면, 하나님께서는 그 죄를 용서해 주신다. 이 회개, 고해성사는 제2의 세례라고 묘사된다. 아타나시우스에 따르면, "충분한 회개는 모든 죄를 사해줄 것이다."[37] 죄를 사해 주시는 분은 하나님이시며, 집례하는 성직자는 다만 죄사함을 선포할 뿐이다. 어쨌든 "우리는 반드시 하나님의 비밀한 섭리 안에서 죄고백을 맡은 사람에게 죄를 고백해야 한다."[38] 진지하고 마음에서 우러난 회개를 통해서 얻은 죄사함은 완전한 것이므로, 다른 것을 추가할 필요가 없다. 죄를 고백한 사람에게 부과된 형벌은 도덕적 회복과 치료의 출발을 확실히 하기 위한 일종의 영적 치료제, 정욕의 근절 및 개선을 위한 교훈적이고 치료적이고 교정적인 방편으로서 회개한 죄인들의 덕을 강화하며, 그들을 다른 사람들을 위한 본보기로 만들어 준다. 이러한 형벌들은 전혀 보상적인 특성을 갖지 않는다. 이와 완전히 반대가 되는 것이 형벌, 외적이고 일시적인 죄사함, 공덕(功德)의 보고, 주님의 수난의 넘쳐흐르는 은혜, 성인들이 수행하는 공덕 사역, 연옥의 불 등에 대한 서방교회의 가르침인데, 정교회에서는 이 모든 것을 거부한다. 죄사함은 성실한 회개와 죄고백에 기초를 두고 주어지는 것이므로, 그에 따라 부과되는 형벌은 그 성례에 필수적인 것이 아니며 보완적인 것도 아니다. 그것은 질병의 형태에 따라 처방된 치료제와 같은 성질을 지닌다. 따라서 그것은 모든 회개자들에게 획일적으로 주어지는 것이 아니라, 고해신부의 지시에 따른다. 그러므로 서방교회의 즉흥적인 가르침들은 정교회의 교리 체계에

---

37) *Athanasius the Great On Matthew*(PG 27.1388).
38) Basil the Great, *Regulae Brevius Tractatae* 288(PG 31.1284).

서는 설 자리를 찾지 못한다.

성직 서품식

교회의 목회자들은 서품식을 통해서, 주교의 안수와 성령의 도움을 구하는 기원에 의해서 특별히 성화된다. 교회의 세 단계 위계(감독, 장로, 수석 사제)의 임명은 거룩한 전승에 의해서, 그리고 신약성경에 의해서 풍부히 증언된다. 이 세 계층의 성직제도는 정교회 내에서 중단 없이 유지되고 있는데, 이 위계제도의 기원은 사도들에게로 거슬러 올라간다. 정교회에서 서품식은 대단히 중요하며, 사도적 승계를 소유하지 않은 사람은 결코 사제나 목양의 기능을 수행할 수 없다.[39]

이런 까닭에 정교회는 원래 교회 외부에서 거행된 성례의 효력을 인정하지 않았으며, 또 이단 성직자들의 임명식도 인정하지 않았다. 그럼에도 정교회는 이단적 교회일지라도 그 교회가 사도적 승계를 소유하고 있으며, 일반적으로 교회의 정통적인 견해를 신봉하며 서품식을 일종의 성례로 인정하고, 그것을 교회법에 합당하게 수행하려고 노력할 경우, 그 교회 출신 사람의 사제 임명을 인정할 수도 있다. 서품식은 결코 되풀이 되어서는 안 되는 성례 중의 하나이다. 이단적 공동체로 변절해 갔다가 회개하고 돌아온 정교회 사제는 결코 다시 서품될 수 없을 것이다. 또 교회법에 따

---

39) 제2차 세계교회협의회(1954)에 참석한 정교회 대표들은 다음과 같이 주장했다: "사도적 승계를 통해서만 오순절의 신비가 교회 안에서 지속된다. 이 사도로부터의 감독직의 승계는 수세기 동안 교회의 역사적 실체, 교회의 조직, 그리고 교회와의 연합을 위한 전제 중의 하나를 이루고 있다" (*Ecclesia* 31 [1954]: 366).

라 성직을 박탈당했다가 복권된 정교회 사제도 다시 서품 받을 수 없다.[40]

혼배성사

혼배성사 안에서, 한 남자와 여자의 연합이 혼인의 목적에 합당한 것이 되도록 하기 위해 신적 은혜를 수여함으로써 남녀의 자유로운 연합이 축성된다. 이 성례를 거행하는 데 반드시 필요한 요소는 다음과 같다: (1) 결혼하는 남녀는 반드시 정교회 교인이어야 하며, 결혼하는 데 대한 두 사람의 자유롭고 자발적인 동의가 있어야 한다. (2) 하나님의 은혜를 전하기 위한 감독과 장로들의 축복이 있어야 한다. 결혼은 깨어질 수 없는 것이며, 부부 중 한 사람이 죽었거나 간통했을 경우에만 이혼이 가능하다. 후일 몇 가지 이차적 이유가 첨가되기도 했다. 한 번 결혼이 깨진 경우에 교회는 두 번째, 세 번째 결혼을 허락할 수 있지만 네 번째 결혼은 허락하지 않는다. 친족들이나 인척들끼리의 결혼은 금지된다. 정교회 신자와 이단자 사이의 결혼은 결혼식을 정교회 성전 안에서 거행하며, 그들 사이에서 태어난 자녀들이 정교회에서 세례를 받고 양육된다는 조건으로만 허락된다.

성유식

성유식(Holy Unction)에 의해서 우리는 육체적·영적 결함의 치료를 위한 하나님의 은혜를 구한다. 이 성례는 일곱 명의 사제에 의해 거행되는데,

---

40) Apostolic Canon 68, and also Council of Carthage 48(57), in Karmiris, *Dogmatic and Symbolical Texts*, 1:210, 217.

사제들은 특별히 축성된 기름을 몸의 여러 부분에 바른다. 일반적으로 이 성례는 병자의 육체적 질병을 치료하기 위해 거행되며, 또 현재 병자의 질병과 관련되어 있을 수 있는 죄의 용서를 위해 거행된다. 정교회에서 성유식은 어른이나 젊은이, 병자나 건강한 사람을 막론하고 모든 세례 받은 사람들에게 베풀 수 있으며, 필요한 경우에 되풀이해서 거행할 수도 있다. 이것은 로마 가톨릭 교회의 성례와 상충되는데, 로마 가톨릭 교회에서는 피터 롬바르드 이후 야고보서 5장 14절에 반대하여 이 성례를 종부성사(extreme unction)라고 부른다. 정교회에는 극단적인 위기를 위한 특별한 성유식이 존재하지 않는다. 정교회에서는 끝까지 버티다가 삶의 마지막 순간에 사제를 부르지 않으며, 그보다는 고통 받는 자의 회복을 소원한다. 그리고 하나님께서 이 성례를 병자의 치료를 위한 수단으로 사용하시기를 기도한다. 따라서 성유식은 일생에 한 번으로 제한되지 않으며, 필요할 때마다 약으로 사용되어야 한다.[41]

---

41) Metrophanes Kritopoulos, Confession, in Karmiris, *Dogmatical and Symbolical Texts*, 2:544-55.

3 이콘의 의미와 내용

레오니드 오우스펜스키

　정교회 전통에서 이콘(icon)의 중요성은 하버드 대학의 신학자 하비 콕스가 설명한 하나의 경험에 의해 나타낼 수 있을 것이다. 어느 러시아 지식인이 사제에게 정교회에는 왜 그 풍부한 성찬예배 전통을 보충해줄 교리적 가르침이 많지 않으냐고 물었다. 사제는 "이콘이 우리가 알아야 할 모든 것을 가르쳐줍니다"라고 대답했다. 이콘은 단순히 교회예술의 역할을 하는 데서 벗어나 기독교의 정체성에 대한 정교회의 이해에 반드시 필요한 것이 되었다. 매년 사순절의 첫 주일이면 843년 이콘 파괴론자들과의 싸움에서의 승리를 기념하는 특별 예배가 거행된다. 이 예배가 진행되는 동안에는 이콘 사용을 지지한 제7차 에큐메니컬 공의회(니케아, 787)의 결정을 거부하는 모든 자들에게 저주가 선포된다.

　레오니드 오우스펜스키(Leonid Ouspensky)는 1987년에 사망할 때까지 파리에서 살았다. 그는 그 시대의 가장 위대한 이콘 제작자요 이콘 이론 전문가였다. 다음에 소개하는 글은 초대교회의 카타콤 예술에서부터 현대 교회에 이르기까지 이콘에 관한 신학과 역사를 다룬 두 권의 고전적 본문, Theology of the Icon의 한 장(章)이다.

이콘 이해를 위한 열쇠: 정교주일의 시기송(Kontakion)

성화의 내용과 의미를 발견하기 위한 가장 훌륭한 자료 중 하나는 이콘 파괴론에 대한 응답으로 만들어진 교회의 가르침이다. 그 외에, 이콘 존숭의 교리적 기초 및 전례적 상징의 의미와 내용은 특히 두 축일-주변모축일(Feast of the Holy Face)과 정교주일(Triumph of Orthodoxy)-의 성찬예배에서 드러난다. 정교주일은 이콘의 승리를 기념하는 축일이며, 성육신 교리의 궁극적 승리를 기념하는 축일이다.

이 장에서 우리의 연구의 기초는 정교주일의 시기송(時期頌; *kontakion*: 성인을 기리는 짧은 성가)인데, 그것은 그 축일을 표현하는 진정한 언어적 이콘이다. 특별한 깊이와 풍성함을 소유한 이 본문은 이콘에 관한 정교회의 모든 가르침을 표현하고 있다. 그 본문 10세기 이전의 것은 아니라고 여겨지지만, 그 축일의 카논(canon)과 같은 시대의 것일 가능성이 있다. 만일 그렇다면 그것의 연대는 9세기, 즉 정교회 신앙이 승리한 시대로까지 거슬러 올라간다. 카논은 제2차 이콘 파괴론 시대의 인물인 테오파네스(Theophanes the Marked)가 지은 것이다. 테오파네스는 니케아의 총대주교가 되었으며, 847년경에 사망했다. 이 카논은 개인적으로 이콘 보존을 위한 싸움에 참여했던 인물에 의해 기록된 것으로서 교회의 전체적인 경험, 신적 계시의 구체적이고 실질적인 경험, 즉 피로 수호된 경험을 표현하고 있다.

이콘의 승리를 찬양하는 정교주일의 시기송은 축약적이고 정확한 형태로, 몇 개의 문장으로서 구원의 경륜 전체를 표현하고 있으며, 그럼으로써 이콘에 대한 가르침과 그 내용을 표현한다.

아무도 아버지의 말씀을 묘사할 수 없었습니다.
그러나 오 테오토코스여, 그가 당신으로부터 육체를 취하셨을 때
그는 자신에 대해 묘사하는 것을 허락하셨습니다.
그리고 타락된 형상을 신적 아름다움과 연합함으로써 이전의 상태로 회복시키셨습니다.
우리는 말과 이콘으로 우리의 구원을 고백하고 선포합니다.

시기송의 첫 부분은 성 삼위의 제2위의 낮아지심을 말하면서 이콘에 대한 기독론적 기초를 언급한다. 뒤에 이어지는 내용은 성육신의 의미, 인간 및 우주를 위한 하나님의 계획의 성취를 보여준다. 이 구절들은 "인간으로 하여금 하나님이 될 수 있게 하기 위해서 하나님께서 인간이 되셨다"는 교부들의 정식을 묘사한다고 할 수 있다. 이 시기송의 끝부분에서는 하나님께 대한 인간의 응답, 즉 성육신의 구원하시는 진리에 대한 고백, 하나님의 경륜을 받아들임, 그리고 하나님의 사역에의 참여, 그리고 구원의 성취를 표현한다: "우리는 말과 이콘으로 우리의 구원을 선포하고 고백합니다."

"아무도 아버지의 말씀을 묘사할 수 없었습니다. 그러나 오 테오토코스여, 그가 당신으로부터 육체를 취하셨을 때…"

시기송의 첫 부분("아무도 아버지의 말씀을 묘사할 수 없었습니다. 그러나 오 테오토코스여, 그가 당신으로부터 육체를 취하셨을 때…")은 다음과 같이 요약할 수 있다. 성 삼위의 제2위는 인간이 되셨으나 원래의 존재 양태, 즉 신성의

충만을 소유한 완전한 하나님으로 남아 있다. 그분의 신성에는 제한이 없으므로 "누구도 아버지의 말씀을 묘사할 수 없었다." 하나님께서는 자신이 창조했던 인간 본성을 취하셨다. 즉 하나님의 어머니(Mother of God)로부터 완전한 인간 본성을 취하셨다. 그분은 신성을 변화시키지 않고, 또 인성과 신성이 혼동되지도 않게 하시면서 동시에 하나님이면서 인간인 존재가 되셨다. 금욕자 마가(Mark the Ascetic)에 의하면, "육신으로 하여금 말씀(word)이 될 수 있게 하시기 위해서 말씀(word)이 육신이 되셨다."[1] 이것이 하나님의 자기 비하, 즉 케노시스(*kenosis*)이다. 인간이 도저히 접근할 수 없는 분, 묘사될 수도 없고 표현될 수도 없으신 분께서 인간 육체를 취하심으로써 묘사될 수 있고 표현될 수 있게 되셨다.

신인(神人)이신 예수 그리스도의 이콘은 칼케돈 교리를 형상으로 표현한 것이다. 실제로 그것은 인간이 되신 하나님의 아들, 신적 본성에 있어서 아버지와 동일 본질을 소유하시며 인성에 있어서는 우리와 동일 본질을 소유하신 분, 칼케돈 신조의 표현을 빌리면 "죄를 제외하고는 모든 면에서 우리와 유사한 분"을 표현한다. 그리스도께서는 지상 생애 동안 바울이 말한 종의 형상과 하나님의 형상을 자기 안에서 재결합하셨다(빌 2:6-7). 그리스도 주위의 사람들은 그를 선지자라고 보기도 했지만, 일반적으로는 한 인간으로 보았을 뿐이다. 그들이 볼 때에 세상의 구주는 하나의 역사적 인물, 즉 인간 예수에 불과했다. 심지어 가장 사랑받는 제자들조차도 단 한 번만 종의 형상이 아니라 영화롭게 되고 신화된 인성 안에서 그리스도를 보았을 뿐이다. 이 일은 그리스도께서 고난을 받기 전, 다볼 산에서 변

---

1) Mark the Ascetic, "Epistle to the Monk Nicholas," in the Russian *Philokalia*, 5 vols. (1876-90), 1:420.

형되셨을 때에 있었던 일이다. 그러나 교회는 "들을 귀"를 소유하고 있듯이 "보는 눈"도 소유하고 있다. 그렇기 때문에 교회는 인간의 단어로 기록된 복음서에서 하나님의 말씀을 듣고, 또한 항상 흔들리지 않는 믿음의 눈으로 신성을 지니신 그리스도를 본다. 그렇기 때문에 교회는 이콘으로 그분을 표현할 때에 지극히 굴욕적인 순간의 모습까지도 평범한 인간이 아니라 영광 중에 계신 신인으로 묘사한다. 그리스도의 신성에 대한 부동의 믿음이야말로 정교회 이콘에서 (서방의 종교예술과 달리) 그분을 육체적으로 고난 받는 인간으로만 표현하지 않는 근거이다.

이콘 파괴론자들은 신인(神人)의 형상을 만든다는 것을 도저히 이해할 수 없었다. 그들은 어떻게 그리스도의 두 본성을 표현할 수 있느냐고 물었다. 그러나 정교회 신자들은 그리스도의 신적 본성이나 인간적 본성을 표현하려는 생각을 하지 않았고 다만 그분의 위격, 자신 안에서 두 본성을 혼동이나 구분이 없이 연합하신 신인을 표현했다.

정교주일의 시기송은 성 삼위 중 어느 한 위에게 드리는 것이 아니라 하나님의 어머니(Mother of God)에게 드리는 것이다. 삼위일체 중 제2위의 성육신은 기독교의 기본 교리이지만, 이 교리의 고백은 동정녀 마리아를 참된 하나님의 어머니로 고백함에 의해서만 가능하다. 만일 하나님의 인간적 형상을 부정하는 것이 우리의 구원의 의미에 대한 부정으로 이어진다면, 그리스도의 이콘의 존재와 존숭은 하나님의 어머니의 중요성을 함축한다. "말씀대로 이루어지이다"(눅 1:38)라고 한 하나님의 어머니의 동의는 성육신에 반드시 필요한 조건이었다. 그녀는 하나님이 눈에 보이며 표현될 수 있는 존재가 되는 것을 허락한 유일한 인물이었다. 교부들에 의하면, 신인을 묘사하는 것은 그의 모친의 표현 가능한 인성에 기초를 두고

있다. 주상 성인 테오돌(Theodore the Studite)은 다음과 같이 설명한다:

"그리스도는 묘사될 수 없는 아버지에게서 태어나셨으므로, 형상을 가질 수 없다. 과연 어느 형상이 성경에서 묘사를 절대적으로 금한 분의 신성에 적당할 수 있겠는가? 그러나 그리스도는 묘사될 수 있는 모친에게서 태어나시는 순간부터 그 모친의 형상과 일치하는 형상을 소유하신다. 만일 그분을 예술에 의해 묘사할 수 없다면, 그것은 곧 그분이 표현될 수 있는 모친에게서 태어나지 않았으며, 오직 성부 하나님에게서 태어났다는 것, 그리고 그가 성육하시지 않았다는 의미가 될 것이다. 이것은 우리의 구원을 위한 모든 하나님의 경륜에 어긋나는 일이다."[2]

제7차 에큐메니컬 공의회에서는, 어머니로부터 빌려온 육체 안에 있는 신인을 표현할 수 있다는 이 가능성과 성부 하나님의 절대적인 표현 불가능성을 대조했다. 그 공의회에 참석한 교부들은 교황 그레고리 2세가 황제 레오 3세(Leo III the Isaurian)에게 보낸 편지에 포함되어 있는 바 그레고리 교황의 절대적인 주장을 되풀이한다.

"우리가 주 예수 그리스도의 아버지를 묘사하거나 표현할 수 없는 이유는 무엇인가? 그 이유는 우리가 그분이 어떤 분인지 알지 못하기 때문이다. … 만일 우리가 그분의 아들을 보고 알듯이 그분을 보고 안다면, 우리는 그분

---

2) Theodore, *The Studite Antirrheticus* 1.2, in *Patrologia Graeca* (PG), ed. J. P. Migne, 162 vols. (Paris, 1857-66), 99.417C.

을 예술로 묘사하거나 표현하려고 노력했을 것이다."³

테오돌의 글 및 이 공의회의 추론은 교리적으로 매우 중요하고도 적절한 주제, 즉 성부 하나님은 성육하지 않으셨으므로 눈에 보이지 않고 표현될 수 없기 때문에 성부 하나님의 형상을 만들어서는 안 된다는 것을 다루고 있다. 이처럼 그 공의회는 성육하신 성자의 묘사 가능성과 성부의 절대적인 묘사 불가능성 사이의 차이를 강조한다. 이것을 토대로 하여, 교리적 관점에서 볼 때 우리는 그 공의회가 성부 하나님의 묘사 불가능성을 확인하고 있다고 결론 지을 수 있다. 물론 인간의 상상력은 무제한하므로 무엇이든 표현할 수 있다. 그러나 개중에는 묘사할 수 없는 것들이 있다. 하나님에 관한 많은 것들은 상징으로 표현하거나 말로 묘사할 수 없을 뿐만 아니라, 인간으로서는 생각조차 할 수 없다. 이처럼 인간은 성부 하나님을 상상할 수도 없고 알 수도 없기 때문에, 그 공의회에서는 그의 형상을 만들 수 없다고 선언한다. 우리에게는 성 삼위일체를 알 수 있는 유일한 방법이 있다. 우리는 성자에 의해서 성부를 알며(요한복음 12:45에 "나를 보는 자는 나를 보내신 이를 보는 것이니라"고 했고, 14:9에는 "나를 본 자는 아버지를 보았거늘"이라고 했음), 성령에 의해서 성자를 안다(고린도전서 12:3에 "성령으로 아니하고는 누구든지 예수를 주시라 할 수 없느니라"고 했음). 결국 우리는 우리에게 계시된 것, 즉 성자의 성육하신 인격인 예수 그리스도만 묘사할 수 있다. 성령은 스스로 나타내신 대로 묘사된다. 성령은 그리스도의 세례 때에 비둘기의 모습으로, 그리고 오순절에는 불의 혀 같은 형태로 나타나셨다.

---

3) *In Sacrorum Conciliorum Nova et Amplissima Collectio*, ed. G. D. Mansi, 31 vols. (Florence, 1759-98), 12.963E.

"…타락된 형상을 신적 아름다움과 연합시킴으로써 이전의 상태로 회복시키셨습니다. …"

정교주일 시기송의 첫머리에서는 이콘 사용의 근거로서 하나님의 성육신에 대해 언급하며, 두 번째 부분에서는 성육신의 의미, 그리고 신약에서의 형상의 의미와 내용들을 표현한다: "타락된 형상을 신적 아름다움과 연합시킴으로써 이전의 상태로 회복시키셨습니다." 이 구절은 성육하신 하나님의 아들께서 인간의 내면에서 아담의 타락으로 말미암아 더러워진 신적 형상을 재창조하고 새롭게 하신다는 의미이다.[4] 새 아담, 새 창조의 첫 열매인 그리스도는 우리를 인도하여 원래 아담이 창조될 때 지녔던 목표로 이끌어가신다. 이 목표를 달성하기 위해서는 아담의 출발점으로 돌아가야 했다. 성경에는 "하나님이 이르시되 우리의 형상을 따라 우리의 모양대로 우리가 사람을 만들고"라고 했다(창 1:26). 그러므로 성 삼위의 계획에 따르면, 사람은 반드시 창조주의 형상으로 만들어져야 할 뿐 아니라 하나님의 형상을 닮은 모양으로 지음을 받아야 했다: "하나님이 자기 형상 곧 하나님의 형상대로 사람을 창조하시되"(창 1:27; 5:1).[5] 혹자는 이 본문이 창세기 1장 26절에서 취한 "형상"이라는 단어를 강조한다고 말할 수도 있을 것이다. "모양"이라는 단어가 부재하는지는 분명하지 않다.[6]

교부들은 하나님의 "형상과 모양대로" 사람을 지으려는 성령의 계획에

---

4) Athanasius the Great, *Oratio de incarnatione Verbi* (PG 25.120CD)를 보라.

5) 이것은 칠십인 역 성경을 인용한 것이다.

6) Vladimir Lossky, "Image and Likeness," Chap. 6 in *The Mystical Theology of the Eastern Church* (Crestwood, N.Y.: St. Vladmir's Seminary Press, 1976), 114ff.

대한 성경 이야기, 그리고 "형상으로"의 창조에 대한 기사가 하나님의 형상으로 지음 받은 인간이 결국 하나님을 닮은 그의 모양을 깨닫도록 부름을 받는다는 의미라고 이해한다. 하나님의 형상으로 지음을 받았다는 것은 곧 하나님의 모양을 획득할 수 있는 가능성을 소유한다는 것이다. 다시 말해서, 하나님을 닮는 것이 인간이 성취해야 할 역동적인 과업이다.

세례에 의해서, 은혜는 인간에게 하나님의 형상을 회복시켜 준다. 하나님의 모양의 윤곽은 나중에 하나님과의 유사성의 최고 특성, 사랑을 정점으로 하는 모든 덕을 획득하려는 노력과 함께 그려진다.

"화가가 초상화를 그릴 때 먼저 한 가지 색으로 윤곽을 그린 후에 조금씩 다른 색깔들을 채워 넣음으로써 모델과 흡사하게 만들듯이…세례를 받을 때에 하나님의 은혜는 먼저 인간이 존재하게 되었을 때에 지녔던 형상을 다시 만들기 시작한다. 그 다음, 우리가 전력을 다해 그 모양의 아름다움을 얻으려고 노력하기 시작하면…하나님의 은혜는 덕 위에 덕이 흐르게 해주며, 영혼의 아름다움을 영광에서 영광으로 고양시켜주고 영혼에게 하나님의 모양의 표식을 수여해 준다."[7]

인간은 소우주이다. 피조 세계의 중심이며 하나님의 형상인 그는 하나님께서 피조 세계에서 행동하실 때에 사용하시는 수단이 된다. 닛사의 그레고리의 주석에 따르면, 인간의 우주적 의미는 바로 이 하나님의 형상 안에서 드러난다. 피조세계는 인간을 통해서 영적인 삶에 참여한다. 하나님

---

7) Diadochus of Photiki, *Oeuvres spiriteulles* 89 (Paris, 1955), 149.

께서는 인간을 눈에 보이는 모든 피조물의 머리로 삼으셨으므로, 인간은 스스로의 내면에서 만물의 연합과 조화를 실현하며 온 우주를 하나님께 연합시켜야 한다. 그리하면 우주는 동질의 유기체가 될 수 있으며 그 안에서 하나님은 모든 것의 모든 것이 되실 수 있다. 왜냐하면 창조의 최종 목표는 변화이기 때문이다.

그러나 인간은 그의 소명을 이루지 못하고, 하나님에게서 등을 돌렸다. 그의 의지력은 약화되었고, 본성 안의 무력함이 하나님을 향하는 힘을 능가했다. 이것은 소우주인 인간의 붕괴를 초래했고, 소우주의 붕괴는 우주의 붕괴, 즉 모든 피조세계의 대파국으로 이어졌다. 모든 가시적 세계는 무질서, 싸움, 고난, 죽음, 부패 등에 빠졌다. 인간, 우주의 중심에 놓인 하나님의 형상이 흐려졌기 때문에 이 세상은 성실하게 하나님의 아름다움을 반영하지 못하게 되었다. 이것은 인간의 소명에 정반대가 되는 현상이었다. 그러나 하나님의 계획은 바뀌지 않았다. 타락한 인간 스스로 자기의 본성을 원래의 깨끗한 상태로 회복시킬 수 없었기 때문에, 그 과업은 새로운 아담이신 그리스도에 의해 성취되었다. 신신학자 시므온(Simeon the New Theologian)은 그 주제에 관해서 다음과 같이 말한다.

"하나님께서 창조하셨던 인간은 세상에 존재하지 않게 되었으며, 어느 인간도 타락하기 전의 아담과 같을 수 없게 되었다. 그러나 그러한 사람이 반드시 존재해야 했다. 그러므로 하나님께서는 자신이 지으신 아담과 같은 사람이 존재하기를 원하셨기 때문에, 완전한 하나님이면서 완전한 인간이 되기 위해서, 그리고 그 신성에 합당한 인간을 소유할 수 있게 하시기 위해서 완전한 인성을 취하셔서 성육하셨다. 이제까지 누구도 그 같은 사람이 없었고 앞으로도 없을 것이다. 왜 그리스도께서 이렇게 되셨는가? 그것은 하나님의 법과 명령을 지키며, 마귀와 싸워 정복하기 위해서였다."[8]

원죄의 세력으로부터 인간을 구하기 위해서는 하나님께서 태초에 창조하셨던 그대로의 죄 없는 인간이 필요했다. 왜냐하면 죄는 인간 본성에 포개 놓인 외적인 것이기 때문이다. 닛사의 그레고리에 따르면, 그것은 피조된 의지의 고안물, 생명의 충만함에 의한 자발적인 부정이다.

성자의 성육신은 태초의 순결한 상태 안에 있는 인간의 재창조일 뿐 아니라, 첫 아담이 성취하는 방법을 알지 못했던 것의 실현이기도 하다. 제7차 에큐메니컬 공의회에 참석했던 교부들의 표현을 빌리자면, "하나님은 인간을 재창조하시어 불멸하게 하시고, 그에게 다시는 제거할 수 없는 선물을 수여해 주셨다. 이 재창조는 첫 번째 창조보다 더 훌륭하고 더 하나님을 닮은 것이었다. 그것은 영원한 선물이었다."[9] 불멸의 선물에는, 시기송의 표현대로 "그것(타락한 형상)을 하나님의 아름다움과 결합시킴에 의해서" 하나님의 아름다움과 영광을 획득할 수 있는 가능성이 수반되어 있다. 그리스도는 인간의 본성을 취하심으로써 그 안에 은혜를 불어 넣으셨고, 그것으로 하여금 하나님의 생명에 참여하게 하시며, 인간이 하나님의 나라에 가는 길, 신화(神化)와 변화의 길을 열어 놓으셨다. 하나님의 형상은 그리스도의 완전한 삶 안에서 인간 안에 다시 놓여졌다. 그분은 자발적으로 고난을 받아들임으로써 원죄의 세력을 파괴하시고, 인간으로 하여금

---

8) Homily Attributed to Simeon the New Theologian, "First Oration," in *Homilies*, 3d Russian ed. (Moscow, 1892), 23.

9) Fifth session, in *Collectio*, ed. Mansi, 13.216A.

지음을 받을 때 지녔던 과업-하나님의 모양을 획득하는 것-을 깨닫게 하셨다. 이 모양은 그리스도 안에서 인간 본성의 신화에 의해서 완전하게 실현된다. 실제로 신화는 완전한 조화, 인성과 신성의 완전한 연합, 인간 의지와 하나님 의지의 완전한 연합을 표현한다.

그러므로 새로워지고 하나님의 형상이 깨끗하게 회복된 사람만 하나님의 모양을 획득할 수 있다. 이 가능성은 인간 본성의 어떤 특성들, 특히 자유 안에서 실현된다. 하나님의 모양의 획득은 자유가 없이는 불가능하다. 왜냐하면 그것은 하나님과 인간의 살아 있는 접촉 안에서 실현되는 것이기 때문이다. 인간은 의식적으로 자유로이 성 삼위의 계획에 관여하며, 성령의 도움을 받아 성취 가능한 한도까지 하나님의 모양을 자기 안에 창조한다. 그러므로 "대단히 유사한"이라는 의미를 지닌 슬라브어 *prepodobnyi*가 수도적 형태의 거룩에 적용된다.[10] 인간의 중생은 치욕스러운 상태에 있는 그의 본성을 변화시키며, 신적 생명에 참여시키는 것으로 이루어진다. 대 바실의 말을 되풀이한 나지안주스의 그레고리의 고전적 표현에 따르면, "인간은 피조물이지만, 하나님처럼 되라는 명령을 받고 있다." 그리스도를 따름에 의해서, 자신을 그리스도의 몸에 결합시킴에 의해서, 인간은 자기 안에 하나님의 모양을 다시 심으며, 그것으로 하여금 우주 안에서

---

10) 이 단어는 키릴과 메토디우스 시대에 ὅσιος라는 헬라어를 번역하기 위해 만들어진 것으로서, 인간이 하나님의 모양을 획득하는 것을 지칭한다. 반대어의 기원은 대단히 먼 과거로 거슬러 올라간다. 플라톤은 그의 저서 *Politics*에서 이데아와 세상의 불일치를 표현하기 위해 철학적인 의미에서 그 용어를 사용했다. 아타나시우스는 이미 그것을 기독교적 의미에서 사용했었다: "세상을 창조하신 분께서는 세상이 폭풍우에 쓰러지며 불일치에 의해 삼켜질 위험에 있는 것을 보시고서, 그 영혼의 키를 잡으시고 그 모든 범죄를 바로잡아 주셨다." 어거스틴은 『고백록』에서 "나는 자신이 당신에게서 멀리 떨어져 전혀 닮지 않은 지역에 있음을 발견했습니다"라고 말한다(in *Patrologia Latina*, ed. J. P. Migne, 221 vols. [Paris 1844-64], 32.742).

빛을 발하게 할 수 있다. 바울은 "우리가 다 수건을 벗은 얼굴로 거울을 보는 것같이 주의 영광을 보매 그와 같은 형상으로 변화하여 영광에서 영광에 이르니"라고 말한다(고후 3:18). 이 목표에 도달할 때, 우리는 신적 생명에 참여하며 우리의 본성 자체도 변화된다. 우리는 하나님의 자녀, 성령의 전이 된다(고전 6:19). 은혜의 선물들을 증가시킴에 의해서, 우리는 자신을 타락하기 전의 아담보다 더 높이 고양시킨다. 우리는 인간의 원시의 깨끗함으로 돌아갈 뿐만 아니라 신화되고 변형되며 "하나님의 아름다움과 연합된다." 우리는 은혜에 의해 신처럼 된다.

이와 같은 인간의 고양은 타락의 과정의 역전으로서, 우주를 무질서와 부패에서 구해낸다. 왜냐하면 성도가 성취한 신화는 장차 이루어질 우주적 변화의 시작이기 때문이다.

인간 안에 있는 하나님의 형상은 지워질 수 없다. 세례는 단지 그 형상을 깨끗하게 하고 다시 심을 뿐이다. 그러나 하나님을 닮은 모양은 증가될 수도 있고 감소될 수도 있다. 인간은 자유로운 존재이기 때문에 하나님 안에 나타날 수도 있고, 하나님을 대적하여 나타날 수도 있다. 그는 영원한 멸망의 자녀가 될 수도 있는데, 그 때에 그의 안에 있는 하나님의 형상은 흐려지며, 그의 본성 안에서 그는 서투르게 모방한 하나님의 형상을 획득한다.

장래에 이루어질 것인 바 몸의 변화를 포함하여 인간 본성의 완전한 변화는 다볼 산에서 있었던 주님의 변형에서 예현된다: "그들 앞에서 변형되사 그 얼굴이 해같이 빛나며 옷이 빛과 같이 희어졌더라"(마 17:2; cf. 막 9:2-8; 눅 9:28-36). 주님은 제자들에게 "종의 형체"로 나타나시지 않고 하나님으로 나타나셨다. 그리스도의 몸 전체가 변형되셨으며, 그의 신성의 빛나는 옷처럼 되셨다. "다볼 산에서 변화되셨을 때에는 신성만 나타난 것이 아니라 신적 영광 안에 있는 인성도 나타났다."[11] 제7차 에큐메니컬 공의회의 교부들은 "변형은 말씀이 인간의 형상을 떠난 것이 아니라 그의 영광에 의해서 이 인간적 형상이 조명된 것이다"라고 설명한다.[12] 그레고리 팔라마스(Gregory Palamas)는 "그리스도는 전혀 생소하고 이질적인 것을 취하지 않으시고, 새로운 상태를 취하시지도 않으며, 다만 자기의 존재 그대로를 제자들에게 드러내신다"고 말한다.[13]

변형은 성육하셨으나 자신의 신적 본성으로부터 분리될 수 없으신 성삼위의 제2위의 신적 영광의 현시로서 인간이 감지할 수 있는 것이다. 성자의 신성은 성부와 성령의 것과 공통된 것이다. 본질적으로 결합된 그리스도의 두 본성은 (칼케돈 신조에 따르면 "섞임이나 혼동됨이 없이") 서로 분명히 구분되어 존재하지만, 신적 에너지는 그리스도의 인성을 관통하며, 피조된 것이 아닌 빛의 섬광 안에서 그것을 변형시킴으로 그의 인성을 빛나게 만든다. 이것이 곧 "권능으로 임하는 하나님의 나라"이다(막 9:1).

교부들에 의하면, 그리스도는 제자들에게 신화된 상태를 보여주셨으며, 모든 신자들은 그러한 상태에 도달하라는 부름을 받고 있다. 주님의 몸이 영화롭게 되고 변화되시어 신적 영광과 무한한 빛으로 찬란히 빛나셨듯이, 성도들의 몸도 하나님의 은혜의 힘에 의해서 변화되어 영화롭게 되고 빛나게 된다. 사로프의 세라핌(Seraphim of Sarov)은 하나님과 인간 사이의 이러한 닮음을 설명하는 데 그친 것이 아니라 제자인 니콜라스 모토필로프

---

11) Metropolitan Philaret, "Homily 12," in *Complete Works* (in Russian) (Moscow, 1873), 99.

12) Sixth Session, in *Collectio*, ed. Mansi, 12.321CD.

13) Gregory Palamas, *Hagioriticus Tomus* (PG 150.1232C).

앞에서 변형됨으로써 그것을 직접적으로 눈에 보이게 드러냈다.[14] 또 다른 성인인 신신학자 시므온은 자신이 직접 경험한 이러한 신적 조명을 다음과 같이 표현한다: "불이 쇠에게 열기를 전하는 것처럼, 불타고 있는 영혼을 지닌 사람은 내면적으로 획득한 영광을 그의 몸에 전달한다."[15]

쇳덩이가 불과 결합되어 뜨거워지면 순수해지기는 하지만 여전히 쇳덩이의 상태로 남아 있듯이, 은혜와 접촉된 인간의 본성도 아무것도 상실됨이 없이 온전한 상태로 남는다. 쇳덩이가 불과 접촉할 때에 순수해지듯이, 인간의 본성도 순수해진다. 은혜는 인간 본성을 관통하여 그것과 연합하는데, 이 때부터 사람은 다가올 세상의 삶을 살기 시작한다. 이런 이유 때문에 성인은 죄인보다 더 완전하게 인간이라고 말할 수 있다. 성인들은 죄로부터 자유하다. 죄는 근본적으로 인간 본성에 어울리지 않는 이질적인 것이다. 성인들은 자기 존재의 근본적인 의미를 깨달으며, 하나님 나라의 썩지 않는 아름다움을 건설하는 일에 일생을 바친다. 이런 까닭에 정교회에서 이해하는 아름다움이란 어느 피조물의 특징적인 아름다움이 아니다. 그것은 하나님께서 모든 것의 모든 것이 되실 다가올 세상의 일부이다.

토요일 저녁 기도 때에 성경봉독 전에 부르는 짧은 성가에서 "여호와께서 다스리시니 스스로 권위를 입으셨도다"(시 93:1)라는 내용을 접하는데, 이것은 다가올 영생을 나타내는 상징이다. 아레오파고 사람 위-디오니시우스는 하나님을 아름다움이라고 부른다. 왜냐하면 하나님은 한 편으로는 모든 피조물에게 특이한 아름다움을 수여해 주시며, 다른 한편으로는 또

---

14) I. Gorainoff, *Sérafin de Sarov* (Bellefontaine, 1973), 208-14.

15) Simeon the New Theologian, *Catechesis* 83, in *Traités théologiques et éthiques*, ed. J. Darrouzès (Paris, 1967), 2:128-29.

다른 아름다움, 즉 진실로 신적인 아름다움으로 장식해 주시기 때문이다. 말하자면, 모든 피조물은 창조주의 인(印)을 가지고 있다. 그러나 이 인은 아직 하나님의 모양은 아니며, 피조물의 독특한 아름다움에 불과하다.[16] 이 아름다움은 우리를 하나님께 가까이 가게 해주는 통로 혹은 수단이 될 수 있다. 바울의 말에 의하면, 창세로부터 그의 보이지 아니하는 것들 곧 그의 영원하신 능력과 신성이 그가 만드신 만물에 분명히 보여 알려졌나니(롬 1:20). 그러나 교회의 입장에서 볼 때, 가시적 교회의 가치와 아름다움은 현 상태의 일시적인 광채에 있는 것이 아니라, 인간들에 의해 실현될 잠재적인 변형에 있다. 다시 말하자면 진정한 아름다움은 성령의 광채, 다가올 세상의 삶의 거룩함이요 그 삶에 참여하는 것이다.

이와 같이 정교주일 시기송의 두 번째 부분은 우리를 이콘에 대한 교부들의 이해에게로 인도해 주며, 우리로 하여금 퀴니섹스트 공의회(Quinisext Council, 692)의 법규 82, "우리는 이콘 안에 주님의 거룩한 육체를 표현한다"의 심오한 의미를 이해하게 해 준다.[17] 제7차 에큐메니컬 공의회에서 교부들은 다음과 같이 설명했다:

> "보편 교회가 회화(繪畵)를 통해 그리스도의 인간적 형태를 표현하지만, 그렇다고 해서 그의 육체를 신성으로부터 분리시키는 것은 아니다. …우리는 주님의 이콘을 만들 때 그의 신화된 육체를 시인하며, 이콘 속에서 단지 원형을 닮은 모습을 표현하는 하나의 형상만을 인지한다. 이런 연유로 이콘

---

16) Pseudo-Dionysius the Areopagite, *De Divinis Nominibus* 4 (PG 3.701C). 은성출판사 간 『위-디오니시우스 전집』(엄성옥 역), "신의 이름들" 부분을 참조하라.

17) *Epistolae* 2 (PG 98.157BD).

은 그 원형의 이름을 받는다. 그것은 오직 원형의 모습에 참여하기에 거룩하고 존경을 받게 된다."¹⁸

주상 성인 테오돌(Theodore the Studite)은 이 점을 한층 더 분명하게 설명한다: "그리스도의 이콘은 썩을 인간의 모양을 그린 것이 아니라(이것은 사도들이 인정하지 않는다), 그리스도 자신이 말씀하셨던 것처럼 썩지 않는 인간의 모양을 묘사한다. 그리스도는 단순히 인간이 아니라 인간이 되신 하나님이시기 때문에 썩지 않는 분이시다."¹⁹ 이콘의 내용 및 제7차 공의회에 참석한 교부들의 말을 설명해 주는 이 테오돌의 말은 나지안주스의 그레고리의 기독론적 가르침을 반영하고 있다: "구세주에게 단순히 뼈와 혈관 등 외면적인 것들만 부여함으로써 우리의 완전한 구원을 박탈당해서는 안 됩니다. 우리는 그분을 완전하신 인간으로 보존하며 거기에 신성을 더해야 합니다."²⁰

이 두 본문을 비교함으로써, 우리는 신약성경에서 형상의 역할이 신적 성육신의 진리를 예술에 의해서 가능한 한 충실하고 완전하게 묘사하는 데 있음을 알게 된다. 인간 예수의 형상은 하나님의 형상이다. 이런 까닭에 제7차 에큐메니컬 공의회의 교부들은 그리스도의 이콘을 염두에 두고서 "우리는 그리스도 안에서 표현할 수 없는 것들과 표현할 수 있는 것들을 정관한다"²¹고 말했다.

---

18) Sixth Session, in *Collectio*, ed. Mansi, 13.344.

19) Theodore, *The Studite Adversus Iconomachos* 7.1 (PG 99.488).

20) Gregory of Nazianzus, *Ad Cledonium Contra Apollinarium Epistola* 1 (PG 37.184AB).

21) Sixth Session, in *Collectio*, ed. Mansi, 13.244B.

그러므로 이콘은 살아 있는 원형의 형상일 뿐 아니라 신화된 원형의 형상이다. 그것은 결국 와해되고 말 썩어질 육체를 표현하는 것이 아니라 은혜에 의해 조명된 변형된 육, 다가올 세상의 육을 표현한다(고전 15:35-46). 그것은 신적 아름다움과 영광을 육체의 눈으로 볼 수 있는 물질적인 방법으로 묘사한다. 이콘은 이처럼 그 원형의 신화된 상태를 묘사하고 그 이름을 지니기 때문에 거룩하며 존숭될 수 있다. 이런 이유 때문에 원형의 특성인 은혜가 이콘 안에 임재한다. 다시 말하자면 성령의 은혜가 묘사된 인물의 거룩함과 그의 이콘의 거룩함을 지탱해 주며, 이 은혜는 성인의 이콘의 중재를 통해서 신자와 그 성인 사이의 관계를 만들어준다. 이콘은 그 원형의 거룩함에 참여하며, 우리도 기도할 때에 이콘을 통해서 이 거룩함에 참여한다.

제7차 에큐메니컬 공의회의 교부들은 이콘과 초상화를 세심하게 구분했다. 초상화는 평범한 인간을 묘사하며, 이콘은 하나님과 결합된 인간을 묘사한다. 이콘은 그 내용에 의해서 초상화와 구분된다. 이 내용은 이콘만이 지닌 것이며 이콘을 다른 모든 조상(彫像)들로부터 구분해 주는 특징적인 표현을 요구한다. 이콘은 우리의 생각에 의해 추론되는 것이 아니라 우리의 육신의 눈에 보이는 방식으로 거룩을 나타내 준다. 인간의 성화의 상징인 이콘은 다볼 산에서의 변형에서 드러난 실재를 제자들이 이해할 수 있는 한도까지 표현한다. 이것이 바로 성찬예배식 본문들, 특히 변모축일(Feast of the Holy Face: 8월 6일)에서 성화의 내용과 변형을 비교하는 것이다:

"사도들 중에서도 가장 위대한 사도들은 거룩한 산에서 주님이 신적 광채를 드러내시는 것을 보고서 땅에 부복하였습니다. 지금 우리는 태양보다 더 밝게 빛나는 거룩한 얼굴(Holy Face) 앞에 부복합니다. …오 창조주 하나님, 당신은 어두워진 인간의 형상을 조명해 주셨습니다. 당신은 다볼 산에서 베드로와 우레의 아들에게 그것을 계시해 주셨습니다. 오, 인류를 사랑하시는 주님, 당신의 지극히 순수한 형상의 광채에 의해서 우리를 축복하시고 성화시켜 주소서."[22]

다른 본문들에 의해서 예증될 수도 있는 이 비교는 단순한 시적 상상력의 열매가 아니라, 이콘의 영적 내용을 지적해 주는 것이다. 주님의 이콘은 다볼 산에서 사도들에게 계시되었던 것을 우리에게 보여준다. 우리는 예수 그리스도의 얼굴을 정관할 뿐만 아니라 그의 영광, 이콘의 상징적 언어에 의해 우리가 눈으로 볼 수 있게 되는 신적 진리의 빛도 정관한다. 퀴니섹스트 공의회에서는 그것을 "회화(繪畵)에 의해서 모든 사람들에게 분명히 밝혀진 성취"라고 표현했다.

"…우리는 말과 이콘으로 우리의 구원을 고백하고 선포합니다."

이콘의 영적 실체는 정교주일 시기송의 마지막 절에서 실질적으로 교훈적 가치를 취한다: "우리는 구원에 대한 믿음을 말과 이콘으로 고백하고 선포합니다." 이와 같이 시기송은 하나님의 구원의 경륜을 받아들이고 그 믿음을 고백하면서 드리는 바 하나님께 대한 우리의 응답으로 끝난다.

구원에 대한 믿음을 말로 고백하는 방법을 이해하기는 쉽다. 이콘(또는

---

22) Second and Third Stichera, Tone 4.

행위)에 의한 신앙고백은 그리스도의 명령들을 성취하는 것으로 이해될 수 있다. 그러나 여기에는 그 이상의 것이 함축되어 있다. 이러한 말의 설명은 정교주일을 위한 시노디콘(종교회의의 결정: Synodikon)에서 가장 분명하게 발견할 수 있다. 이 시노디콘에는 이콘 파괴론자들에 대한 일련의 저주, 그리고 정교회 신앙고백자들이 영원히 기억된다는 것에 대한 일련의 선포가 포함되어 있다.[23] 세 번째 절에서는 "믿는 자들, 그리고 말과 이콘에 의해서 진리를 전파하고 확인하기 위해서 자기의 말을 저술로, 행동을 화상(畵像)으로 구체화하는 사람들"이 영원히 기억될 것을 선포한다. "화상"은 묘사되어야 할 행위들이 있음을 의미한다. 그러나 이콘 창조의 행위 역시 하나의 "행위"이다. 이 단어는 두 가지 의미-내적 행위와 외적 행위-를 취한다. 다시 말해서 그것은 교회의 생생한 경험, 거룩을 획득한 사람들이 말이나 이콘으로 표현하는 경험을 의미한다. 반면에 우리는 성령의 은혜 안에서, 그리고 그 은혜를 통해서 하나님을 닮은 모양을 재확립할 수 있다. 우리는 내적 노력(영적 실천)에 의해서 자신을 변화시키며, 우리 자신을 그리스도의 살아 있는 이콘으로 만들 수 있다. 이것이 곧 교부들이 "활동적인 삶"이라고 부른 것, 하나의 내적 행위이다. 한편, 우리는 다른 사람

---

23) 현재 남아 있는 가장 오래된 시노디콘의 본문은 11세기의 것을 16세기에 복사한 사본이다. 마드리드 본문이라고 불리는 이 본문은 오우스펜스키에 의해서 러시아어로 출판되었다(*Otcherki Vizantiiskoi Obrazovannosti* 89). 이 본문의 7개 절에서 이콘에 대한 가르침 전체를 요약하고 있으며 정교회 신앙을 가진 사람들은 영원히 기억될 것이라고 선포한다. 한편, 5개의 다른 절에서는 참 교리를 왜곡시킨 자들의 오류를 지적하며 그들에게 저주를 선포한다. 17세기에 러시아 교회에서 이 시노디콘이 수정되어 이콘에 대한 교리적 내용은 완전히 사라지고, 그 의미가 완전히 바뀌었다. 정교회 가르침의 표현 대신에, 제7차 에큐메니컬 공의회를 지지하는 진술 등 일련의 일반적인 진술들이 자리를 차지했다. 이 본문에는 이콘에 관한 단 하나의 절이 포함되어 있는데, 트렌트 공의회(1563)의 법규의 한 절과 흡사한 이 절은 그다지 흥미를 끌지 못한다. 왜냐하면 그것은 우상숭배라는 비난을 거부하는 것으로 한정되어 있기 때문이다.

들의 유익을 위해서 우리의 내적 성화(聖化)를 눈에 보이는 형상이나 말로 표현된 형상으로 나타낼 수 있다: 시기송에는 "우리는 말과 이콘으로 구원을 선포합니다"라고 표현되어 있다. 그러므로 우리는 우리 주변에 있는 재료, 하나님께서 세상에 오심으로 말미암아 거룩하게 된 자료를 사용하여 외적인 이콘을 만들 수 있다. 물론 우리는 언어만을 사용하여 내면의 영적 상태를 표현할 수도 있지만, 화상을 사용하면 그러한 상태를 보다 분명하고 가시적으로 확실하게 나타낼 수 있다. 말과 이콘은 서로를 가리켜준다.

지금까지 이콘의 내용에 관해 이야기한 것을 고린도전서에 있는 본문과 연결시켜 보면, 이콘의 의미를 이해하는 데 도움이 될 듯하다. 바울은 "누가 묻기를 죽은 자들이 어떻게 다시 살아나며 어떠한 몸으로 오느냐 하리니 어리석은 자여 네가 뿌리는 씨가 죽지 않으면 살아나지 못하겠고 또 네가 뿌리는 것은 장래의 형체를 뿌리는 것이 아니요"(고전 15:35-37)라고 말한다. 그는 우리의 죽을 몸을 땅에 뿌려진 씨에 비유한다. 현세에서 낟알은 반드시 싹을 내야 한다. 즉 어느 정도까지는 다음 단계의 삶을 시작해야 한다. 이와 비슷하게, 하나님께서 전반적인 부활 때에 우리에게 주실 형태에 대해 우리 자신을 개방하기 위해서 우리는 다음 세대의 삶에 들어가야 한다. "썩을 것으로 심고 썩지 아니할 것으로 다시 살아나며 욕된 것으로 심고 영광스러운 것으로 다시 살아나며 약한 것으로 심고 강한 것으로 다시 살아나며 육의 몸으로 심고 신령한 몸으로 다시 살아나나니"(고전 15:42-44). 새 아담이신 그리스도는 우리 인간의 본성을 새롭게 하시고 불멸의 것으로 재창조하셨다.

"기록된 바 첫 사람 아담은 생령이 되었다 함과 같이 마지막 아담은 살려

주는 영이 되었나니 그러나 먼저는 신령한 사람이 아니요 육의 사람이요 그 다음에 신령한 사람이니라 첫 사람은 땅에서 났으니 흙에 속한 자이거니와 둘째 사람은 하늘에서 나셨느니라 무릇 흙에 속한 자들은 저 흙에 속한 자와 같고 무릇 하늘에 속한 자들은 저 하늘에 속한 이와 같으니 우리가 흙에 속한 자의 형상을 입은 것같이 또한 하늘에 속한 이의 형상을 입으리라 형제들아 내가 이것을 말하노니 혈과 육은 하나님 나라를 이어 받을 수 없고 또한 썩는 것은 썩지 아니하는 것을 유업으로 받지 못하느니라"(고전 15:45-50).

바울은 조금 뒤에 "이 썩을 것이 반드시 썩지 아니할 것을 입겠고 이 죽을 것이 죽지 아니함을 입으리로다"라고 말한다.

다볼 산에서의 변형의 빛은 다가올 세상의 영광이다. 죽은 성도들을 부활하게 하는 능력은 성령이기 때문이다. 그리고 사실상 성령께서는 현세의 삶 동안에 성도들의 영혼뿐만 아니라 몸에도 활력을 주신다. 이런 까닭에 우리는 이콘이 인간의 평범한 얼굴뿐만 아니라 영광스럽고 영원한 얼굴을 전해준다고 말하는 것이다. 이콘은 썩지 않음을 소유한 자들, 이 세상에서 사는 동안에 하나님 나라의 첫 열매로 지낸 하나님 나라의 상속자들을 나타낸다. 이콘이란 정욕을 소멸하고 모든 것을 성화시키는 은혜를 소유한 사람의 형상이다. 그렇기 때문에 그 육체는 평범한 썩을 육체와는 다르게 표현된다. 전혀 감정적인 설명을 하지 않는 이콘은 어떤 영적 실재를 평화로이 전달해 준다. 만일 은혜가 전인을 비추어 주어 영적이고 육적인 존재 전체가 기도로 가득 차며 신적 빛 안에 존재한다면, 그 이콘은 살아 있는 이콘, 진실로 하나님의 모양이 된 한 개인의 상을 가시적으로 획득한다. 이콘은 신성을 표현하는 것이 아니라, 인간이 신적 생명에 참여함

을 지적해 준다.[24]

그러므로 성인 존숭과 이콘 존숭 사이에는 하나의 유기적 연계가 있다. 그렇기 때문에 성인 존숭을 제거해버린 신학(개신교)에 이콘이 존재하지 않는 것이다. 거룩에 대해 정교회의 개념과 다른 개념을 소유한 전통에서는 이콘이 제거되었다.

이콘의 내용

역사적 실체

정교주일 시기송에 대한 우리의 분석은 신약에서의 이콘의 이중적 사실주의에 대한 보다 분명한 이해를 제공 해 준다. "그 안에는 신성의 모든 충만이 육체로 거하시고"(골 2:9). 신인(神人)이신 예수 그리스도와 마찬가지로, 그리스도의 몸 된 교회 역시 신적이면서도 인간적인 체계이다. 그것은 자체 안에서 두 개의 실체를 연합한다. 즉 역사적이고 세상적인 실체와 성령의 은혜를, 세상의 실체와 하나님의 실체를 결합시킨다. 종교 예술의

---

24) 우리는 서방교회의 예술에 네스토리우스주의의 경향이 있다면 정교회의 이콘에는 단성론적 뉘앙스가 있다는 말을 정교회 신자가 아닌 사람에게서, 때로는 정교회 신자에게서 듣는다. 이콘에 대해 지금까지 말한 내용에 비추어 우리는 이 주장이 어리석은 것임을 알 수 있다. 물론 서방교회의 예술은 성스러운 인물의 인간적인 면만을 표현하기 때문에 네스토리우스주의적이라고 말할 수도 있다. 그러나 정교회의 이콘은 신성을 표현하는 것이 아니고 신성에 흡수된 인간을 표현하는 것도 아니기 때문에 단성론과는 전혀 관계가 없다. 정교회의 이콘은 죄로부터 깨끗하게 되고 신적 생명과 연합된 바 완전히 인간적인 본성 안에 있는 인간을 표현한다. 정교회 예술을 단성론이라고 비난하는 것은 그 내용을 오해한 데 따른 결과일 뿐이다. 동일한 이유에서, 사람들은 성경이나 정교회의 전례를 단성론이라고 비난할 수도 있을 것이다. 왜냐하면 그것들도 이콘과 마찬가지로 이중적 실재, 즉 피조물의 실재와 신적 은혜의 실재를 표현하기 때문이다.

목적은 이 두 가지 실체를 가시적으로 증언하는 데 있다. 이 두 가지 의미에서 그것은 현실적이다. 성경을 다른 모든 문학 작품들과 구별할 수 있듯이, 이콘도 다른 모든 것들로부터 구분할 수 있다.

교회는 그리스도, 성인들, 성경에 등장하는 사건들 등을 묘사한 이콘 안에 역사적 실재를 경건하게 보존한다. 지극히 구체적인 역사에 굴복해야만, 하나의 이콘은 성령의 은혜에 의해서 그 표현의 주인공과 접촉할 수 있게 된다. 타라시우스 총대주교(Patriach Tarasius)는 황제와 황후에게 편지하면서 "예수 그리스도의 이콘들이 복음서의 이야기와 일치하여 역사적으로 정확하게 제작되었다면, 그 귀중한 이콘들을 인정하는 것이 옳습니다. 왜냐하면 그분은 완전한 인간이 되셨기 때문입니다"[25]라고 말했다. 성인들의 특징들은 주의 깊게 보존되어야 할 것이다. 역사적 진리에 충실해야만 성인들의 이콘이 안정을 획득할 것이다. 사실 전승에 의해서 성별된 하나의 추상을 전달하는 것보다는 이콘이 표현하는 인물과의 직접적이고 생생한 연계를 보존하는 것이 중요하다. 그렇기 때문에 할 수 있는 한 이콘에 묘사되는 인물의 특성들을 그대로 재현하는 일이 중요하다. 물론 항상 그 특성들을 그대로 재현할 수 있는 것은 아니다. 성인들의 전기(傳記)에서와 마찬가지로, 종종 성인들의 육체적인 특성들은 다소 잊히며 재현하기 어려운 경우가 있다. 그렇게 되면 그 이콘은 주인공을 제대로 닮은 것이 되지 못한 불완전한 것이 된다. 미숙한 화가도 주인공과 이콘의 닮음을 감소시킬 수 있다. 그러나 원형과 이콘 사이의 닮음이 완전히 사라질 수는 없다. 표현되는 원형과 이콘과의 연계를 마련해 주는 최소한의 닮음은 항상 존

---

25) In *Collectio*, ed. Mansi, 13.404D.

재한다.

주상성인 테오돌은 "비록 예술적 솜씨가 불충분하여 이콘이 원형과 동일한 형태를 갖지 못한다는 점을 인정하더라도, 우리의 주장이 완전히 무효한 것은 아닐 것이다. 왜냐하면 이콘에 닮음이 부족해서가 아니라 이콘이 원형을 닮으므로 이콘을 존숭하기 때문이다"[26]라고 말한다. 이 경우에 근본적인 것은 이콘이 원형을 닮지 못한 것이 무엇이냐가 아니라 이콘과 원형의 공통점이 무엇인가이기 때문이다. 이콘 제작자는 원형의 몇 가지 특징적인 점들만 표현할 수도 있다. 그러나 대부분의 경우, 독실한 정교회 신자들은 원형에의 충실성 때문에 그리스도와 마리아의 이콘 및 존경하는 성인들의 이콘들을 쉽게 식별할 수 있다. 그리고 비록 그들에게 알려져 있지 않은 성인들의 이콘일지라도, 그들은 그 성인이 어느 계층에 속하는 성인인지, 즉 순교자인지, 감독인지, 수도사인지를 식별할 수 있다.

정교회에서는 예술가의 상상력에 따라 이콘을 제작하거나, 살아 있는 모델을 그리는 것을 인정하지 않는다. 왜냐하면 그것은 원형으로부터의 의식적이고 완전한 괴리를 의미할 수도 있기 때문이다. 그렇게 제작된 이콘은 그것이 표현하고 있는 인물과 일치하지 않을 것인데, 이것은 교회가 절대로 용납할 수 없는 악한 거짓말이 될 것이다.(과거 몇 세기 동안에는 이와 같은 일반적인 규칙이 종종 남용되거나 지켜지지 않았다.) 거짓됨 및 원형과 이콘 사이의 괴리를 피하기 위해서, 이콘 제작자들은 과거의 이콘들이나 지침서들을 모델로 사용한다. 고대의 이콘 제작자들은 마치 가까운 친척의 얼굴을 알듯이 성인들의 얼굴을 알고 있었다. 그들은 기억력에 의지해서,

---

26) Theodore the Studite, *Antirrheticus* 3.5 (PG 99.421; *On the Holy Icons*, trans. Catharine P. Roth[Crestwood, N.Y.: St. Vladimir's Seminary Press, 1981], 104).

혹은 초상화나 스케치를 사용하여 이콘을 제작했다. 사실 거룩하다는 명성을 획득한 인물이 죽으면 그 직후에, 즉 그가 공식적으로 시성되고 그의 성유물이 발견되기 전에 그의 이콘을 제작하여 신자들에게 배포한다.[27] 모든 종류의 이야기, 특히 그와 동시대 사람들의 스케치나 증언이 이런 방식에 따라 이콘에 표현되어 보존되는 것이다.[28]

거룩함의 묘사와 신적 은혜

그러나 아무리 정밀하다고 해도 역사적 실체만으로 성화가 이루어지는 것은 아니다. 묘사되는 인물은 신적 은혜의 담지자이므로, 그의 이콘에는 반드시 그의 거룩함이 묘사되어야 한다. 그렇지 않다면, 그 이콘은 아무런 의미도 소유하지 못할 것이다. 만일 어느 이콘에서 성육하신 하나님의 인간적인 면을 묘사하면서 마치 사진처럼 역사적인 실체만을 묘사했다면, 교회는 그리스도를 에워싸고 있었던 믿지 않는 군중들과 같은 눈으로 그

---

27) 콘다코프(N. P. Kondakov)는 이콘을 위한 문서적 기초로 초상화를 사용하는 것에 주의를 기울인다. 1558년, 노브고로드의 대주교 니세타스(Nicetas)의 유해가 완전한 상태로 발견되었을 때, 그 성인의 초상화가 제작되어 다음과 같은 편지와 함께 교회의 권위자에게 보내졌다: "우리는 그 성인의 은혜에 의해서 당신에게 성 니세타스 주교의 모습을 그린 그림을 보내드립니다. …이것을 모델로 하여 그 성인의 이콘을 만들도록 지시하여 주십시오." 이 편지에는 니세타스의 외모, 의복 등에 대한 상세한 묘사가 기록되어 있었다(*The Russian Icon* [in Russian], vol. 3, part One, 18-19).

28) 6세기 말에 생성한 전승이 사라지기 시작했을 때, 보다 정확하게 말하자면 사람들이 그것에서 벗어나기 시작했을 때, 이콘 제작자들이 사용한 자료들이 체계화되었다. 바로 그 시기에 소위 *podlinniki*라고 불리는 것과 함께 지침서들이 출현했다. 이것들은 성인들과 절기를 표현하는 이콘 제작의 표준을 확립하고 주요한 색깔들을 지적한다. 그것들은 성인들의 특성에 관한 간단한 묘사를 포함하고 색깔들도 언급한다. 이 *podlinniki*는 이콘 제작자들에게 없어서는 안 되는 것들이다. 그러나 그것들을 이콘 제작에 관한 표준이나 거룩한 전통과 동등하게 중요한 것으로 간주해서는 안 된다.

리스도를 보게 될 것이다. 그러나 신신학자 시므온의 주석에 따르면 "나를 본 자는 아버지를 보았다"(요 14:9)는 그리스도의 말씀은 인간 예수를 보면서 동시에 그의 신성을 정관했던 사람들에게만 하신 말씀이었다:

"만일 이것을 그의 몸에 관한 것으로 생각해야 한다면, 그를 십자가에 못 박고 침을 뱉은 사람들 역시 아버지를 보았을 것이다. 따라서 모든 사람들이 동등하게 바라던 축복에 도착했으며 앞으로 도달할 것이므로 신자들과 불신자들 사이에 전혀 차이가 없게 될 것이다."[29]

블라디미르 로스키도 비슷한 사상을 표현했다.

"언제나 참 증인들, 성령의 비침을 받은 교회의 자녀들에게 주어진 충만한 계시는 이방 목격자들이 본 "역사적 예수", "나사렛 예수", 교회 밖의 그리스도의 형상을 능가한다. 그리스도의 인성 숭배는 동방교회의 전통에서는 이질적인 것이다. 정교회 신자들의 경우에 신화된 인성은 항상 다볼 산에서 제자들에게 나타났던 영광스러운 형태를 취한다. 즉 성부와 성령과 공통의 신성을 나타내신 성자의 인성을 취한다."[30]

교회의 관상(觀想)과 세속적 시각의 차이점은 곧 교회는 눈에 보이는 것 안에서 보이지 않는 것을, 일시적인 것 안에서 영원한 것을 관상한다는 점인데, 이것은 예배 안에서 우리에게 계시된다. 예배 자체가 그렇듯이, 이

---

29) Simeon the New Theologian, in *Traités*, ed. Darrouzès, 2:86-87.
30) Lossky, *Mystical Theology*, 243.

콘도 역시 유한한 세상에서의 영원의 계시이다. 그렇기 때문에 교회 예술에서 한 인물을 그린 자연주의적 초상화는 하나의 역사적 문서에 불과할 뿐, 전례적 형상인 이콘을 반영할 수는 없다.

앞에서 이콘은 거룩에 대한 영적 경험을 표현한다고 말했다. 그리고 우리는 이콘 안에서 역사적 실체를 전달할 때와 동일한 진정성을 본다. 바울의 말처럼 우리에게는 "구름같이 허다한 증인들"(히 12:1), 성화의 경험을 우리에게 전해줄 사람들이 있다. 시므온은 "그들의 증언은 눈으로 본 것들에 대한 이야기라고 해야 한다. 반면에 '개념'(*novhma*)이라는 용어는 정신 안에서 형성된 하나의 사상에 적용되어야 한다"고 논평했다.[31] 사실, 개인적이고 생생한 경험만이 진정으로 그 표현에 적절한 단어, 형태, 색깔, 선 등을 이끌어낼 수 있다. 시므온은 계속하여 다음과 같이 말한다.

"예를 들어 집이나 마을이나 어떤 장소, 혹은 연극에 대해 말하고자 하는 사람은 그것을 철두철미하게 보고 그 내용을 파악하고 있어야만 그럴듯하게 그것에 대해 말할 수 있다. 보지 못한 것에 대해서 자기 마음대로 만들어내어 말할 수는 없기 때문이다. …사람이 직접 보지 않고서는 눈에 보이는 세상의 것들에 대해서 말하거나 묘사할 수 없을진대 하물며 어찌 하나님, 신적인 것들, 그리고 성인들과 하나님의 종들, 본질적으로 말로 표현할 수 없는 일인 하나님을 보는 것에 대해 말할 능력을 소유할 수 있겠는가? 후자는 그들의 마음에서 말로 표현할 수 없는 힘을 만들어낸다. 우리가 먼저 지식의 빛의 조명을 받지 않는 한, 인간의 말은 우리가 그것에 대해서 말하는

---

31) Simeon the New Theologian, in *Traités*, ed. Darrouzès, 2:94-95.

것을 허락하지 않는다."³²

그리스도의 변형은 그 계시를 수용할 수 있는 세 명의 사도 앞에서만 발생했다. 그러나 그들도 이 신적 빛의 여명을 자신의 능력의 한도만큼만(즉, 그들이 내적으로 이 계시에 참여하는 한도까지만) 보았다. 우리는 성인들의 삶으로부터 하나의 유비를 끌어낼 수 있다. 사로프의 세라핌은 모토필로프에게 기독교적 삶의 목표를 보여주기를 원했었다. 그는 모토필로프 앞에서 변형되었을 때, 모토필로프가 그 변형에 어느 정도까지 참여하기를 원하기 때문에 그 변형을 볼 수 있다고 설명해 주었다. 만일 그가 개인적으로 빛의 조명을 받지 않았다면 그는 은혜의 빛을 볼 수 없었을 것이다. 개인적인 비침의 본질은, 복음서 기자 누가가 오순절 이후에 동정녀 마리아의 이콘을 그렸다고 전승에서 주장하는 이유를 설명해 주기도 한다. 신신학자 시므온이 말한 이 "지식의 빛"이 없으면, 성화와 구체적인 증거에 직접 참여하지 않는 한 학문이나 기술적인 완전함이나 재능 등이 그다지 도움을 주지 못한다.

성령께서 임하시기 전까지, 사도들(그들은 끊임없이 그리스도를 보고 믿었던 사람들이다)은 성령에 의한 성화를 직접 경험하지 못했으며, 따라서 그것을 말이나 이콘으로 표현할 수 없었다. 이것이 오순절 전에는 성경이나 거룩한 이콘이 등장할 수 없었던 이유이다. 이콘을 만들 때에는 개인적이고 구체적인 은혜의 경험이 무엇보다도 중요하다. 그러한 개인적인 경험이 없는 사람은 단지 경험을 지닌 사람들의 경험을 전달받아서 이콘을 제작할

---

32) Ibid., 96-99.

수 있다. 그렇기 때문에 공의회와 성직자들은 거룩한 이콘 제작자들이 제작했던 방식에 따라서 이콘을 제작해야 한다고 명했다. 데살로니가의 시므온은 "전통에 일치하는 색깔로 표현하는 것이 참된 회화이다. 그것은 성경을 충실하게 필사하는 것과 유사한 일이다. 그렇게 표현되어지는 것은 거룩한 것이므로, 거기에는 신적 은혜가 머물러 있다"고 말한다.[33] 우리는 전통을 통해서 거룩한 이콘 제작자들의 경험, 교회의 살아 있는 경험에 참여하므로, "이콘을 전통에 일치하는 색깔로 표현해야 한다."

이 글들은 제7차 공의회에서 발표한 표현들과 마찬가지로 이콘이 그 원형의 영광과 거룩에 참여한다는 것을 강조한다. 이콘에는 하나님의 은혜가 머물러 있다. 다마스커스의 존의 말에 의하면 그 이유는 "성인들은 생전에 성령으로 충만했기 때문이다. 그들이 죽은 후에도 성령의 은혜는 지칠 줄 모르고 계속 그들의 영혼 안에 머물고, 무덤 안에 있는 그들의 몸 안에 머물며, 그들의 저술들 및 그들의 거룩한 이콘에 머무는데, 그것은 그들의 본성 때문이 아니라 은혜와 거룩한 활동의 결과이다."[34] 이콘 안에는 성령의 은혜가 거하는데, 정교주일 시노디콘(4절)에 따르면, 그것은 "신자들의 눈을 성화시켜 주며" 영적인 질병과 육적인 질병을 고쳐준다. 우리는 주변모축일 아침 기도회 때에 "우리는 당신의 지극히 순수한 이콘을 경모합니다. 당신께서는 그것에 의해서 원수의 종이 된 우리를 구원해 주셨습니다. 당신은 이콘에 의해서 우리의 질병을 치료해 주십니다"[35]라고 노래한다.

---

33) *Simeon of Thessalonica Dialogus Contra Hasereses* 13 (PG 155.113D).

34) *John of Damascus, De Imaginibus* 1.19(PG 94[1].1249CD).

35) Feast of the Holy Face(August 16), Magnification and Ode 7 of the Canon.

이콘이 영적 특질을 전달하기 위해서 사용하는 수단은 그것이 전달되는 상태, 그리고 거룩한 금욕적 교부들이 말로 표현한 상태와 완전히 일치한다. 은혜는 인간적인 방편에 의해서 표현될 수 없다. 만일 우리가 실생활에서 우연히 성인을 만난다 해도, 우리는 실제로 그의 거룩함을 보지 못한다. "장님이 빛을 보지 못하듯이, 세상은 성인을 보지 못한다."[36] 우리가 이 거룩함을 보지 못하기 때문에 그것을 묘사하지도 못한다. 말이나 상징, 어떤 인간적인 수단에 의해서도 그것을 묘사할 수 없다. 그러나 형태와 색깔과 상징적인 선들의 도움을 받으면 교회가 정하고 엄격한 역사적 사실주의라는 특징을 지닌 예술적 언어에 의해서 이콘 안에 그것을 표현할 수 있다. 그렇기 때문에 하나의 이콘은 특정의 종교적 주제를 표현하는 하나의 형상 이상의 의미를 지닌다. 그러한 주제들을 다른 방법으로 표현할 수도 있다. 그러나 하나의 이콘이 지닌 특성은 표현되는 인물의 성화된 상태가 묘사되는 방법에 좌우된다.

주변모축일 성찬예배에 따르면, 우리는 "태양보다 빛나는" 얼굴을 가지신 구세주의 이콘 앞에 부복한다. 우리는 그리스도의 이콘에 의해 "교화"되기를 구한다. 우리에게 영적 세계에 대해 가르쳐 주려는 의도를 지닌 것인 바 감각적 세계와 성경적·전례적으로 비교된 것들은 상징에 불과할 뿐 적절한 묘사가 아님을 기억해야 한다. 그러므로 다마스커스의 존은 그리스도의 변형에 대한 복음서 기사에 대해 말하면서 신적 은혜와 태양빛의 비교는 불충분한 것이라고 인정하며, 피조된 것이 아닌 것을 피조된 것에 의해서 표현할 수 없음을 강조한다.[37] 다시 말하자면, 물질적인 태양 빛

---

36) Metropolitan Philaret, "Sermon 57: For the Annunciation," in *Sermons* (in Russian) (Moscow, 1874), vol. 3.
37) John of Damascus, Homilia in *Transfiguratione* (PG 94[3].545-46); see also Basil Krivochéine, "L'

은 피조된 것이 아닌 빛인 신적인 상징에 불과할 뿐이다.

한편 이콘은 절대적으로 분명한 거룩한 본문들, 즉 시적 상상이나 알레고리의 산물이 아니라 구체적인 실체를 옮겨놓은 본문에 일치해야 한다. 그러나 영적 조명, 모든 표현 방법을 능가하는 바 "태양보다 더 밝게 빛나는" 빛이 어떻게 이콘 안에 묘사될 수 있는가? 여러 가지 색깔에 의해서 가능한가? 여러 가지 색깔은 태양의 자연적인 빛을 묘사하기에도 충분치 못하다. 그렇다면 어떻게 태양을 능가하는 빛을 묘사할 수 있었을까?

우리는 모세가 산에서 내려왔을 때에 그의 얼굴이 빛이 나서 백성들이 그 광채를 견디지 못할까봐 얼굴을 가려야 했듯이(출 34:30; 고후 3:7-8), 성인들의 탁월한 영화(榮化)의 순간에 그들의 얼굴을 내적으로 빛나게 만든 빛이 있었다는 증거를 그들의 전기나 교부들의 저술에서 발견한다. 이콘에서는 이러한 빛의 현상을 후광으로 표현한다. 후광은 영적 세계의 뚜렷한 사건을 나타내는 정확한 상징이다. 성인들의 영화롭게 된 얼굴에서 빛나며 그들의 머리 둘레 및 신체의 윗부분을 둘러싼 빛은 둥근 형태를 취한다. 모토필로프는 세라핌의 변형에 대해서 "태양의 중심, 가장 찬란한 빛 가운데서 당신에게 이야기하는 사람의 얼굴을 상상해 보십시오"[38]라고 말했다. 이 빛은 묘사될 수 없으므로, 그것을 그림으로 묘사하는 유일한 방법은 이 빛나는 구체(球體)의 형태를 닮은 원반으로 표현하는 것이다. 그것은 성인의 머리 위에 면류관을 씌우는 것이 아니라 그 얼굴의 광채를 묘사하는 것이다.

Enseignement ascétique et Théologique de Saint Grégoire Palamas," *Seminarium Kondakovianum* 8 (Prague, 1936): 135.

38) Quoted in Gorainoff, *Sérafin*, 209.

서방의 이콘에서는 종종 그렇게 표현하는데, 그 경우에 이 면류관이 어느 정도는 외적인 것으로 머무른다. 후광은 하나의 알레고리가 아니라 진정하고 구체적인 실체를 상징적으로 표현한 것이다. 그것은 이콘에 없어서는 안 되는 부분이다(없어서는 안 되지만 그러면서도 충분하지는 못한 부분이다). 그것은 기독교적 거룩함 외에 다른 것들도 표현한다. 이교도들도 종종 자기들의 신들이나 황제들의 신적 본질을 강조하기 위해서 후광을 그려 넣는다.[39] 그러므로 후광에 의해서만 이콘이 다른 조상(彫像)들로부터 구분되는 것은 아니다. 후광은 단지 이콘 묘사의 한 장치, 거룩의 외적 표현, 빛의 증거에 불과하다.[40] 비록 후광이 지워져서 보이지 않게 되어도 이콘은 여전히 이콘이며, 다른 모든 조상들로부터 분명히 구분된다. 그것은 자체의 형태와 색깔에 의해서, 물론 상징적인 방법으로 "태양보다 빛나는" 얼굴을 소유한 사람의 내적 상태를 우리에게 보여준다. 이와 같은 내적 완전의 상태를 어떤 방법으로도 표현할 수 없기 때문에, 교부들과 금욕적 저자들은 그것을 그저 절대적인 침묵이라는 특성으로 규정짓는다. 그러나 인간의 본성, 특히 몸에 이러한 조명이 이루어짐에 따른 결과는 어느 정도 묘사되며 간접적으로 표현될 수 있다. 신신학자 시므온은 불에 달궈진 쇳덩이라는 상징을 사용했다. 다른 금욕인들은 보다 구체적인 설명을 남겨주었다.

---

39) 이 빛이 이교도들을 상징한다고 말할 수는 없다. 한편, 교회는 교회 외부에도 부분적인 빛이 있음을 인정하며, 그렇기 때문에 피조된 것이 아닌 빛의 신비가 이교도들에게도 어느 정도 계시되었을 수 있다는 결론을 내릴 수도 있다.

40) 여기에서 고려되는 것은 어떤 조상(彫像)들에게서 볼 수 있는 사각형의 후광과는 전혀 다른 것이다. 과거에 이것은 그 인물의 생전에 그의 초상화가 그려졌음을 지적하는 방법이었다.

"신적 은혜에 의해 기도가 성화될 때…영혼은 미지의 힘에 의해 하나님을 향해 이끌려지며, 그 힘은 영혼과 함께 육체도 끌어당긴다. …새 생명으로 태어난 사람의 내면에서는 영혼이나 심장만 아니라 육체까지도 영적 위로와 축복, 살아 계신 하나님의 기쁨으로 가득 채워진다."[41]

쉬지 않고 드리는 기도와 거룩한 성경의 가르침은 능력의 왕을 보는 마음의 영적 눈을 열어준다. 영혼 안에는 커다란 기쁨이 있으며 하나님에 대한 갈망이 강하게 타오른다. 그 때에 육체도 역시 성령의 영향에 의해 이끌려 가므로, 전인(全人)이 신령하게 된다.[42]

다시 말해서, 우리의 내면에서 일상적인 방탕의 상태에서 타락한 본성의 생각들과 감각들이 침묵 기도로 대치되고 그 사람이 성령의 은혜의 조명을 받을 때에, 그의 존재 전체는 마치 용암처럼 단번에 하나님을 향해 분출한다. 인간 본성 전체가 영적으로 고양되며, 위-디오니시우스의 말대로 "무질서한 것들이 질서 있게 되고, 형태 없는 것들이 형태를 취하며, 그 사람은 빛으로 충만한 삶으로 빛나게 된다."[43] 그리하여 "모든 지각에 뛰어난 하나님의 평강"(빌 4:7)이 우리의 내면에 거하게 되는데, 이 평강이 주님의 임재의 특성이다. 이집트의 마카리우스는 다음과 같이 말한다.

"모세와 엘리야의 시대에 하나님께서 나타나셨을 때, 많은 나팔수들과 군

---

41) Bishop Ignatius Brianchaninov, *Ascetic Essay*, vol. 1 (in Russian).

42) "A Most Useful Account of Abba Philemon," in the Russian *Philokalia*, 3:397.

43) Pseudo-Dionysius the Areopagite, *Ecclesiastical Hierarchy*, trans. Thomas L. Campbell (Lanham, Md.: University Press of America, 1983), 32.

대가 그 앞에서 행하며 여호와의 위엄을 나타냈다. 그러나 여호와 자신이 오실 때에는 그와는 달리 평강과 침묵과 평온함에 의해 나타나셨다. 성경에 기록된 대로 '또 지진 후에 불이 있으나 불 가운데에도 여호와께서 계시지 아니하더니 불 후에 세미한 소리가 있는지라'(왕상 19:12). 이것은 여호와의 임재가 평화와 조화에 의해 나타나게 됨을 보여준다."[44]

인간은 피조물이면서도 은혜에 따라 하나님처럼 된다. 인간의 영혼은 물론 몸도 신적 생명에 참여한다. 그러나 이 참여가 그를 육체적으로 변화시키지는 않는다. 닛사의 그레고리의 말에 따르면, "우리의 눈에 보이는 것은 변화되지 않는다. 노인이 청년이 되어 주름살이 사라질 수는 없다. 새로워지는 것은 죄로 더러워지고 나쁜 습관 안에서 늙은 속사람이다. 이 속사람이 어린아이 같은 순수함으로 돌아가는 것이다."[45] 다시 말해서 몸은 그 구조, 생물학적 특성들, 그리고 인간의 외적인 모습의 특성들을 하나도 잃지 않고 그대로 보유한다. 그러나 모든 것이 변화되며, 은혜와 완전히 결합된 몸은 하나님과의 연합에 의해서 조명된다. 대 안토니(Anthony the Great)는 다음과 같이 말한다.

"성령은 지성과 연합하여 머리에서 발끝까지 몸 전체를 질서 있게 유지하라고 가르친다. 눈은 순수하게 보고, 귀는 평화롭게 들으며, 혀는 좋은 것만 말하며, 손은 기도하거나 사랑의 행위를 수행하며, 배는 적절하게 먹고 마

---

44) Macarius of Egypt, in the Russian *Philokalia*, 1:192.
45) Quoted in George Florovsky, *The Fathers of the Fourth and Fifth Centuries* (in Russian) (Westmead, 1972), 171.

시며, 발은 하나님의 뜻 안에서 바르게 걸어야 한다. …몸 전체가 선에 익숙해지며, 성령의 능력에 순종함으로써 변화된다. 그리고 장차 의인들이 부활할 때에 영적 몸의 특성들에 어느 정도 참여함에 의해서 그것은 완성된다."[46]

이 교부의 글은 많은 언어적 이콘들, 심지어 안토니의 교훈이 우리로 하여금 이해하게 해준 상세한 내용들과도 흡사하다. 그렇기 때문에 그러한 글들은 우리가 다루는 주제에서 대단히 중요하다. 안토니의 글에 묘사된 대로 인간의 몸, 특히 감각에 미치는 신적 은혜의 효과는 이콘 안에서 우리에게 나타난다. 언어적 묘사와 조상(彫像)은 대단히 유사성을 가지므로 우리는 다음과 같은 분명한 결론에 이른다: 정교회의 금욕적 경험과 정교회의 이콘 사이에는 존재론적 통일성이 존재한다. 이러한 경험과 그 결과는 이콘으로 묘사된 정교회 금욕인들에 의해서 정확하게 묘사되고 우리에게 전해진다. 색깔과 형태와 선의 도움을 받아 그리고 상징적 사실주의라는 장르의 특이한 예술적 언어의 도움을 받아, 하나님의 전이 된 사람의 영적 세계가 우리에게 계시되는 것이다. 거룩한 교부들이 증언한 질서와 내적 평화는 이콘에 표현된 표면적인 평화와 조화에 의해서 전달된다. 성인의 몸 전체, 머리카락과 주름살, 옷 및 그를 에워싼 모든 세부적인 것까지 통일되고 조화를 이룬다. 이콘 안에 나타난 이 조화는 (1) 인간 내면의 분열과 혼돈을 극복한 승리, (2) 세상에 있는 인류의 분열과 혼돈을 극복한 인간의 승리를 가시적으로 표현한다.

우리가 이콘에서 볼 수 있는 특이한 외부 묘사-특히 감각 기관의 묘사

---

46) Anthony the Great, in the Russian *Philokalia*, 1:21.

(반짝이지 않는 두 눈, 이상하게 생긴 귀 등)-가 자연스럽지 못한 까닭은 이콘 제작자에게 그렇게밖에 표현할 능력이 없었기 때문이 아니라, 그들이 표현하고자 한 것이 저들의 자연적 상태가 아니었기 때문이다. 이콘의 역할은 우리로 하여금 자연 안에서 보는 것에 보다 가까이 접근하게 해주는 데 있는 것이 아니라, 일반적으로 인간이 지각하지 못하는 것, 즉 영적 세계를 감지하는 몸을 보여주는 데 있다. 사로프의 세라핌이 모토필로프 앞에서 변형되었을 때 행한 질문들-"네가 무엇을 보느냐?" "너는 무엇을 느끼느냐?"-은 이것을 잘 보여준다. 모토필로프가 본 빛, 그가 맡은 향기, 그가 느낀 뜨거움 등은 물질적인 것이 아니었다. 그 순간 그의 감각 기관이 그를 둘러싼 물질 세계에 미친 은혜의 효과를 감지하고 있었던 것이다. 이콘에서 감각 기관을 자연스럽지 못하게 표현하는 것은 세상의 혼잡함에 대한 무감각 및 그에 대한 반응의 부재, 모든 흥분으로부터의 초탈, 거룩에 도달할 사람의 특성인 무감각의 상태를 나타낸다. 그리고 그것은 역으로 그들이 영적 세계를 받아들였음을 나타낸다. 정교회의 이콘은 성 토요일을 위한 찬송의 주제를 상징으로 나타낸다: "모든 썩을 육체는 잠잠하며…세상적인 것을 생각하지 말라." 여기에서 모든 것은 평화와 질서와 내적 조화를 표현하는 전반적인 조화에 종속된다. 성령의 나라에는 무질서가 존재하지 않기 때문이다. 신신학자 시므온의 말에 따르면, 하나님은 "평화와 질서의 하나님"이시다.[47]

---

47) Catechetical instruction attributed to Simeon the New Theologian (in Russian), *Prayer* 15(Moscow, 1892): 143.

이콘의 의미와 목적

앞에서 이콘은 성인의 영화롭게 된 상태, 즉 그의 변화된 영원한 얼굴을 보여준다는 것을 살펴보았다. 그러나 이콘은 우리를 위해 만들어진다. 앞에서 말한 모든 것을 고려할 때, 상징적으로 표현된 이콘은 앞에서 인용했던 교부들의 글이 수도사들뿐만 아니라 모든 신자들의 금욕적 수행들에 관련을 갖는 것과 동일한 방법으로 우리에게 이야기하고 있음이 분명하다. 왜냐하면 은혜를 획득하는 것은 교회의 모든 지체에게 주어진 과업이기 때문이다. 정교회의 금욕적 경험의 표명인 이콘은 중요한 교육적 기능을 소유하며, 그 안에 교회 예술의 근본적인 목표가 놓여 있다. 이콘의 건설적인 역할은 기독교적 삶의 진리들을 가르치는 것뿐만 아니라 전인의 교육에 있다.

이콘의 내용은 기독교적 삶, 특히 기도를 위한 참된 영적 인도자가 된다. 기도는 하나님과의 대화이다. 그렇기 때문에 기도에는 정욕들의 부재, 표면적이고 세상적인 흥분에 대한 무감각 등이 요구된다. 나지안주스의 그레고리는 다음과 같이 말한다.

"우리는 거룩한 일을 깨끗하지 못한 방법으로, 고귀한 것을 저급한 방식으로, 존귀한 것을 수치스러운 방법으로, 그리고 거룩한 것을 세상적인 방법으로 수행해서는 안 된다. …우리의 모든 것, 즉 우리의 행위, 움직임, 소원, 말하는 것, 그리고 걷는 방법, 심지어 몸짓까지도 어느 정도 거룩하다. 왜냐하면 우리의 이성(λόγος)은 모든 것에 미치며, 하나님을 따라서 인간을 인도하기 때문이다. 이것이 우리의 성찬식이 신령하고 엄숙하게 되는 방법

이다."⁴⁸

　이콘이 보여주는 것이 바로 이것이다. 우리의 감각은 이성적인 지도를 필요로 한다. 왜냐하면 감각을 통해서 악이 영혼 안에 들어오기 때문이다. 대 안토니는 "인간 심령의 깨끗함은 시각, 청각, 촉각, 미각, 후각, 그리고 말에 의해서 들어온 무질서한 형상들의 움직임 때문에 어지럽게 된다"고 했다.⁴⁹ 그렇기 때문에 교부들은 인간의 오관을 영혼의 문이라고 말했다. 사부 이사야(Abba Isaiah)는 "그대 영혼의 모든 문, 즉 모든 감각을 폐쇄하고 주의를 기울여 그것을 지키라. 그리하면 그대의 영혼이 그것들 사이를 배회하지 않을 것이며, 세상의 염려나 세상의 말에 끌려 다니지 않을 것이다"라고 말했다. 이콘 앞에서 기도하거나 그저 이콘을 바라볼 때에, 우리는 사부 이사야의 말을 생각해야 한다: "자기의 몸이 마지막 심판 날에 부활할 것이라고 믿는 사람은 그 몸을 죄 없이, 그리고 악이나 더러움에 물들지 않게 보존해야 한다."⁵⁰ 우리는 최소한 기도하는 동안만이라도 영혼의 문을 모두 닫고 (이콘으로 묘사된 성인이 그의 몸에게 가르쳤듯이) 우리의 몸에게 성령의 은혜 안에서 그 은혜에 의해 스스로 바르게 보존하도록 가르쳐야 한다. 그렇게 되면 우리의 눈은 순수하게 보고, 귀는 평화롭게 들으며, 마음은 악한 생각을 품지 않게 될 것이다. 다시 말하자면, 교회는 죄로 얼룩진 우리의 본성을 구속하는 일을 돕기 위해서 이콘을 사용한다.

　교부들은 기도에 대한 정교회의 금욕적 경험을 묘사하면서 "생명으로

---

48) Gregory of Nazianzus, *Orationes* 11 (PG 35.840A).

49) Anthony the Great, in the Russian *Philokalia*, 1:122.

50) Abba Isaiah, Homily 15, in the Russian *Philokalia*, 1:33.

인도하는 좁은 문"(마 7:14)이라는 상징을 사용한다. 우리는 특별한 장소로 이어지는 길이 아니라 무한한 충만함에 대해 열려 있는 길의 출발점에 서 있다. 기독교인에게는 신적 생명을 향한 문이 열려 있다. 여러 금욕적 저자들 및 마카리우스는 영적 진보에 대해 이렇게 말했다: "문들이 열려 있다. …인간은 그 안에 들어가는데, 그 안에는 많은 거주지가 있다. 그의 앞에는 또 다른 문들이 열려 있다. 그는 부유하게 되며, 그에 비례하여 그에게 새롭고 놀라운 일들이 보인다."[51] 좁은 문으로 이어지는 좁은 길에 들어선 기독교인은 자기 앞에 무한한 가능성과 전망이 열려 있음을 깨닫는다. 그가 가는 길은 점점 좁아지는 것이 아니라 넓어진다. 그러나 우리의 전망의 완전한 역전은 우리 마음 안에 있는 하나의 단순한 지점에서 시작된다. 이것이 "마음의 변화"를 의미하는 헬라어 메타노이아($\mu\epsilon\tau\acute{\alpha}\nu o\iota\alpha$)의 문자적 의미이다.

이처럼 이콘은 거룩에 이르는 수단이며 우리가 걸어가야 할 길이다. 그것은 자체가 기도이다. 그것은 교부들이 말하는 정욕으로부터의 자유를 눈에 보이게 직접적으로 보여준다. 도로테우스의 말대로 그것은 "눈으로 금식하는 법"을 가르쳐 준다.[52] 사실 추상적인 것, 또는 일상적인 회화일지라도 하나의 조상(彫像) 앞에서 "눈으로 금식하는 것"은 불가능하다. 이콘만이 "눈으로 행하는 금식"의 의미, 그리고 그것이 우리로 하여금 획득하게 해주는 것을 묘사해 줄 수 있다.

그러므로 이콘의 목표는 우리 안에서 자연스러운 인간적 감정을 일으키거나 영화롭게 하려는 데 있는 것이 아니다. 이콘은 감정에 호소하지 않는

---

51) Macarius of Egypt, in the Russian *Philokalia*, 1:230.

52) Dorotheus, *Teachings and Messages Useful to the Soul* (in Russian), 7th ed. (Optina Pustyn, 1895), 186.

다. 이콘의 의도는 우리로 하여금 감정과 지성 등 본성의 모든 면의 변화에 동조하게 해주는 데 있다. 이콘은 우리 본성의 모든 면에 첨가된바 해롭거나 건전하지 못할 수도 있는 모든 칭찬을 제거한다. 이콘이 표현하는 신화가 그렇듯이, 이콘은 인간적인 것을 전혀 억제하지 않는다. 즉 심리학적 요소나 세상에 사는 인간의 다양한 특성을 전혀 억제하지 않는다. 따라서 이콘은 감독직이나 수도사의 직무와 같은 교회 내의 직무든지 왕자나 군인이나 의사 등 세속적인 직무든지, 그 성인이 영적 활동으로 변화시켰던 직무를 분명하게 표현해 준다. 복음서에서와 마찬가지로, 신적 세계와 접했던 성인의 삶의 모든 면—생각, 학식, 인간적 감정—이 이콘에 표현된다. 이러한 접촉은 결코 깨끗해질 수 없는 모든 것을 깨끗하게 해주고 소멸시켜 준다. 모든 인간적 본성의 표명, 삶의 모든 현상이 조명되며, 분명해지며, 참된 의미와 지위를 획득한다.

신인(神人)을 묘사할 때에 죄를 제외하고는 모든 면에서 우리와 비슷하신 분으로 표현하듯이, 성인을 표현할 때에도 죄로부터 자유한 인간으로 표현한다. 고백자 막시무스의 말을 따르면, "우리의 육도 그리스도의 육과 같이 죄의 썩어짐에서 자유하다. 그리스도께서 인간으로서 영혼과 몸에 죄가 없으셨듯이, 그분을 믿으며 성령을 통해 그리스도로 옷 입은 우리도 그리스도 안에서 우리의 의지를 통해서 죄가 없이 될 수 있다."[53] 이콘은 "영광의 몸의 형체"(빌 3:21) 안에 있는 성인의 몸, 죄의 썩어짐에서 해방된 몸, "의인들이 부활할 때에 신령한 몸의 특성들을 소유하는 몸"을 보여 준다.

---

53) Maximus the Confessor, *Active and Contemplative Chapters* 67, in the Russian *Philokalia*, 3:263.

정교회의 교회 예술은 변형의 교리의 가시적 표현이다. 여기에서 인간의 변형은 정교회의 가르침과 완전히 일치하는 명확하고 객관적인 실체로 이해되고 전달된다. 우리에게 보이는 것은 개인적인 해석, 혹은 추상적이거나 다소 저급한 인식이 아니라 교회에서 가르치는 진리이다.

이콘의 색깔들은 인간 육체의 색깔을 전해주는데, 그것은 본성적인 육의 색조가 아니다. 그리고 그것은 정교회 이콘의 의미에 부합하지 않는다. 그 이유는 인간 육체의 아름다움을 묘사하는 것 이상의 것이 거기에 내포되어 있기 때문이다. 이콘 안에 있는 아름다움은 영적인 깨끗함, 내면적인 아름다움이다. 베드로는 "오직 마음에 숨은 사람을 온유하고 안정한 심령의 썩지 아니할 것으로 하라 이는 하나님 앞에 값진 것이니라"(벧전 3:4)고 말했다. 그것은 세상적인 것과 천상의 것 사이의 교제의 아름다움이다. 이콘이 묘사하는 것은 아름다움-거룩, 인간이 획득한 하나님의 모양이다. 이콘은 그 나름의 언어로 은혜의 사역을 전한다. 그레고리 팔라마스의 말을 빌리면, 그 은혜의 사역은 "신적 닮음 안에 있는 하나님의 형상에 따라 우리 안에 그림을 그림으로써 우리가 그의 모양으로 변화된다."[54] 이콘의 가치 및 그것을 정당화하는 것은 하나의 객체로서의 그 이콘의 아름다움에 있는 것이 아니라 그것이 표현하는 것, 즉 신적 닮음 안에 있는 아름다움의 상징에 있다.

우리를 밝혀주는 이콘의 빛은 색깔로 묘사된 얼굴들의 자연적인 광채가 아니라 인간을 깨끗하게 해주는 하나님의 은혜, 정화되고 죄 없는 육의 빛임을 이해할 수 있다. 이 성화된 육의 빛을 하나의 영적 현상으로 이해

---

54) Gregory Palamas, "To the Nun Xenia, on the Virtues and the Passions," in the Russian *Philokalia*, 5:300-301.

되어서는 안 되며, 또 특이한 육체적 현상으로 이해되어서도 안 된다. 그것은 이 두 가지의 집합, 즉 장차 임할 신령한 육의 계시로 이해되어야 한다.[55]

나름의 특성을 유지하고 있으면서 완전히 논리적인 방식으로 몸을 덮고 있는 의복은 그 성인의 영화된 상태를 가리지 않도록 묘사된다. 그것은 인간의 사역을 강조하며, 그의 영광의 옷, 썩지 않을 의복을 상징하게 된다. 금욕적인 경험이나 그 결과 역시 여기서 엄격히 기하학적인 형태, 조명, 그리고 주름의 선 등으로 표현된다. 그것들은 무질서하게 표현되지 않는다. 그것들은 모습이 변화되며, 그 형상의 전반적인 조화에 종속하는 리듬과 질서를 획득한다. 결국, 인간 몸의 성화가 그 의복에 전달된다. 우리는 그리스도, 동정녀 마리아, 사도들, 성인들의 의복을 만지면 신자가 치유를 얻는다고 알고 있다. 복음서에 기록된 혈루증 걸린 여인의 이야기나 바울의 옷을 통해서 이루어진 치유(행 19:12)를 상기해 보라.

성인이 지녔던 내면의 질서는 이콘의 자세와 움직임 안에 반영된다. 성인들은 몸짓으로 이야기하지 않는다. 그들은 하나님 앞에서 기도하며, 그

---

55) 이 관점은 트렌트 공의회(제25차 회기)의 결정에 따라 인간의 육체를 표현하는 것에 대한 문제가 정교회에서는 로마 가톨릭 교회에서와는 달리 한 번도 제기되지 않은 이유를 설명하는 데 도움이 된다: "거룩한 공의회는 모든 불순함을 피할 것, 즉 조상(彫像)들에게 도발적인 매력을 부여하지 말 것을 원한다." 피해야 할 "불순함"이란 인간의 육신이었다. 그러므로 로마교회의 당국자들이 행한 첫 번째 일은 종교예술에서 나체를 표현하는 것을 금지하는 것이었으며, 나체상의 실질적인 숙청이 시작되었다. 교황 바울 4세의 명에 따라서 미켈란젤로의 「최후의 심판」의 등장 인물들은 가려졌다. 교황 클레멘트 8세는 미봉책을 거부하고 그 그림 전체를 제거하기로 결정했으나, 성 누가 아카데미의 청원으로 말미암아 그 조처는 저지되었다. 트렌트 공의회의 결정을 굳게 신봉했던 찰스 보로메오(Charles Borromeo)는 나체화가 눈에 뜨이는 대로 제거하게 했다. 정숙하게 보이지 않는 회화와 조상들은 파괴되었다(see Emile Mâle, *L'Art religieux après le Concile de Trente*[Paris, 1932], 2). 화가들은 스스로 자기의 작품들을 불태웠다. 그러나 정교회 내에서는 교회 예술의 특성 덕분에 이러한 상황이 방지되었다.

들의 움직임과 자세는 거룩한 일에 사용되는 성례전적인 면을 갖는다. 보통 이콘은 완전히 관객을 향하거나, 최소한 부분적으로 관객 쪽을 향한다. 이것은 카타콤에서 시작된 기독교 예술의 특성이었다. 성인은 다른 곳이 아니라 바로 우리 앞에 현존한다. 우리는 성인에게 기도하면서 그를 직접 대면하여 보아야 한다. 이것이 바로 복잡한 작품들 안에서 성인들이 중심을 향해 위치하는 극소수의 경우를 제외하고는 단면상으로 표현되지 않는 이유이다. 단면상은 직접적인 접촉을 허용하지 않는다. 말하자면, 그것은 부재의 출발점이다. 이것이 바로 예수 강탄을 묘사한 이콘에서 박사들과 목자들처럼 아직 거룩을 획득하지 못한 사람들만이 단면상으로 표현되는 이유이다.

거룩은 본질상 그 주변의 것들을 성화시킨다. 모든 피조물이 영원한 하나님의 생명에 참여하는 일은 인간 안에서 인간을 통해서 실현되고 분명히 나타난다. 인간의 타락과 더불어 피조세계가 타락했듯이, 인간의 신화(神化)에 의해서 피조세계는 구원된다. "피조물이 허무한 데 굴복하는 것은 자기 뜻이 아니요 오직 굴복하게 하시는 이로 말미암음이라 그 바라는 것은 피조물도 썩어짐의 종 노릇 한 데서 해방되어 하나님의 자녀들의 영광의 자유에 이르는 것이니라"(롬 8:20-21).

우리는 타락한 피조세계 전체 안에서의 통일성의 회복의 시작을 나타내주는 표식을 가지고 있다. 이것은 그리스도께서 사막에 머무신 것이다: "들짐승과 함께 계시니 천사들이 수종들더라"(막 1:13). 신인이신 예수 그리스도 안에서 새로운 피조물이 되어야 하는 천상의 피조물들과 세상의 피조물들은 그분의 주위에 모인다. 전 우주가 평화로이 통일된다는 사상은 모든 정교회의 이콘에 활력을 불어넣어 준다.[56] 천사들에게서부터 열등한 피조물들에 이르는 이 모든 피조물의 연합은 다가올 새로워진 우주이다. 이콘에서 그것은 일반적인 불화, 이 세상의 왕과 대조된다. 평화와 조화의 회복, 온 세상을 포용하는 교회—이것은 정교회 예술의 중심 사상으로서 정교회의 건축과 회화를 지배한다.[57] 이런 까닭에, 우리는 이콘 안에서 성인을 에워싼 모든 것이 그 이콘의 풍채를 변화시키는 것을 발견한다. 신적 계시의 담지자요 선포하는 자인 인간 주위의 세계가 여기에서 변화되고 새로워지며, 다가올 세계의 상징이 된다.

이 무질서한 특성을 버리며 풍경, 동물, 건축 등 모든 것이 조화로워진다. 성인을 에워싼 모든 것이 율동적으로 질서 있게 그에게 절한다. 모든 것은 신적 임재를 반영하며, 하나님을 향한다(그리고 우리를 하나님께로 이끈다). 이콘에 묘사된 지구, 식물의 세계, 그리고 동물의 세계는 우리가 주위에서 보는 것(즉, 썩어질 상태에 있는 타락한 세상)에 더 가까이 우리를 인도하려는 것이 아니라, 이 세상이 인간의 신화에 참여한다는 것을 보여주려는 의도를 지닌다. 거룩이 전체 피조 세계에 미치는 영향, 특히 동물들에게 미치는 영향을 종종 성인들의 삶 안에서 찾아볼 수 있다.[58] 라도네츠의 세르기우스(Sergius of Radonetz)의 제자로서 그의 전기를 저술한 에피파니우스(Epiphanius)는 야생 짐승들이 그 성인에게 어떤 태도를 취했는지에 대해 묘사했다: "놀라지 마십시오. 하나님께서 어떤 사람 안에 거하시며 성령께

---

56) 이 생각은 창조의 우주적 의미를 드러내는 이콘 안에서 특별하게 강조되어 있다. 예를 들자면 "호흡이 있는 만물은 주를 찬양하라", "만물이 당신 안에서 기뻐합니다" 등이다.

57) Eugene Trubetskoy, *The Meaning of Life* (in Russian) (Berlin, 1922), 71-72.

58) 예를 들어보면 시리아인 이삭, 이집트의 메리, 라도네츠의 세르기우스, 사로프의 세라핌, 오브노르스크의 폴 등이 있다.

서 그의 내면에 거하실 때에, 아담이 타락하기 전 홀로 광야에 살았을 때처럼 만물은 그에게 복종합니다." 시리아인 이삭(Issac the Syrian)은 자기에게로 온 짐승들은 아담이 타락 이전에 발산했던 것과 같은 향기를 그에게서 맡았다고 말했다. 마찬가지로, 성인들의 거룩이 미친 영향 때문에 이콘에 묘사된 짐승들은 특별한 모습을 지닌다. 그 짐승들은 나름의 종(種)의 특성을 보존하면서도 일반적인 모습을 상실한 모습으로 표현된다. 만일 여기에서 접근할 수 없는 낙원의 신비를 암시하고 있는 이콘 제작자의 심오한 언어를 이해하지 못한다면, 우리는 이것을 기이하거나 부자연스러운 표현으로 여길 수도 있을 것이다.

이콘 안에 표현된 건물은 전반적인 조화에 복종하면서도 특별한 역할을 한다. 그것은 그 사건이 발생한 장소-교회, 집, 마을-를 밝혀준다. 그러나 건물은(예수 탄생의 동굴이나 부활의 동굴 등) 결코 그 장면을 둘러싸지 않는다. 그것은 단지 하나의 배경으로 작용하며, 그 사건은 그 건물 안에서가 아니라 그 앞에서 발생한다. 이런 까닭에 이콘에서 표현하는 사건의 의미는 그 역사적인 장소에 제한되지 않는다. 17세기 초에 들어서야 비로소 러시아의 이콘 제작자들이 서방교회 예술의 영향을 받아서 건물 내에서 발생한 장면들을 묘사하기 시작했다.

비록 이콘의 일반적인 의미와 구성은 표현된 건물과 인물들을 연결해 주지만, 거기에는 큰 차이가 있다. 비록 자연주의적이지는 않지만 인간 육신에 대한 묘사가 극소수의 예외를 제외하고는 철저히 논리적이어서 모든 것이 제 위치를 차지한다. 의복의 경우도 마찬가지이다. 옷을 묘사한 방법, 특히 주름을 표현한 방법은 지극히 논리적이다. 그러나 건물은 형태나 세부 묘사에 있어서 종종 인간적인 논리를 무시한다. 물론 실제의 건물 형태가 출발점이 되기는 하지만, 균형이 완전히 무시된다. 문이나 창문은 제 위치에 있지 않으며, 그 크기에 있어서 전혀 쓸모 없는 것이 된다. 현대의 견해에 의하면, 이콘 제작자들은 오늘날 이해할 수 없게 된 비잔틴 시대의 형태에 맹목적으로 집착했을 것이라고 생각한다. 그러나 이 현상이 지닌 참된 의미는, 이콘에 표현된 행위가 지상적 삶의 합리주의적인 논리와 법을 초월한다는 것이다. 비록 고대의 것일지라도, 비잔틴이나 러시아의 건축은 이콘이 이러한 사실을 묘사하는 것을 가장 훌륭하게 허용하는 요소이다. 이것은 "그리스도를 위하여" 일종의 회화로서 어리석게 배열되어 있는데, 그것은 "엄숙함의 정신"에 완전히 위배되는 것이다. 그러한 건축상의 기이함은 체계적으로 이성을 꺾어 제 위치로 돌아가게 만들며, 신앙의 초논리적 특성을 강조한다.[59]

이콘의 기이하고도 특이한 특성은 복음의 그것과 유사하다. 왜냐하면 복음은 모든 질서, 세상의 모든 지혜에 대한 진정한 도전이기 때문이다. 주께서는 이사야의 입을 빌려서 "내가 지혜 있는 자들의 지혜를 멸하고 총명한 자들의 총명을 폐하리라"(고전 1:19)고 말씀하셨으며, 사도 바울은 이 말을 인용했다. 복음은 우리를 그리스도 안에 있는 생명에게로 부르며, 이콘은 이 생명을 표현한다. 이런 까닭에 그것은 때때로 불규칙하고 충격적인 형태를 사용하는데, 그것은 마치 거룩이 때때로 세상 사람들이 볼 때에는 미친 것처럼 보이는 극단적인 형태(예를 들면 그리스도 안에서 어리석은 자들의 거룩)들을 묶인하는 것과도 같다. 그런 사람들 중에 한 사람은 "사람들

---

[59] 건축의 몰논리적 특성은 계속되다가 데카당 운동의 시대(16세기 말과 17세기 초)에 이르러 이콘 표현의 언어에 대한 이해가 점차 상실되었다. 그 이후로 건축은 논리적이고 균형을 이루게 되었다. 오늘날 우리는 엄청나게 다양한 건축 형태를 발견한다.

은 내가 미쳤다고 말한다. 그러나 미치지 않고서는 누구도 하나님의 나라에 들어가지 못한다. …복음을 따라 살기 위해서는 미쳐야 한다. 사람들이 이성적이며 제정신을 가지고 있는 한 하나님의 나라는 세상에 임하지 않을 것이다"[60]라고 말했다. 그리스도를 위해 미치는 것, 그리고 도발적인 형태의 이콘들은 모두 동일한 복음적 실체를 표현한다. 그러한 복음적 관점은 세상의 관점을 역전시킨다. 이콘에 의해 보이는 우주는 이성적인 범주들이나 인간적인 표준들이 아니라 하나님의 은혜의 지배를 받는다. 여기에서 신성한 데 쓰이는 이콘의 본질, 그 단순성과 위엄, 그 고요함, 또 그 선들의 리듬과 기쁨을 주는 색깔들이 비롯되는 것이다. 그것은 금욕적인 노력과 승리의 기쁨을 반영한다. 그것은 살아 계신 하나님의 기쁨으로 변화된 슬픔이다. 그것은 새로운 창조 안에 있는 새로운 질서이다.

우리가 여기에서 보는 세상은 일상의 진부함을 반영하지 않는다. 신적인 빛이 모든 것을 관통하며, 바로 이런 까닭에 인물이나 객체가 어느 쪽에서든지 하나의 빛의 근원에 의해서 조명되지 않는다. 그것들은 그림자를 만들지 않는다. 왜냐하면 하나님의 나라에서는 만물이 빛 안에 감싸여 있어서 그림자라는 것이 존재하지 않기 때문이다. 이콘 제작자들의 기술적인 언어로 사용된 "빛"은 이콘의 배경을 의미한다.

본 장에서는 기독교의 초기 수세기 동안에는 상징 사용이 전체 교회의 공통된 현상이었던 것처럼, 이콘이 전체 교회가 사용하는 공통된 언어라는 사실을 밝히려고 노력했다. 왜냐하면 이콘은 정교회의 공통된 가르침, 공통된 금욕적 경험, 그리고 공통된 전례를 표현하기 때문이다. 이콘

---

60) Archimandrite Spiridon, *Mes Missions en Sibérie* (Paris: Editions du Cerf, 1950), 39-40.

은 항상 교회의 계시를 표현해 왔으며, 그것을 가시적인 형태로 신자들에게 가져다 주며, 그들의 질문에 대한 대답, 하나의 가르침이요 지도자, 성취해야 할 과업, 하나님 나라의 예현이요 첫 열매로서 그것을 그들 앞에 놓는다.

하나님의 계시와 인간이 그 계시를 받아들이는 것은 말하자면 두 가지 방식으로 나타난 하나의 행동이다. 계시와 그노시스, 계시의 길과 지식의 길은 서로 일치한다. 하나님께서 하강하셔서 인간에게 자신을 계시하시며, 인간은 자신을 고양시켜 자신의 삶과 획득된 그 계시를 일치시킴으로써 하나님께 응답한다. 인간은 이콘 안에서 계시를 받으며, 그것에 참여하는 정도에 비례하여 이콘에 의해서 이 계시에 응답한다. 다시 말하자면, 이콘은 하나님을 향한 인간의 추진력 및 인간을 향한 하나님의 하강을 보여주는 가시적인 증거이다. 만일 교회의 말과 노래를 들음으로써 우리의 영혼이 거룩하게 된다면, 이콘을 봄으로써 우리는 성화된다. 교부들의 견해에 의하면 시각은 감각들 중에서 가장 중요한 것이다. "눈은 몸의 등불이니 그러므로 네 눈이 성하면 온 몸이 밝을 것이요"(마 6:22).

성찬예배는 말과 상징에 의해서 우리의 감각을 성화시켜 준다. 이콘은 인간 안에서 회복되어진 하나님의 형상과 모양의 표현이므로 예배의 역동적이고 건설적인 요소이다.[61] 그렇기 때문에 교회는 제7차 에큐메니컬 공의회의 결정에 따라서 이콘을 "생명을 주는 십자가 형상들과 동일한 차원에, 모든 하나님의 교회 안에, 꽃병과 거룩한 의복에, 벽에, 나무판 위에, 가정이나 거리에" 두도록 명령한다. 교회는 이콘 안에서 우리로 하여금 자

---

61) 그것은 일부 외부의 관찰자들이 생각하듯이 단순히 보수적이며 수동적인 기능만 지니지 않는다.

신의 소명을 깨닫게 해줄 수 있는, 즉 우리의 신적 원형의 모양을 획득하며 신인께서 우리에게 계시하시고 전해 주신 것을 우리의 삶에서 성취하는 방법 중의 하나를 인식한다. 성인들의 수효는 대단히 적지만, 거룩은 우리 모두에게 주어진 과업이다. 그리고 이콘들은 거룩의 모범으로서, 다가올 세상의 거룩의 계시로서, 우주적 변용 계획의 계시로서 모든 곳에 놓여진다. 성인들이 세상에서 사는 동안에 획득한 은혜는 계속 그들의 이콘 안에 거하므로,[62] 이 이콘들은 그 자체가 소유한 은혜에 의해서 세상의 성화시키기 위해 모든 곳에 놓인다. 이콘들은 새로운 창조를 향해 나아가는 우리의 길에 세워진 표식들과 같다. 따라서 사도 바울은 "주의 영광을 보매 그와 같은 형상으로 변화하여"(고후 3:18)라고 말했다.

경험에 의해서 성화된 사람은 그 경험에 일치하며 다메섹의 존의 표현대로 진실로 "감추인 것의 계시요 증명"이 되는 형상들을 만들어왔다. 그것은 마치 성막이 산 위에서 모세에게 보여졌던 것을 계시해 주는 것과도 같다. 이러한 이콘들은 인간에게 변화된 우주를 계시해 줄 뿐만 아니라 그가 그 안에 참여하는 것을 허락해 준다. 이콘은 자연을 따라 제작되지만, 상징들의 도움을 받아서 표현한다. 왜냐하면 그것이 표현하는 자연은 주님의 재림 때에야 완전히 계시될 세상을 직접 표현할 수 없기 때문이다.

---

62) John of Damascus, *De imaginibus* 1.19(PG 94[1].1249CD).

❹ 성모 마리아와 성인들

세르기우스 불가코프

세르기우스 불가코프(Sergius Burgakov, 1871-1944)는 정교회 사제의 아들이었다. 그는 신학대학 졸업 1년 전(1888)에 유아기부터 지켜온 신앙을 버리고 열렬한 마르크스주의자요 무신론자가 되었다. 그는 1894년에 모스크바 주립대학 법학부를 졸업했고, 30세 때에 정교회 신앙으로 돌아와 1918년에 사제로 서품되었다. 그는 이 경험을 "불속을 통과하는 듯이 뜨겁고 정화시키고 중생시키는 경험"이었다고 묘사한 적이 있다. 1917년, 소비에트 혁명 때문에 불가코프는 멀리 크리미아(흑해 북안의 반도)에 있는 심페로폴에서 사역하도록 강요당했다. 그는 1923년에 러시아로부터 추방당한 후 그곳에 돌아가지 않았다. 프라하에서 2년 동안 머문 후 파리에 정착한 그는 러시아의 이민자들을 도와서 성 세르기우스 정교회신학원을 세웠고 1944년에 사망할 때까지 신학 교수요 학장으로 봉직했다.

본 장에 수록된 글은 그의 저서『정교회 신앙』에서 취한 것이다.『정교회 신앙』은 서방 사람들에게 정교회를 소개하려는 의도를 지닌 것으로서 불가코프의 여러 저술들 중에서 가장 유명한 저서이다. 초판은 러시아어로 출판되었는데, 1935년에 영어로 출판된 그 책은 고전 중의 하나가 되었다. 불가코프는 마리아 숭배와 성자 숭배를 취급하면서 정교회를 개신교와 가톨릭으로부터 구별하였고, 그러한 전례적 관습은 그리스도의 유일한 중보의 역할을 약화시키는 우둔한 미신이요 이교적인 혼합주의에 불과하다고 비난한다. 그는 성유물과 천사들에 관한 교리도 취급하고 있다.

마리아 숭배

정교회는 성모 마리아를 "그룹 천사보다 고귀하며 스랍 천사보다 영광스러운 분", 모든 피조물보다 뛰어나신 분으로 숭배한다. 교회는 한 분이신 중보자를 대치함이 없이 모든 인류를 위해 자기 아들에게 중보의 기도를 올리는 하나님의 어머니를 마리아 안에서 본다. 우리는 그녀에게 중보의 기도를 드려 달라고 쉬지않고 기도한다. 동정녀 마리아에 대한 사랑과 숭배는 정교회 전체를 따뜻하게 해주고 활력을 주는 심장이요, 정교회 신앙의 핵심이다. 그리스도의 동정녀 탄생이나 마리아 숭배를 포함하지 않는 신앙은 정교회와 관계 없는 다른 신앙이요 다른 기독교이다. 개신교는 이상하게도 하나님의 모친에 관한 감정이 결여된 입장을 취하는데, 이것은 종교개혁 시대로부터 비롯된 상태이다. 동정녀 숭배의 결여라는 면에서, 개신교는 정교회나 가톨릭 교회와는 다른 태도를 지니며, 그렇기 때문에 성육신에 대한 개신교의 이해는 그 풍부함과 힘을 상실한다.

그리스도 안에서 신성과 인성의 완전한 연합은 인간 본성의 성화(聖化) 및 영화(榮化)와 직접 연관되며, 따라서 무엇보다도 하나님의 어머니와 연관된다. 이 개념이 없으면, 성육신은 단순히 표면적이고 신성 포기적인 것, 하나님 앞에서 인류의 칭의를 확보하기 위해 치러야 할 대가로서 인간의 본성을 취한 자발적인 자기 비하가 될 뿐이다. 여기서의 성육신은 죄 때문에 절실하게 필요하게 된 구속을 이루기 위한 수단일 뿐이다. 따라서 동정녀 마리아는 성육신을 위해 불가피하지만 외면적인 도구, 일단 그 필요가 충족된 후에는 버려지고 잊히는 도구에 불과하다. 개신교에서는 동정녀 마리아에게 사려 깊게 관심을 기울이지 않으며, 마리아가 요셉에 의해 다른 자녀들을 낳았다거나 심지어 동정녀 탄생 자체까지 부인하는 극단적인 입장을 보이기도 한다. 정교회는 결코 어머니와 아들을 분리하지 않는다. 성육하신 성자에 의해서 동정녀도 성육하였다. 우리는 그리스도의 인성을 경모하면서 그의 모친을 경모한다. 왜냐하면 그리스도는 모친에게서 인성을 받았으며, 마리아 자신이 인성을 완전하게 대표하기 때문이다. 하나님의 은혜를 통해서, 마리아 안에서 타락 이후의 인류가 접근할 수 있는 성성(sanctity)이 획득된다. 구약 시대 교회의 목적은 성령을 받기에 합당한, 즉 수태고지에 합당한 거룩한 인성의 고양, 보존, 그리고 준비였다. 그런데 거룩한 인성은 동정녀 안에서 획득되었다. 그러므로 마리아는 단순히 도구가 아니라 인간적인 면에서 성육신의 직접적이고 긍정적인 조건이었다. 그리스도는 인간 본성에 위배되는 어떤 기계적인 과정에 의해서는 성육되실 수 없었을 것이다. 바로 그 본성 때문에 가장 순수한 인간이 스스로 "주의 여종이오니 말씀대로 내게 이루어지이다"(눅 1:38)라고 말해야 했던 것이다. 이렇게 말하는 순간에 성령이 그녀에게 임했다. 수태고지는 동정녀의 오순절이었다. 성령은 그녀를 완전히 성화시키고 그녀와 함께 거하셨다.

   정교회는 1854년에 결정된 가톨릭의 교리, 즉 동정녀 마리아가 태어날 때부터 원죄가 없이 태어났다는 의미를 지닌 성모무흠수태설을 받아들이지 않는다. 이러한 교리는 동정녀를 인류에게서 분리할 것이며, 그렇게 되면 그녀는 자기 아들에게 인성을 전해줄 수 없었을 것이기 때문이다.[1] 한편 정교회는 지극히 순결한 동정녀 안에 어떤 개별적인 죄도 용납하지 않는다. 왜냐하면 그것은 하나님의 모친의 권위에 합당치 못하기 때문이다. 동정녀 마리아와 그 아들 사이의 연관은 아들의 탄생과 더불어 끝나는 것이 아니다. 그것은 그리스도 안에 인성과 신성이 뗄 수 없이 결합되어 있는 한 지속된다. 주님의 지상 사역 기간 동안 동정녀 마리아는 표면에 나타나지 않고 겸손하게 뒤에 머물러 있었으며, 골고다의 십자가 가까이에서 주와 함께 하기 위해서만 표면에 등장하여 아들의 고난에 동참했다. 그녀는 주님의 부활에 참여한 첫 인물이기도 하다. 동정녀 마리아는 보이지는 않으나 진정한 사도 교회의 중심이었다. 그녀 안에 원시 기독교, 그리고 그리스도께서 십자가에 달려 있을 때에 마리아에게 아들로 주신 요한이 기록한 복음서의 비밀이 감추어져 있다. 교회는 마리아가 자연사 했으나 썩지 않고 아들에 의해 일으킴을 받아 영화된 몸으로 천국에서 그리스도의 우편에 살고 있다고 믿는다. 그녀 안에서 세상 창조 안에 있는 하나님의 지혜의 사상, 그리고 피조된 세계 안에 있는 하나님의 지혜가 실현되었다. 그녀 안에서 하나님의 지혜가 정당화되므로, 성모 마리아 숭배는 거

---

1) On the Orthodox cult of the Virgin, see Sergius Bulgakov, *The Unburned Bush* (in Russian)(Paris, 1927).

룩한 지혜(Holy Wisdom) 숭배와 혼합된다. 동정녀 마리아 안에는 거룩한 지혜와 피조 세계의 지혜, 성령과 인간적 본질이 연합되어 있다. 그녀의 몸은 완전히 영적인 몸이며 변화된 몸이다. 그녀는 창조의 칭의요 목적이요 의미이다. 이런 의미에서 그녀는 세상의 영광이다. 그녀 안에서 하나님은 이미 모든 것의 모든 것이 되신다.

동정녀 마리아는 천국에서 영화로운 상태에 살면서도 인류의 어머니로 남아 있으면서 그들을 위해 기도하고 중보한다. 이런 까닭에 교회는 그녀에게 간구하고 도움을 청한다. 그녀는 세상을 자기의 베일로 덮어주며, 세상 죄로 인해 울며 기도한다. 마지막 심판 때에 그녀는 아들 앞에서 중보하면서 용서를 구할 것이다. 그녀는 모든 자연 세계를 거룩하게 한다. 그녀 안에서, 그리고 그녀에 의해서 세상은 변화된다. 한 마디로 마리아 숭배는 기독교의 인간론과 우주론, 그리고 기도와 헌신의 삶에 영향을 준다.

정교회 예배에서는 마리아에게 드리는 기도가 큰 위치를 차지한다. 축일 및 특별히 마리아에게 바쳐진 날 외에도 모든 성무일도에 그녀에게 드리는 기도가 포함되어 있으며, 성전에서는 그녀의 이름과 주 예수 그리스도의 이름이 끊임없이 사용된다. 교회의 여러 장소와 이코노스타시스, 그리고 신자들의 집에서 마리아의 이콘을 발견할 수 있다. 현재 여러 형태의 마리아 이콘들이 사용되고 있는데, 그것들의 원본은 기적적인 것이라고 간주된다. 마리아 숭배의 자연스러운 특징인 따뜻함은 그녀의 인성과 여성적 본성에서 유래된다. 나는 일부 개신교회의 냉담한 분위기가 바로 이 따뜻함의 부재에서 오는 결과라고 생각하기도 한다. 마리아 안에서, 그리고 그녀에 의해 성령과의 관계 안에서 여성적인 것이 신앙 안에 제 위치를 잡는다. 정교회 신자가 아닌 사람이 볼 때 정교회의 동정녀 숭배는 이교 신앙과 유사하기 때문에 충격을 주기도 한다. 그러한 비판가들은 동정녀의 원형을 이시스(Isis)나 다른 여성 신들에게서 발견한다. 그러나 이교 신앙이 어떤 희미한 통찰을 소유하고 있음을 인정하더라도, 이러한 여신들과 완전히 신화되고 영화(榮化)된 피조물인 동정녀 마리아 사이의 차이점이 지극히 명백하므로 이들을 비교하는 것은 정당화될 수 없다. 서방교회의 동정녀 숭배(성모 마리아, 아름다운 귀부인[Belle Dame]에 대한 기사도적 신앙)가 지닌 뉘앙스는 정교회 신앙의 건전한 정신과는 전혀 관계가 없다. 정교회에서는 에로티시즘을 전혀 용납하지 않는다.

성인 숭배

정교회 신앙에서는 성인 숭배가 상당한 위치를 차지하고 있다. 성인들은 천국에 있는 우리의 중보자요 보호자이며, 따라서 전투적 교회의 살아 있고 적극적인 지체이다. 그들은 그림이나 성유물을 통해서 교회 안에 임재한다. 그들은 기도의 구름, 하나님의 영광의 구름으로 우리를 에워싼다. 이러한 증거의 구름은 우리를 그리스도에게서 분리하는 것이 아니라 오히려 그에게 더 가까이 가게 해주고 그분과 연합하게 해 준다. 성인들은 하나님과 인간들 사이의 중보자가 아니라(이것이 중보자이신 그리스도를 배제하는 것은 아니다) 우리와 함께 기도하고, 우리의 기독교적 사역과 그리스도와의 교제 안에서 우리를 도와주는 친구들이다. 때때로 성인 숭배는 이교의 신격화된 영웅 숭배와 흡사한 것처럼 여겨지거나 다신론과 동일한 것처럼 보이기도 한다. 이러한 비교는 실제로 겉으로 보이는 것만큼 부자연한 해석이 아니다. 여러 가지 미신과 미혹을 지닌 이교 신앙은 중요한 신의 행위, 어떤 신적인 이유 때문에 구약 시대의 교회에는 알려지지 않았던 "전조들"을 포함하고 있었을 수도 있다. 아마 이는 신격화된 영웅의 숭배에 적용되는 사실일 수도 있다. 이들 영웅들은 은혜에 의한 참된 신들이었으며, 이교 세계에는 알려져 있지만 구약 시대의 유대교에는 알려져 있지 않았다. 유대교가 선택된 백성이 양육된 배경인 엄격한 일신론에서 벗어나 다신론을 지향한다는 것은 그 능력을 벗어난 유혹이었을 것이다. 그리스도의 강림 이후에야 그리스도와 "그리스도 예수의 사람들"(갈 5:24) 사이의 밀접함 및 메울 수 없는 틈이 분명해진다. 성인 숭배의 교리적 기초는 이러한 유대 안에 놓여 있다. 교회는 그리스도의 몸이요, 교회 안에서 구원받은 사람들은 그리스도의 생명과 힘을 받는다. 즉 신화된다. 그들은 은혜에 의해서 신들이 되며, 예수 그리스도 안에서 그리스도들이 된다.

물론 우리의 운명은 최종적으로 그리스도의 최후 심판 때에 결정되겠지만, 각 사람이 죽은 후에 이루어지는 예비 심판 때에 영광과 거룩한 면류관을 받을 것인지가 분명해진다. 경건한 사람의 경우에 그것은 심지어 그의 생전에 그의 얼굴에서 빛난다. 왜냐하면 심판은 그의 진정한 상태를 공개적으로 확인하는 것에 불과하기 때문이다. 하나님 안에 있는 영원한 삶은 이 세상에서 시작된다. 그러나 이 세상을 떠날 때에 그것은 존재의 윤곽을 결정하는 원리가 된다.

정교회에서는 성인들의 영화가 하나님 앞에서 성인들의 특별 공덕, 즉 원래 성인들이 받아야 하는 것이지만 충분한 공덕을 소유하지 못한 사람들을 위해서 사용해야 할 상급에 토대를 둔다고 믿지 않는다. 그러한 교만한 개념은 성인들을 신격화된 인간의 지위에 놓게 될 것이다. 성인들은 자신의 적극적인 믿음과 사랑에 의해서 하나님처럼 되었으며 하나님의 형상을 나타내는 사람, 스스로 풍성한 은혜를 획득한 사람이다. 이렇게 몸과 정신으로 영웅적인 노력을 함으로써 마음을 정화하는 데에 그리스도를 마음에 모신 모든 사람들이 구원에 이르는 길이 놓여 있다: "이제는 내가 사는 것이 아니요 오직 내 안에 그리스도께서 사시는 것이라"(갈 2:20). 주님은 "사람이 나를 사랑하면 내 말을 지키리니 내 아버지께서 그를 사랑하실 것이요 우리가 그에게 가서 거처를 그와 함께 하리라"(요 14:23)고 말씀하셨다. 구원에 이르는 이 길을 가는 사람들 사이에는 양적인 차이점들이 있는데, 그것은 그 사람의 영원한 운명에서 결정적이고 질적인 차이점이 된다. 이 문턱 너머에서 우리의 구원이 일종의 자기 결정으로서 이루어지며, 그 때에 우리 각 사람의 개인적인 형상과 영적인 인품의 형태에 상응하여 은혜 안에서의 성장이 시작된다.

　인간의 개성이 다양하듯이 성성(聖性)에도 많은 형태가 있다. 거룩의 고귀한 사역은 언제나 개인적이고 창조적인 특성을 소유한다. 교회에는 다양한 단계의 성성 혹은 구원의 영적인 면들이 있다: 선지자, 사도들, 순교자들, 박사들, 수도사들, 군인들, 그리고 왕들. 물론 이 목록이 완전한 것은 아니다. 각각의 시대는 이미 존재하고 있는 거룩의 일면에 더하여 거룩의 새로운 면들을 드러낸다. 게다가 성인들이 모두 세상에 알려지는 것은 아니다. 주께서 알려지지 않은 상태로 머물러 있게 하신 성인들이 있다. 만성절(Feast of All Saints)은 영화된 성인들과 그렇지 못한 성인들 모두를 기리는 날이다.

　성인들은 자신의 공덕의 힘에 의해서가 아니라 자신의 영적 노력을 통해 획득한 사랑 안에서 영적 자유의 힘으로써 우리를 도울 수 있다. 이 자유는 그들에게 인간들을 위한 효과적인 사랑과 기도 안에서 하나님 앞에서 우리를 대표할 수 있는 힘을 준다. 하나님께서는 천사들에게 하셨듯이, 성인들에게도 보이지 않지만 적극적인 도움에 의해서 자신의 뜻을 성취할 수 있는 능력을 주신다. 그들은 가시적 교회와 동일한 삶을 사는 보이지 않는 교회이다. 그들은 하나님께서 사역을 수행하기 위해 사용하시는 하나님의 손이다. 이런 까닭에 성인들은 죽은 후에도 자기의 구원에 필요한 행위로서가 아니라(그들은 이미 구원을 얻었으므로) 구원을 얻어야 할 형제들을 돕기 위해서 사랑의 행위를 할 수 있는 힘이 주어진다.

성인들의 효과적인 참여의 능력이 미치는 범위는 그들의 영과 그들의 노력의 크기에 비례한다. "별과 별의 영광이 다르기" 때문이다(고전 15:41). 성성에 등급이 있으므로, 원죄의 속박을 받는 인간은 그리스도의 대속적 희생의 큰 능력에 비교될 만한 특성의 차원을 소유하지 못한다. 순결한 동정녀 마리아까지도 "하나님 내 구주"라고 증언한다(눅 1:47). 그러나 이런 점에서 우리의 비교 불가능성이 인간의 본성적 능력들(예술, 실질적인 기술 등을 배우는 능력)을 획득하는 형태에서의 차이점을 제거하지는 않는다. 이것은 영적 생활에 한층 더 절실하게 적용된다. 영적 노력은 성령을 얻기 위한 창조적인 노력이다. 그것은 죄로부터 해방됨에 의해서 획득되며, 대속의 제물에 친숙함에 의해서 우리에게 주어진다. 만일 우리가 소극적이며 이 노력에 무관심하다면, 심판날 양과 염소로 구분하는 일이 일어나지 않을 것이다. 심판은 성성 획득의 차이를 전제로 한다.

교회 안에 성인들이 존재하는 것은 가능할 뿐만 아니라 우리를 위해 필요한 일이기도 하다. 각각의 영혼은 그리스도와의 직접적인 접촉과 대화, 구주 안의 생명을 소유해야만 한다. 우리를 대신한 성찬 참여가 있을 수 없듯이, 이 일에서는 중재자가 있을 수 없다. 각 사람은 개인적으로 주님의 몸과 피를 받으며 신비하게 그분과 결합한다. 개인적으로 그리스도를 단단히 붙드는 영혼은 결코 고립되지 않을 것이다. 동일한 인류에 속하는 사람들의 자녀들은 결코 고립될 수 없으며 고립되어서도 안 된다. 그러므로 "우리 아버지"라고 부르라고 가르치신 그리스도 앞에서 우리는 자신이 현재 지상에서 우리와 함께 거하는 형제들이나 이미 성인들과 함께 거하고 있는 형제들과 함께 있음을 발견한다. 이것이 "성도들의 교제"이다. 우리는 그리스도의 귀중함과 가까이 계심, 그리고 심판주이신 주님의 임재를 동시에 의식한다. 우리는 만민을 심판하시는 분 앞에서 두려워하며 자신을 숨겨야 하며, 이 세상에서 동정녀 마리아와 성인들의 보호 아래 피해야 한다. 왜냐하면 그들은 우리와 같은 인류이기 때문이다. 우리는 인간의 언어로 그들과 이야기함으로써 상호 이해하며, 무서운 하나님의 심판대 앞에서 그들과 어깨를 나란히 하고 설 수도 있다.

물론 성인들에게 드리는 기도 안에서는 어떤 내면적이고 영적인 관점이 지켜져야 한다: 성인들은 우리를 그리스도의 위엄으로부터 차단해서는 안 되며, 그리스도 안에 있는 우리의 생명이 감소되어서도 안 된다. 교회의 양심은 우리가 어느 선까지 성인을 숭배해야 옳은지를 보여준다. 그러나 실질적으로 미신 및 종교 교육의 부족으로 말미암아 이교의 흔적이 기독교 신앙과 공존하는 다신론이나 종교혼합주의에 근접할 수도 있다. 그러나 이것이 성인 숭배 자체에 기인하는 현상은 아니다. 성인 숭배를 거부하는 사람들은 영적으로 큰 손실을 겪는다. 그들은 그리스도 가까이에 남아 있으면서도 그분과의 참된 관계를 상실한다. 그들은 영적으로 그리스도 안에 있는 가족, 인류, 가정, 형제자매가 없는 상태에 머문다. 그들은 따라가야 할 본보기도 없이, 그리고 다른 사람들과의 교제도 알지 못한 상태에서 구원의 길을 혼자 걸어간다. 물론 이 모든 일이 확고한 논리가 없이 이루어지지는 않으며, 교회 성인들의 모범과 권위를 박사들(예를 들면 사도들)의 교훈이 대신하기도 한다. 그러나 박사들에게서는 교훈만 받을 수 있을 뿐, 그들에게 기도하거나 그들과 함께 기도할 수는 없다.

교회는 어떻게 성인들에 대한 하나님의 판단의 비밀을 배우는가? 다시 말해서, 성인들의 영화는 어떻게 획득되는가? 일반적으로 이 질문에 대한 답변은 다음과 같다: 이 영화는 교회에게 자명해진다. 각각의 경우에 특별한 표적, 기적, 성유물이 썩지 않는 것, 분명한 영적 도움 등이 성인임을 보여주는 증거가 된다. 교회는 공식적인 시성식에 의해서 교회의 양심상 분명히 드러난 사실들을 증명하며, 그 성인의 숭배를 합법적인 것으로 인준한다. 사실 이러한 영화가 항상 그것을 확인하는 사법적인 시성식보다 선행한다. 정교회의 시성에는 가톨릭 교회에서처럼 지나치게 세심한 절차가 요구되지 않는다. 시성은 전교회적이거나 지역적인 교회 권위자의 행동에 의해 발효된다. 교회 내의 성성의 원천은 결코 소진되지 않는다. 교회에는 처음부터 끊임없이 성인들이 존재해 왔다. 그리고 장래에 각 시대의 삶에 일치하는 새로운 성성이 나타날 것인지 의심스럽다.

성인 숭배에 따른 하나의 결과는 성유물 숭배이다. 때때로 성인의 유물이 부패하지 않는 것이 성성의 표적으로 숭배되기도 한다. 그러나 부패하지 않는다는 것이 일반적인 원칙은 아니며, 또 성인 시성에 반드시 필요한 조건도 아니다. 원 상태대로 보존된 성인들의 유물은 특별히 존숭된다. 특별한 경우를 지칭하기 위해서 유물의 일부를 성찬예배 때 사용되는 비단 수건에 싸놓는다. 이것은 순교자들의 무덤 위에서 성찬예배를 거행하던 원시 교회를 기념하여 행해진다. 교리적 관점에서 볼 때, 성유물 숭배(성인들의 이콘 숭배도 포함)는 성인의 영과 그가 남긴 유물 사이의 특별한 관계, 즉 죽음도 파괴할 수 없는 관계에 대한 믿음에 기초를 둔다. 성인들의 경우에 사망의 힘은 제한된다. 그들의 영혼은 완전히 몸을 떠나는 것이 아니며, 지극히 작은 부분일지라도 그들의 유해 안에 남아 은혜와 영으로 존재한다. 성유물이란 전반적인 부활의 사건을 기다리고 있기는 하지만 전반적인 부활의 증거 안에서 영화롭게 된 몸이다. 그것들은 무덤에 있던 그리스도의 몸과 동일한 본질을 소유한다. 무덤에 있는 그리스도의 몸은 비록 죽어 영의 버림을 받아 부활을 기다리고 있었지만 그의 신적인 영에 의해서 완전히 버림을 받지는 않았었다.

교회력의 모든 날들은 성인이나 성인들을 기념하는 날로 봉헌되어 있다. 서방교회에서도 그렇지만, 동방교회에서 성인들의 전기는 기독교적 덕을 진작시키는 귀중한 원천이 된다. 교회에는 결코 성인들이 부족하지 않으며, 성령과 사랑과 믿음도 부족하지 않다. 세상에 알려진 성인이든지 알려지지 않은 성인이든지 간에 성인들의 금면류관은 세상이 끝날 때까지 지속될 것이다. 20세기에 러시아 교회에서 칭송되는 마지막 위대한 성인은 사로프의 세라핌이다. 그에게서는 성령의 기쁨이 발산되어 나왔다. 그는 방문객들에게 항상 "기뻐하십시오. 그리스도께서 살아나셨습니다"라고 인사했다. 러시아에는 일반적으로 성인으로 간주되고 있으나 박해 때문에 아직 공식적으로 시성되지 않은 19세기의 많은 금욕인들과 교회의 봉사자들이 있다. 수도사들과 일반인들의 영적 지도자들인 많은 스타레츠(Startsy)가 이 경우에 해당되는데, 특히 옵티나 수도원의 스타레츠가 그러하다. 30년 동안 비센스키 수도원에서 완전한 은둔생활을 한 은둔자 테오판(Theophan the Recluse, 1894년 사망)도 여기에 해당된다. 오늘날 러시아에는 수천 명의 순교자들이 있다.

"예수를 증언함과 하나님의 말씀 때문에 목 베임을 당한 자들의 영혼들과 또 짐승과 그의 우상에게 경배하지 아니한 사람들의 영혼들이다"(계 20:4).

모든 성인들 중에서도 하나님의 보좌 가장 가까이에 있는 성인은 신랑 되신 그리스도의 친구요 여인이 낳은 자 중에 가장 위대한 인물인 세례 요한이다. 이 밀접함은 무엇보다도 예수 공현(公顯), 그리고 주께서 세례를 받으실 때에 성령이 내려오신 것에 부여된 중요성에서부터 전개된다. 이것은 성령으로부터의 두 번째 영적 탄생과 같은 것이었다. 그 밀접함은 선구자 요한의 특별한 사역에서 비롯되기도 한다. 요한의 일생은 말할 수 없는 자기 부인의 영적 노력을 나타내면서 오실 그분을 위해 길을 예비하는 데 바쳐졌다. "그는 흥하여야 하겠고 나는 쇠하여야 하리라"(요 3:30). 그는 세상에 메시야를 계시한 후에―"보라 세상 죄를 지고 가는 하나님의 어린 양이로다"(요 1:29)―어두운 그늘로 물러가서 목 베임을 당하는 순교의 죽음을 받아들여야 하는 소명을 받고 있었다. 그렇게 되기 전에 그는 자기의 친구에 대해 증언하고 그에 의해 영화롭게 된다. 예수께서는 그에 대해서 "지혜는 그 행한 일로 인하여 옳다 함을 얻느니라"(마 11:19)고 말씀하셨다. 이 말씀은 요한이 인간으로서 최고의 성성과 창조의 목적을 성취했음을 의미한다.

세상을 창조하실 때에 하나님과 함께 있었으며 사람의 아들들 안에 기쁨을 두는 지혜는 요한에게서 정당한 것으로 인정되며, 동정녀 마리아에게서 한층 더 정당화된다. 테오토코스(God-bearer)와 선구자, 이 둘은 성육하신 말씀에게 천사들의 세계와 가장 근접한 것인 창조의 영광과 그 절정을 드린다. 이 믿음은 동정녀 마리아와 세례 요한을 좌우에 두고 보좌에 앉으신 구주를 묘사한 성화 데이시스(*Deisis*)에 표현되어 있다. 이것은 세례 요한이 하나님의 모친과 함께 그리스도에게 특별히 가까이 있음을 나타낸다. 이런 까닭에 세례 요한도 성모 마리아처럼 기도 안에서 그리스도에게 가까이 가는 특권을 소유한다. 성모 마리아와 세례 요한은 창조의 절정과 영광을 대표하여 성육하신 말씀 앞에 선다. 그들은 천사들의 세계보다 더 그리스도와 가까이 있다.

동일한 사상이 이코노스타시스에 이콘들을 배열하는 데서 표현된다. 그리스도의 이콘은 중앙에 위치하며 그 옆에는 성모 마리아와 세례 요한의 이콘이 위치한다. 중앙에서 보다 멀리 떨어진 곳에는 천사들과 다른 성인들의 이콘이 놓인다. 교회는 성모 마리아를 "그룹 천사보다 존귀하며 스랍 천사들보다 영광스러운" 존재로 칭송하며, 세례 요한도 천사들의 세계보다 더 높은 곳에 위치한다. 이콘에서는 때로 이것을 표현하면서 세례 요한에게도 천사들처럼 날개가 달린 것으로 표현한다(말 3:1; 마 11:10을 보라). 그의 초인적이고 거룩한 사역은 완전한 인간의 성성과 결합되어 있다. 이 결합에 의해서 그는 천사들의 세계에서도 수위를 획득하는데, 그곳에서 그에게는 때로 타락 이전의 샛별이 차지했던 곳이 배정된다. 하나님의 친구들인 성인들 중에서도 신랑의 친구인 세례 요한은 우위를 차지하며 테오토코스에게만 자리를 내어준다. 그는 테오토코스와 함께 하나님 앞에서 기도로 인류를 대변한다.

성인들은 전체적으로 테오토코스와 세례 요한의 인도함을 받아 인간 창조 안에서 하나님의 영광을 형성한다. 지혜는 그들 안에서 정당화된다. 이 사상은 성인들의 예배 때에 부르는 프로카이메논(prokeimenon: 성경봉독 전에 부르는 짧은 성가)에 표현되어 있다: "하나님은 성인들 안에서 놀라운 분, 이스라엘의 하나님이십니다." "하나님은 신들의 모임 가운데 서시며 하나님은 그들 가운데에서 재판하시느니라"(시 82:1). 피조된 영광, "신들의 모임", 창조의 면류관은 하나님의 영광에 부합한다.

천사들

하나님의 창조의 영광은 인간 세계뿐만 아니라 천사들의 세계에도 존재하며, 이 세상 안에만 아니라 천국에도 존재한다. 정교회에는 천사들에 관한 교리가 있는데, 실질적으로 천사 숭배는 성인 숭배와 흡사하다. 천사들도 성인들처럼 인류를 위해서 기도하고 중보하며, 우리는 그들에게 기도를 드린다. 그러나 이 친교 회복이 영적 세력들의 세계와 인류 사이에 존재하는 차이점을 없애지는 않는다. 천사들은 특별한 창조의 영역을 형성하는데, 그것은 인류와 제휴되어 있다.[2] 천사들도 인간들과 마찬가지로 하나님의 형상으로 지음을 받은 존재이지만, 인간 안에 있는 것이 하나님의 형상의 절정이다. 인간은 몸을 소유하고 있기 때문에 지상 세계 전체에 참여하여 하나님의 법에 따라서 그 세계를 다스린다. 반면에 천사들은 몸이 없기 때문에 특별히 자기들에게 속한 자연이나 세계를 소유하지 않는다. 그러나 그들은 항상 하나님 가까이에 있으며 그분 안에서 산다. 천사들은 영적 실재들이다. 사람들은 그들이 투명한 몸을 가지고 있다고 말하기도 하며, 혹은 전혀 몸을 갖지 않는다고 말하기도 한다. 비록 몸이 없지만 거

---

2) See Sergius Bulgakov, *Jacob's Ladder: On the angels* (in Russian) (Paris, 1929).

룩한 천사들은 인간 세상과 적극적인 관계를 갖는다.

교회는 각 사람에게 수호천사가 있어서 주님 앞에 선다고 가르친다. 이 수호천사는 악으로부터 보호해 주며 선한 생각을 보내주는 보호자요 친구이다. 하나님의 형상은 그의 피조물들(천사들과 인간들) 안에 반영되어 있는데, 그런 점에 있어서 천사들은 인간들의 원형이다. 수호천사들은 특히 우리의 영적 친족이다. 성경은 자연력(흙, 물, 불, 바람), 장소, 민족들, 사회들 등을 지도하고 수호하는 권한이 우주의 수호천사들에게 맡겨졌는데, 이들은 그들이 지키는 자연력들의 조화에 무엇인가를 더해주는 본질을 소유한다고 증언한다. 계시록의 증거에 의하면, 천사들은 끊임없이 적극적으로 우리 각 사람의 삶과 세상의 삶에 동참한다. 우리는 영적인 삶에 조화됨으로써 피안의 세계의 음성을 들을 수 있고, 우리가 그것과 접촉하고 있음을 느낄 수 있다. 우리가 태어나면서부터 알고 있으며 기억할 수 있는 천사들의 세계는 사망의 문턱에서 우리에게 열린다. 교회의 믿음에 의하면, 그곳에서 천사들이 죽은 자의 영혼을 맞이하여 인도해 준다.

그러나 빛의 천사들과 나란히 타락한 천사들, 또는 마귀들, 악령들이 있는데, 그들은 우리의 죄악된 경향에 영향을 미치면서 우리에게 영향을 주려 한다. 어느 정도 영적 경험을 획득한 사람들은 악령들을 볼 수 있다. 복음서와 신약성경 전체는 이 점에 관해 확고부동한 증거를 제공한다. 정교회에서는 완전히 사실주의적으로 이 증거를 이해한다. 정교회에서는 우의적인 해석을 용납하지 않으며, 이러한 본문들이 종교혼합주의의 영향이라는 설명도 거부한다. 신령한 삶을 사는 사람들은 영적 세계, 그리고 선한 영과 악령들의 존재를 분명히 인식한다. 거룩한 천사들에 대한 믿음은 기독교인에게 커다란 기쁨이요 위안이다. 정교회 신자들은 수호천사들 및 모든 천상의 세력들, 그 중에서도 특히 대천사 미가엘과 가브리엘에게 기도를 드린다.

정교회의 관습에 따르면, 신자가 세례를 받을 때에 그에게는 앞으로 그의 천사라고 불리게 될 천사를 기념하는 이름이 주어진다. 그 성인과 수호천사는 서로 제휴하여 그 신자를 위해 봉사하므로, 그들은 동일한 이름으로 불린다. 수도서원을 하는 것과 같은 영적 변화가 있을 때에는 그 이름도 바뀌며, 새 이름을 받는 사람은 그 순간부터 그 성인에게 맡겨진다. 거룩한 천사들과 성인들을 숭배하는 일은 정교회 안에 사랑과 평안이 가득한 영적 가정의 분위기를 만들어낸다. 이와 같은 숭배는 그리스도와 그의 몸된 교회에 대한 사랑으로부터 분리될 수 없다.

그러나 어둠의 영들, 타락한 천사들은 빛의 영역에 들어가서 영향력을 발휘하여 인간의 삶을 부패하게 만든다. 천국과 인간들과 영적 세계는 이러한 영들을 대적하여 전쟁을 벌인다. 이러한 악한 세력들은 인간 내면의 연약함을 더하게 하며, 때로는 직접적이고 공개적으로 싸움에 참여한다(위대한 금욕인들과 은둔자들의 삶이 이것을 증언한다). 교회는 복음서와 신약성경 전체가 공언한 귀신론을 멀리하지 않는다. 물론 이러한 개념들은 현재 과학이 정신적 질병들과 그 징후 및 치료에 관해서 우리에게 드러내준 사실들로 말미암아 더욱 복잡해졌다. 그러나 영혼의 삶과 육신의 삶의 관계에 대한 과학적 발견은 인간이 귀신들의 세력에 노출되어 있지 않음을 증명해 주지 못한다. 모든 정신적인 질병들이 영적인 본질이나 근원을 지닌 것이라고는 확언할 수 없지만, 귀신의 세력이 정신적 질병과 전혀 관계가 없다고도 장담할 수 없다. 환각이란 밝은 면이 아니라 어두운 면에서 본 영적 세계라고 간주될 수 있을 것이다. 많은 비밀교 신봉자들이 조사하고 있는 이와 같은 직접적인 환상 외에도, 어둠의 세력들의 영향력은 감지할 수 없는 영적 방식으로 발휘된다. 따라서 세례식에서는 세례문답자들의 기도가 선행되어야 하는데, 거기에는 악마의 세력들에게 새로 세례 받는 사람에게서 떠나라고 명하는 네 가지 기도가 포함된다.

제2부

전승으로서의 신학: 공의회와 교부들

동방 정교회 관점에서의 신학 연구

존 마이엔도르프

1926년에 프랑스에서 태어난 존 마이엔도르프(John Meyendorff)는 성 세르기우스 정교회 신학연구소와 솔본느 대학에서 교육을 받았다. 정교회 사제로 서품 받은 마이엔도르프는 1959년에 미국으로 이주하여 뉴욕에 있는 성 블라디미르 정교회 신학교에서 교부학과 교회사 교수로 재직했다. 1984년에 그는 알렉산더 슈메만의 뒤를 이어 성 브라디미르 신학교의 학장이 되어 1992년에 사망할 때까지 그 직에 머물렀다. 그 외에도 포드햄 대학에서 비잔틴 역사 교수(1967-1992)로 강의했고, 하버드, 콜롬비아 그리고 유니온 신학 대학 등지에서 가르쳤다. 에큐메니컬 운동에 오랫동안 참여하여 신앙과 직제 위원회의 의장(W.C.C)으로 1967년에서 1985년까지 활약했다. 마이엔도르프의 학문적 저서들은 적어도 12개국의 언어로 출판되었다. 다음의 글은 원래 복음주의 신학자인 케네스 칸저를 기리는 축하 논문집에 실렸던 것이다. 이 글에서 마이엔도르프는 동방 정교회의 관점에서의 "신학 연구"가 의미하는 것을 설명한다.

최근에 내가 미국의 어느 대학에서 행한 강의에 참석하여 그 내용에 흥미를 느낀 한 학생이 "캘리포니아에도 당신의 교단 소속 공동체가 있습니까?"라고 물었다. 그 질문은 나를 깜짝 놀라게 했다. 나는 내가 "동방" 정교회 신자로 소개되었으며, 그 말을 듣는 평범한 미국인들은 미국 지리에 관한 사실들과 미국의 종파주의의 역사를 상기하게 되었음을 깨달았다. "남" 침례교 신자들이 존재하는 것과 동일한 의미에서 나는 "동방" 정교회 신자였던가?

나는 그 질문에 대해 어떻게 해야 가장 훌륭한 대답을 제공할 수 있을지 생각해 보았다. "우리는 동유럽 출신이기 때문에 동방 정교회 신자이다"라는 식의 역사적인 대답만으로는 충분하고 공정한 대답이 될 수 없음을 나는 깨달았다. 물론 그 당혹스러운 질문은 그에게 역사적, 지리적 지식이 결여되어 있음을 나타내고 있었다. 중세 시대에 기독교계 안에서는 헬라어권 동방교회와 라틴어권 서방교회의 분열이 있었지만, 그 분열 안에 포함된 신학적인 문제들은 역사적인 상황을 크게 초월하는 것이었다.[1] 사람들이 "동방 정교회" 혹은 "그리스 정교회"라고 말할 때에는, 역사와 지리학에 의해서 정의된 분명한 역사적/문화적 한계들에도 불구하고 사도적 신앙(이것은 "정통 신앙"[orthodoxy]이라는 용어가 암시하는 바이다)의 본 모습 및 "보편성"(catholicity)의 실체는 보존되어 왔다고 주장할 수 있다. 이 전통은 원래 후일 동방으로부터 이민들이 유입되면서 북아메리카로 들어온 것이

---

1) 오늘날 역사가들은 분열이 동방과 서방 사이의 점진적인 소외로서 시작되었고 교회 권위의 상이한 인식으로 이어졌다는 데 동의한다. 그러한 소외는 4세기에 벌써 구체화되었으나, 그 당시에는 교제의 영구적인 단절은 수반되지 않았다. 백과사전이나 교과서에 등장하는 1054년의 분열은 콘스탄티노플의 교회와 로마 교회 사이에 있었던 비교적 사소한 사건에 해당한다. 보다 영구적인 상태의 분열은 십자군 운동 이후 13세기에 지배적이었다. 이 문제에 관한 유용한 역사적 정보를 위해서는 Francis Dvornik, *Byzantium and the Roman Primacy*(New York: Fordham University Press, 1966)을 보라.

아니라 18세기 말에 러시아의 발라암(Valaam) 수도원의 수도사들이 알래스카의 원주민들에게 기독교를 전파하면서 들어온 것이다.

오늘날 정교회 공동체들은 근본적으로 서방의 종교적 전통을 지닌 사회 도처에 존재하고 있다. 이러한 공동체들 중 일부는 이민 공동체이며, 그 밖의 공동체들은 언어나 지성에 있어서 완전히 아메리카 공동체이다. 정교회의 전통들은 아메리카 고유의 종교다원주의, 현대의 세속주의, 청교도적이고 개인주의적 예배 형태에 익숙해져 있는 환경 안에서 고대의 성찬예배 전통을 보존해야 한다는 과업 등의 도전을 받고 있다. 오늘날 동유럽과 중동 지방에서 엄청나게 많은 정교회 신자들이 다양한 형태의 적대적 환경과의 싸움에서 성공하면서 살고 있음을 아는 어느 정교회 신학자는 이러한 조건들 하에서 "신학 연구"에 종사하고 있다.[2]

신학의 자료들

중세 시대에 서구의 대학들에서 적절한 학문적 방법론이 사용되면서 기독교 신학이 교수되어야 할 학문으로서의 위상을 획득한 이후로, 사람들은 신학적 논문 자료들의 목록을 작성하기 시작했다. 아리스토텔레스의

---

2) 오늘날의 정교회에는 15개의 독립 자치 교회가 있다. 그 교회들은 행정상으로는 각기 독립되어 있으나 신앙, 성례전, 표준적인 훈련에 있어서는 일치를 이루며 하나의 교회라는 의식으로 뭉쳐 있다. 콘스탄티노플에 소재한 총대주교구(현대의 이스탄불)는 그 중에서 최고의 존경을 받는 지역이다. 러시아 교회는 수적으로 가장 규모가 큰 교회이다. 미국의 정교회는 가장 늦게(1970) 자치권을 획득한 곳인데, "기존 국가들" 내의 정교회들은 대부분 자치적 미국 교회에 버금가는 미국 공동체의 집단들을 관할한다. 이 관할 구역들 중에서 가장 규모가 큰 것은 미국에 있는 그리스 대교구이다. 현대 세계 정교회의 구조에 대해서 알려면, John Meyendorff, *The Orthodox Church*, 2d ed. (Crestwood, N.Y.: St. Vladimir's Seminary Press, 1981)을 보라.

주장에 따라 감각들을 사용함을 통한 실체의 경험과 더불어 자연과학이 시작되었듯이, 신학은 성경과 전승 안에서 발견되는 자료들과 더불어 시작된다. 피조된 자연 안에서 하나님을 발견하는 인간의 이성을 가지고 (때로는 성령의 조명을 받아) 피조 세계를 관찰한 데 근거하는 자연신학도 존재한다.

이런 식으로 신학의 자료들을 범주화하는 것으로 인해 문제들을 제기하는 일만 없다면 이런 식의 범주화는 결코 잘못된 것이 아니다. 성경은 무엇인가? 전승은 무엇인가? 만일 자연신학이라는 것이 존재한다면, 그 신학을 위한 가이드라인은 무엇인가?

정교회 신학에서는 성경이 하나님의 감동으로 되었음을 당연한 것으로 인정한다. 정교회 성찬예배의 분위기를 대충이라도 알게 되면, 정교회의 종교적 경험이 지닌 성경적 특성을 파악할 수 있다. 성무일과는 거의 완전히 성경 본문, 특히 시편으로 구성되어 있는데, 다양한 의식 때에 그것들을 읽거나 노래한다. 그러나 성찬예배를 하나의 지침으로 취할 경우, 성경은 거룩함에 있어서 동등한 본문들의 획일적인 집록으로서 읽히는 것이 아니다. 그 안에도 일종의 위계질서가 있다. 감사의 성찬예배 때에 읽히는 신약성경은 구약성경의 성취이며, 신약성경 자체 내에서도 사복음서를 포함하는 책은 나머지 신약성경보다 탁월하게 특별하고 직접적인 경의의 대상이 된다. 흥미롭게도 요한계시록은 정경의 일부로 받아들여지기는 하지만 공예배 때에는 봉독되지 않는다. 그 이유는 아마 안디옥 교회-이곳에서 콘스탄티노플 성구집이 처음으로 생겨났는데, 그것이 전체 교회에서 채택되지는 않았다-가 5세기 이전, 그 성구집이 형성되기 전까지는 정경에 계시록을 포함시키지 않았다는 사실에 기인하는 듯하다.

이처럼 정경 내 중요성에 있어서 순위를 둔 체계는 기독교 세계 중 동방 기독교의 정경의 역사 안에 있는 두 가지 사실에 의해서 더욱 분명하게 드러난다. 첫 번째 사실은 정경의 최종적인 확정이 692년 이후에야 이루어졌다는 것,[3] 그리고 수세기 동안 계시록이 기록된 지역의 범위의 불확실성이 신학 연구에서 주요한 문제로 간주되었다는 것이다. 두 번째 사실은 정경이 확정되었을 때, 구약성경 중 지혜서와 집회서-이 책들은 히브리 정경에는 포함되지 않고 칠십인역 성경에는 포함되어 있는 것으로서, 서방교회에서는 외경이라고 부른다-의 정확한 지위가 아직 불확실한 상태로 남아 있었다는 것이다. 이 책들이 정경에 포함되지 않음에도 불구하고 8세기에 일부 진영에서는 이 책들을 정경으로 인정할 수 있다고 인정했다.[4] 오늘날도 정교회 신학자들은 그 책들을 제2의 정경이라고 언급한다. 그 책들은 성경의 일부로 간주되며 성찬예배 때에 교회에서 읽히지만, 정경 내에서의 위치는 그다지 중요하지 않다.

정경 문제에 대한 정교회의 이처럼 다소 초연한 듯한 태도는, 그들에게 있어서 기독교적 신앙과 경험은 "오직 성경"이라는 개념과 양립될 수 없음을 분명히 보여준다. 전승의 문제도 필연적으로 제기되지만, 계시의 두 번째 원천이라는 견해에서 제기되는 것은 아니다(다행히도 오늘날 그러한 견해를 옹호하려는 사람은 한 사람도 없다). 물론 가이사랴의 대 바실(379년 사망)이 저술한 유명한 본문이 처음 읽힐 때에는 성경과 구전 전승 사이의 유사성

---

[3] Canon 2 of the Quinisext Council; an English text can be found in *Nicene and post-Nicene Fathers*, 2d series, ed. Philip Schaff et al., 14 vols. (Grand Rapids: Eerdmans, 1982-83), 14:361. 퀴니섹스트 공의회는 "긴 정경"에 속한 책들을 인정한 소위 사도 규범 85조의 합법성을 확인했다.

[4] John of Damascus, *Exposition of the Orthodox Faith* 4.17, in *Patrologia Graeca*(PG), ed. J. P. Migne, 162 vols. (Paris, 1857-66), 94.1180BC.

을 확증하는 것으로서 해석되었을 수도 있다:

> "교회가 보존하고 있는 교리와 가르침들 중에서, 일부는 성문화된 자료에서 취한 것이며 다른 것들은 사도전승으로부터 명료하지 않은 형태로 전해진 것을 수집한 것이다. 그것들은 모두 동등한 가치를 소유한다. 만일 우리가 성문화되지 않는 관습들을 그다지 큰 힘을 갖지 못하는 것으로 여겨 밀쳐두려 한다면, 우리는 부지중에 복음의 정수를 약화시키는 것이며, 케리그마를 단순한 단어들로 변형시키는 셈이 될 것이다."[5]

이 본문이 함축하는 바는 하나님은 살아 계신 하나님으로서 살아 있는 사람들에게 말씀하신다는 것, 그분은 예수 그리스도 안에 자신을 나타내셨으며, 예수께서는 한 무리의 사람들(사도들)을 자기의 증인들로 선택하셨다는 것, 그의 특이한 현현, 죽음 및 부활이 그들에 의해 목격되었고 후세대들에게 사도전승으로 선포되었다는 것, 그리고 이 케리그마의 정수가 신약의 책들 안에 포함되어 있으며, 비록 이 케리그마가 살아 있는 전승, 특히 교회의 성례전과 성찬예배의 완전한 맥락에서 전달되지 않는다고 해도 이것은 단순한 인간의 말이 아니라는 것이다.

이런 의미에서 전승은, 성경과 경쟁적 관계에 서는 것이 아니라 성경의 영적 배경으로서 기독교 신학의 근본적인 자료가 된다. 예수께서 성인들에게 가르치실 때, 그리고 성령께서 오순절 날에 하나의 공동체로서의 그들에게 임하셨을 때에 궁극적인 진리가 그들에게 전달되었다. 성찬 공동

---

5) Basil the Great, *On the Holy Spirit* 27 (PG 32.188A; Eng. trans., *Nicene and Post-Nicene Fathers*, 2d series, 8:41).

체인 교회는 신약성경의 책들이 기록되기 전부터 존재했으며, 이 책들 자체는 지역 교회들 안에서, 그 교회들을 위해서 기록되었다. 이 성문화된 문서들은 주님의 이름으로 모인 세례교인들로 하여금 읽고 이해하게 하려는 의도를 지녔다. 그러므로 신학은 단순히 성경을 초기 자료로 사용하는 학문이 아니다. 신학은 하나님과 백성들의 교제 안에, 그리스도와 성령 안에, 교회의 공동체 안에 사는 것을 전제로 한다. 물론 성경 신학이 가장 훌륭한 신학이지만, 진실로 성경적이라는 것에는 그리스도 안에 있는 살아 있는 교제가 포함되어 있으며, 그것이 없으면 성경은 죽은 문자에 불과하다.

이러한 접근 방식은 성경적 학문은 나름의 고유한 완전성과 방법론을 소유하지 않는다는 의미를 함축하는 것이 아니다. 그것은 성경이 무엇인지에 대한 어떤 이해를 함축한다. 성경은 하나의 공동체 안에서, 그리고 그 공동체를 위해서 역사적으로 다양한 시기에 저술된 저술들의 집록이다. 이 점은 이스라엘 백성의 선택과 관련하여 영감 교리를 지지하는 직접적인 함의들을 소유한다. 성경에서, 하나님은 몇몇 저자들의 입을 통해서 이스라엘에게 말씀하신다. 그러나 하나의 민족인 이스라엘을 통해서 세계에게 말씀하시기도 한다. 그러므로 영감은 특정의 개인 저자(이름이 알려지지 않는 경우도 종종 있다)에게만 관여하는 것이 아니라 택함을 받은 민족인 이스라엘과도 관계된다. 이스라엘 민족의 문학과 역사 전체가 하나님의 계시의 도구이다. 따라서 특정의 책이나 저자들과 관련한 중요한 역사적 문제들은 적절할 학문적 방법론을 사용하여 해결되어야 한다. 왜냐하면 이러한 책들과 저자들은 이스라엘의 구체적인 역사 안에서 등장했으며 역사, 시, 비유, 윤리적 강화(講話) 등 다양한 문학 장르를 사용했기 때문이다.

정교회 신학자들이 교회의 교부들이라고 부르는 인물들–본질적으로 과거에 이단적인 왜곡에 맞서 진리를 옹호했으며, 따라서 진정한 기독교 전승의 특별한 대변인이 된 사람으로 인정되어온 인물들–은 일부 구약성경의 기사들을 순수하게 상징적으로 해석하는 것(알렉산드리아 학파의 우의적 해석과 갈라디아서 4:24의 "비유"를 고려해 보라), 또는 창세기의 창조 기사들을 그 시대의 과학적 지식에 비추어 이해하는 것(대 바실의 저서 『헥사메론』에 관한 설교들)에 있어서 아무런 어려움이 없었다.[6] 현대의 비평적 접근에서의 난제들은 이스라엘의 역사가 지닌 신성한 특성을 부인할 때, 또는 피조된 실재 안의 신적 개입을 하나의 신화로 간주할 때에 발생한다.

구약성경이라고 알려진 책들의 집록이 미래(메시야 왕국)를 지향하는 민족의 지속적인 역사를 반영한다면 신약성경은 역사적으로 특별한 시점, 즉 예수의 고난과 부활과 관련되는데, 이 사건 안에 하나님의 사랑과 지혜의 충만함이 나타났으며 아무것도 여기에 더해지지 않는다. 사도들은 그 사건을 목격했고, 사도전승은 그 사건의 의미를 보존하고 있으며, 후대 인간 역사의 현실 안에서 그 사건을 해석한다. 그리스도의 시대에 이르기까지 구약성경에는 계속 새로운 저술들이 추가되었지만, 신약성경은 부활의 최후 증인의 사망과 더불어 마감되었다. 옛 이스라엘(Old Israel)에게는 계속 계시가 주어졌지만, 새로운 세대 안에서 그런 일은 불가능하다. 왜냐하면 구원은 그리스도 안에서 영구히 성취되었기 때문이다. 교회는 진정한 증언의 한계들을 정의할 뿐, 그 증언에 아무것도 추가할 수 없다.

---

6) PG 29.4-208; Eng. trans., *Nicene and Post-Nicene Fathers*, 2d series, 8:52-107.

물론 이 마지막 요점은 전승이 무엇인지를 이해하는 데 중요한 것이다. 만일 위에서 인용한 바실의 본문에 따른다면 복음의 정수로서 교회 안에서 한 세대에서 다음 세대로 계속 전해져 왔으나 성경에는 포함되지 않은 신비한 가르침들의 내용이 일련의 새로운 계시들이 아니라면 무엇인가? 바실은 몇 가지 예를 제시하는데(침례, 주의 날의 의미 등), 그것들은 모두 성례전, 예배, 그리고 기독교 공동체의 영적 경험 등을 언급한다.[7] 그러므로 바실이 강조하는 바는 기독교 신앙이 단지 글로 표현할 수 있는 특정의 명제 진리들을 이성적으로 받아들이는 것이 아니라 성령을 통해서 그리스도 안에서 하나님과 끊임없이 살아 있는 교제의 삶을 사는 것, 즉 개인적이고 주관적인 것이 아니라 모든 세례교인들이 누리는 성례전적인 새 생명의 경험이라는 것이다.

4세기 이집트 수도원 운동의 주요 지도자인 폰투스의 에바그리오스(Evagrios of Pontus)가 한 유명한 말을 절대적으로 신뢰하지 않고는 동방 기독교인들이 이해하는 신학의 의미를 완전히 파악할 수 없을 것이다.

> "당신이 신학자라면 진실하게 기도하십시오. 만일 당신이 진실하게 기도한다면, 당신은 신학자입니다."[8]

물론 에바그리오스(그리고 다른 수도적 저술가들)가 일종의 과장된 카리스마적 개인주의에 빠졌을 수도 있지만, 동방 기독교의 전승 전체가 성인들, 영적 지도자들, 스타레츠(startsy; 오늘날 러시아와 루마니아에서 사용되는 명칭)

---

7) Basil, *On the Holy Spirit* 27 (PG 32.188A).

8) Evagrios of Pontus, *Chapters on Prayer*, trans. J. E. Bamberger(Spencer, Mass.: Cistercian, 1970), 65.

에게 진리를 보존하고 기독교 공동체를 인도하는 특별한 권위가 있다고 인정해 왔음은 확실하다.[9] 흥미롭게도 존 웨슬리는 동방교회의 전승이 지닌 이 특성에 관심을 갖고 그것을 칭송했다. 그는 이집트의 마카리우스의 것이라고 알려진 저술들을 영어로 번역하기도 했다.[10] 그러나 웨슬리는 영국 국교회라는 조직을 대적하면서 택한 프로테스탄트적 배경 안에서 동방교회의 전승을 읽었으므로 어느 정도 감정적인 "예언적" 주관주의에 빠졌을 수도 있다. 정교회 전승의 교회적이고 신학적으로 현실주의적인 배경 - 이것은 아리우스주의를 비롯한 여러 이단들을 대적하여 싸운 그리스 교부의 배경이기도 했다 - 은 진리를 주관적이고 개인적인 경험으로 축소하는 것을 허락하지 않는다.[11] 14세기에 있었던 유명한 교리 논쟁은 교회가 그레고리 팔라마스의 신학을 공식적으로 확인함으로써 종결되었다. 팔라마스의 강조점은 성인들의 경험에 있어서 택함을 받은 소수의 신비가들만이 아니라 세례를 받은 모든 사람들이 접근할 수 있는 진정한, "피조된 것이 아닌" 신적 현존을 주장하는 데 있었다.[12]

앞에서 전승의 교회적 배경에 대해 언급한 바 있다. 사실상 성찬 모임인 교회는 적절한 가르침의 장소였다. 성찬 모임인 교회는 가르침의 사역, 특히 감독과 장로의 사역 수행을 위한 배경과 본보기를 제공하기도 했다. 각

---

9) 이 문제에 관해 보다 자세히 알려면, John Meyendorff, *The Byzantine Legacy in the Orthodox Church* (Crestwood, N.Y.: St. Vladimir's Seminary Press, 1982), 197-215를 보라.

10) John Wesley, *Christian Library*, vol. 1 (1749; reprint, London, 1819).

11) 이것은 Vladimir Lossky, *The Mystical Theology of the Eastern Church* (Crestwood, N.Y.: St. Vladimir's Seminary Press, 1986)에 잘 나타나 있다.

12) John Meyendorff, *A Study of Gregory Palamas*, 2d ed. (Crestwood, N.Y.: St. Vladimir's Seminary Press, 1969).

각의 지역 교회의 성찬 공동체 안에서 오늘날 우리가 사도직 승계라고 부르는 것이 보존되었다. 이것은 안디옥의 이그나티우스(A.D. 100년경 사망)와 리용의 이레니우스(202년경 사망) 등 초대 교부들의 저술에서 분명히 나타난다. 예수께서 친히 택하신 사도들의 가르치는 사역은 주님의 부활을 온 세상에 증언하는 데 있었다. 그들의 사역은 어느 지역 교회에 속하지 않은 독특한 여행 사역이었으며 주님을 직접 목격한 사람들에게만 맡겨진 것이었으므로 다른 사람들에게 양도할 수 없는 사역이었다. 사도들이 현장에서 사라지면서, 그 사역은 사도전승을 보존하고 있는 성찬 공동체의 지역적이고 종말론적이고 성례전적인 교제의 틀 안에 놓였다. 공동체 내에서 주님이 차지하셨던 자리를 소유한 감독은 "진리의 카리스마"를 소유했다.[13] 그는 개인적인 무오류성을 주장하지 않고서 사도들로부터 중단 없이 전해 내려온 전승–각 교회의 모든 교인들에 의해 유지되었으며 모든 지역 교회들을 결속시켜 주었던 신앙의 일치에 의해서 정당화되어야 했던 전승–을 수호했다.[14] 감독직의 이러한 기능을 나타내주는 가장 분명한 표식

---

13) "Charisma Veritatis Certum"-Irenaeus, *Against Heresies* 4.26.2 (in *Sources Chrétiennes* 100, ed. A. Rousseau and L. Doutreleau [Paris: Cerf, 1965], 718).

14) 이레니우스의 『이단에 대항하여』(*Against Heresies*)의 제3권은 초대교회의 전승을 이해하는 데 중요하다. 저자는 초대교회에서 공적으로 알려진 감독직 승계를 은연중에 영지주의의 가르침을 지지하는 비밀스런 영적 계보학과 대조한다. 그는 특히 로마, 에베소, 서머나의 교회에서 이루어진 감독직 승계를 인용한다. 그러나 이레니우스에 의하면 진정한 기독교의 진리는 지역 교회들의 보편적인 합의에 의해 유지된다. 소위 성찬적 교회론이라고 불리는 것에 대한 정교회 신학자들의 논의에 대하여 알려면, Nicolai Afanasieff, *L' Eglise de Saint-Esprit* (Paris: Cerf, 1975), and particularly John Zizioulas (Metropolitan of Pergamos) in "Apostolic Continuity and Orthodox Theology: Towards Synthesis of Two Perspectives," *St. Vladimir's Theological Quarterly* 19.2 (1975): 75-108; several articles by this author are now gathered in the volume *Being as Communion* (Cerstwood, N.Y.: St. Vladimir's Seminary Press, 1985); see also John Meyendorff, *Catholicity and the Church* (Crestwood, N.Y.: St. Vladimir's Seminary Press, 1983), 49-64를 보라.

은, 새로운 감독은 지역 교회의 성직자와 교인들에 의해 선발되며 인근의 감독들-이들은 세계 교회의 완전한 감독직을 대변했다-이 안수함으로써 엄숙하게 임명되어야 한다는 자격요건이다.

이와 같이, 오늘날 정교회 신학자는 신학을 연구할 때에 교제의 실체 안에 표현된 성경과 전승에 대해 책임을 져야 한다.[15] 그러나 그의 책임은 하나님에 의해서 진리를 배우고 그것을 다른 사람들에게 전하는 책임을 맡은 완전한 자유인으로서의 책임이다. 이 자유는 진리 자체에 의해서만 제한될 수 있다. 신적 진리는 인간의 자유를 제한하지 않으며 오히려 우리를 자유하게 해준다(요 8:32). 초대교회는 진리와 거짓을 구분하는 자동적이고 공식적인, 혹은 권위 있는 방법을 알지 못했으며, 오늘날 정교회도 그것을 알지 못하고 있다. 다시 한번 이레니우스의 말을 인용해보자: "교회가 있는 곳에는 하나님의 성령이 있다. 그리고 하나님의 성령이 있는 곳에는 교회와 온갖 종류의 은혜가 있다. 성령은 진리이다."[16]

교리적 정의, 신학적 발달, 그리고 합법적 다원주의

에큐메니컬 대화에 참여한 정교회 신학자들이 직면하는 가장 어려운 도전 중의 하나는 정교회 신학에서 진리 판단의 영구적인 표준이 무엇인가를 설명하는 것이다. 이러한 도전을 받아 당황하는 모습 때문에 그들은 주관주의자나 진보주의자처럼 보인다. 그러나 진리에 대한 그들의 근본적인

---

15) 이와 관련된 문제들에 관한 보다 상세한 논의를 위해서는 John Meyendorff, *Living Tradition* (Crestwood, N.Y.: St. Vladmird's Seminary Press, 1978)을 보라.

16) Irenaeus, *Against Heresies* 3.24.1 (in *Sources Chrétiennes* 100.472).

관심 및 인기 있는 교리적 상대주의에 굴복하지 않으려는 태도는 그들을 극단적인 보수주의와 제휴시킨다. 그러나 그들은 이 두 가지 중 어느 것과도 동일시되는 것을 거부한다.

정교회에서는 판단의 기준과 권위에 대한 서방교회의 관심에 대해 도전하며 질문을 제기해 왔다. 19세기 러시아의 유력한 평신도 신학자인 알렉세이 코미아코프(Alexei Khomiakov)는 대단히 분명한 예를 제공한다:

"하나님이 권위가 아니고 그리스도가 권위가 아니듯이, 교회도 권위가 아니다. 왜냐하면 권위란 표면적인 것이기 때문이다. 교회는 권위가 아니라 진리이다. 동시에 기독교인의 내적 생명이다. 왜냐하면 그의 가슴속에서 심장이 뛰는 것이나 혈관 속에서 피가 흐르는 것보다 더 사실적으로 하나님, 그리스도, 교회가 그의 안에서 하나의 생명을 가지고 살기 때문이다. 그러나 그들은 기독교인 자신이 사랑과 일치의 에큐메니컬적 생명, 즉 교회의 생명에 의해서 살아가는 한에서만 그의 안에 살아 있다."

코미아코프는 계속해서 서방 기독교의 비평을 제공하는데, 거기서 "권위는 표면적인 힘이 되고," "종교적 진리에 대한 지식은 종교적 삶에서 분리된다." 로마 가톨릭 교회에서는 권위에의 복종이 로마 교회의 삶의 내용이 된 반면 개신교에서는 성문화된 명제 진리들의 요약인 성경이 교회의 권위를 대신했다. 코미아코프는 "전제들은 동일하다"고 결론 내린다.[17]

---

17) 알렉세이 코미아코프는 원래 *Quelques Mots d'un Chrétien Orthodoxe sur les Confessions Occidentales* (Paris, 1853)라는 제목의 팸플릿을 포함한 저서들을 프랑스어로 출판했다. A. E. Morehouse의 영역본을 보려면 Alexander Schmemann, ed., *Ultimate Questions* (Crestwood, N.Y.: St. Vladimir's Seminary Press, 1975), 50-51을 보라.

비록 코미아코프의 견해가 공정하지 못하고 지나치게 일반화된 것이기는 하지만, 그럼에도 불구하고 정교회에서 신학을 보는 방법, 즉 개인적이고 수덕적인 노력을 요구하는 내면적 통찰을 보여준다. 그러나 거기에는 개인적인 노력이 요구되는 것이 아니라 공동체적인 노력, 즉 성인들의 공동체 내에서 이루어지는 노력이 요구된다. 성령에 의해 주어지는 지식은 개인적인 지식이지만, 사도들과 교부들과 성인들과의 사랑의 교제 안에서 접근할 수 있는 지식이다.[18]

신학에 대한 이처럼 신비적이면서도 경험적인 접근은, 정교회가 전승의 최종적이고 권위적인 표현이라고 간주되는 교리들을 소유하고 있음을 의미하지는 않는다. 교회사는 일반적으로 오신(誤信)의 배제를 목적으로 하는 교리적 정의들로 끝나는 교리 논쟁의 역사이다. 신학자들은 그러한 정의들을 본질적인 전거(典據)로 받아들이라는 부름을 받고 있다.

교리적 정의들, 혹은 교의들은 종교회의의 합의에 따른 결과이다. 개인이나 집단이나 지역교회가 진리를 표현할 수 있지만, 그러한 개인적인 표현 자체는 하나의 교의를 만들어낼 수 없다. 하나의 교의는 항상 이레니우스가 표현한 방침을 따르는 교회의 합의를 반영한다. 기독교 국가였던 로마 제국 시대에, 하나의 합의를 표시하는 표준적인 방법은 황제가 에큐메니컬 공의회를 소집하는 것이었다. 정교회는 그러한 공의회들 중 7개가 교회의 전승을 완전하게 표현하고 있다고 인정한다: 제1차 니케아 공의회

---

18) 내적 지식과 교제로서의 신학을 향한 이 접근 방법은 다양한 형태와 표현을 취하기는 하지만 정교회 신학에 굳게 뿌리를 내리고 있다. 이 점에 있어서 특히 Sergy (Stragorodksy, patriarch of Moscow 1943-44), *Pravoslavnoe Uchenie o Spasenii* (Orthodox doctrine of salvation) (Sergiev Posad, 1894); 보다 최근의 책을 보려면 Zizioulas, "Apostolic Continuity," and Dumitru Staniloae, *Theology and the Church* (Crestwood, N.Y.: St. Vladimir's Seminaty Press, 1980).

(325년), 제1차 콘스탄티노플 공의회(381년), 에베소 공의회(431년), 칼케돈 공의회(451년), 제2차 콘스탄티노플 공의회(553년), 제3차 콘스탄티노플 공의회(680년), 제2차 니케아 공의회(787년). 공의회에서는 기본적인 삼위일체론적·기독론적 문제들을 정의했다. 그러나 이 7개의 공의회를 에큐메니컬 공의회라고 인정한다고 해서 에큐메니컬 공의회가 다른 방법에 의해 도달한 정교회의 합의가 존재할 수 있다는 가능성을 미리 배제하는 것은 아니다. 지역 공의회들은 보편적인 인정을 받아왔고(1341, 1351, 1675, 1872), 현재 에큐메니컬이라는 형용사를 붙일 수 있다고 확신하지는 못하지만 또 하나의 대규모 공의회가 준비되고 있다. 사실, "에큐메니컬"이라는 형용사는 매우 다양한 의미를 가지고 있으므로(예를 들면, 과거에 그것은 제국의 집회를 지칭했으며, 오늘날에는 로마 가톨릭의 보편주의나 국제적 기독교 활동과 제휴되어 사용된다) 그것이 정교회의 교회론 맥락에서도 유익하게 사용될 것인지 의심하는 사람도 있다.

그렇더라도, 정교회에 있어서 하나님으로부터 온 진리와 일치의 표식으로서 중요한 것은 합의이다. 그리고 진리의 지식은 합의에 의존하지도 않는다. 합의는 외적인 권위가 아니라 진리에 대한 책임을 소수의 사람들에게만 전가하는 유익한 표식으로서 일시적으로 결여될 수도 있다. 이를 보여주는 역사적인 예는 많다: 유대-기독교인들과 싸운 바울, 4세기에 동방과 서방의 감독들이 모두 아리우스주의에 굴복한 듯이 보였을 때 니케아 신앙을 위해서 홀로 싸운 아타나시우스, 7세기에 일반적으로 받아들여진 단성론에 굴복하지 않고 싸운 고독한 고백자 막시무스(그는 교부 시대 말기의 위대한 신학자이기도 하다), 1439년 플로렌스에서 로마와의 연합이 조인되었을 때에 의견을 달리한 고독한 인물 에베소의 마크. 이들 및 그밖에 여러 역사적인 본보기들은 신학자 앞에 서서 그로 하여금 개인적으로 진리에 대해 책임을 지고 성경과 전승을 따라야 하는 의무감을 의식하게 해 주며, 또한 그가 홀로 정통신앙과 이단 사이에 놓인 울타리의 오른편에 서 있을 수도 있음을 의식하게 해 준다.

정교회 내에 영구적으로 확실한 교도권(敎導權)이 부재하는 데 따른 결과들 중 하나는 보편적으로 받아들여지는 공식적인 신앙의 정의가 간단하며 드물다는 사실이다. 고대의 에큐메니컬 공의회들은 마지못해서 교리적 진술들을 선포했었다. 칼케돈 공의회 때에(451년) 동방의 주도적 견해는 니케아 공의회(325)와 콘스탄티노플 공의회(381)에서 채택되었던 공통의 세례 신조가 이단들이 되풀이해서 발생하는 것을 방지하기에 충분한 보증이 된다는 것이었다. 따라서 칼케돈 공의회의 유명한 정의는 변증적 머리말로 시작된다.

> "하나님의 은혜에 대한 이 지혜롭고 건전한 정식(즉 니케아-콘스탄티노플의 신조)은 완전한 지식과 종교를 확인하기에 충분하다. …그러나 진리의 전파를 무효화하는 일에 착수한 사람들이 자신의 개인적인 이단들을 통해서 공론(空論)을 일으키고 있으므로…이 거룩하고 위대한 에큐메니컬 종교회의에서는 진리를 대적하는 모든 장치들을 배제시키기를 원하고 처음부터 변치 않는 것을 가르치면서…라고 선포했다."[19]

이 본문은, 교리적 정의들이 주로 부정적인 역할을 가지고 있다는 것(오

---

19) 영어 본문은 *Nicene and Post-Nicene Fathers*, 2d series, 14:263에서 발견된다.

류의 확산을 방지하는 역할), 그리고 어떤 경우이든지 목표는 진리를 소멸시키거나 교회의 가르침을 언어적인 정식이나 체계로 동결시키는 데 있는 것이 아니라 진리의 "한계들"을 지적하는 데 있음을 나타내 준다. 일단 교회에 의해 받아들여진 에큐메니컬 교령들은 교리적으로 최종적인 권위를 소유한다. 그러나 그것들은 본질상 새로운 계시로 간주되어서는 안 되며, 그리스도 안에서 일회적으로 영구히 계시된 진리의 충만함에 대한 해석들로 간주되어야 한다. 그것들은 결코 성경에 추가되는 것으로 이해되어서는 안 된다. 그것들의 본질 자체가 상이하기 때문이다. 그리스도의 두 본성에 대한 칼케돈 공의회의 교의는 성경 전체를 이해하는 데 있어서 신학적으로 중심적이고 영구적인 중요성을 소유할 수도 있다. 아마도 그것은 신약성경의 어느 서신보다 더 중요할 수도 있다. 그러나 그것은 성령의 지도를 받아서 사도 교회의 음성을 표현하는 것이지 사도들 자신의 증거를 표현하는 것은 아니다.

교리적 정의의 의미와 역할에 대한 정교회의 이해에 내재해 있는 이러한 한계들은 우리의 주제인 "신학을 한다는 것은 무엇인가?"에 직접적인 영향을 준다. 오늘날 정교회에서 이 질문에 대해 제시한 답변에는 대립되는 것들이 있다. 우선 "진보적"인 흐름이 있다: 어떤 사람은 정의들이 극히 적고 간단하므로 신학자들은 종교회의의 정의에 상충되지 않는 것이라면 무엇이라도 말할 자유가 있다고 말한다. 반면에 전통적으로 "보수주의자"라고 불리는 사람들은 신학이란 고대 공의회들이 공포한 정의들을 교부들이 준비하고 설명할 때에 말한 것들을 반복하는 것이라고 정의하려 할 것이다. 그러나 현대 정교회 신학자들 사이에는 그러한 인위적인 양극화를 피해야 한다는 합의가 이루어져 있다. 또한 그들은 예를 들어 존 헨리 뉴만에게서 발견되며 실질적으로 19, 20세기에 비로소 정의된 교황권이나 마리아 교리와 같은 문제들에 관해 지속적인 계시를 함축하는 교리적 발달에 대한 로마 가톨릭 교회의 견해를 무조건 받아들이려 하지 않을 것이다.

 나는 이 문제에 관한 정교회의 일반적인 느낌에 충실하고 싶다. 정교회의 공식적인 교리적 정의들은 근본적인 것들에만 관련되어 있으며, 그것들이 없으면 구원에 대한 신약성경의 통찰 전체가 성립되지 못한다고 말할 수 있다. 이것은 이콘 숭배에 관한 제2차 니케아 공의회(787)의 교령을 포함하여 7개 에큐메니컬 공의회의 교리에 적용된다. 니케아 공의회의 교령은 교회 예술에 관한 교령이 아니라 성육신의 실체를 확인한 것이다. 다시 말해서, 그것은 그리스도가 눈에 보이며 묘사하고 표현될 수 있는 역사적인 인물이었다는 진술이었다. 한편, 동정녀 마리아가 사후에 육체적으로 영화된 것(성모몽소승천의 교리)과 같은 특별한 표적들－일부 교부들의 저술과 성찬예배 찬송에서 언급되며, 마리아의 경우에 전반적인 부활의 종말론적 기대에 대한 믿음을 반영한다－은 단순히 공식적인 정의를 위한 것이 아니라 존경과 경건한 존숭을 위한 것이다.

 여기에서 우리는 정교회라는 배경에서 신학을 하는 데 있어서 필수적인 하나의 요점에 접한다. 그것은 거룩한 전승과 인간적인 전승들 사이의 구분이다. 인간의 전승들이 귀중한 진리들을 내포하고 있을 수 있지만, 그것들 자체가 절대적인 것은 아니며, 더욱이 예수께서 정죄하신 인간적 전승들처럼(막 7:2-13) 쉽사리 참된 신학을 방해하는 영적 장애물이 될 수도 있다.[20] 정교회에는 종종 실질적으로 필요한 구분 능력이 결여되기도 한다. 아마 정교회에는 보편 교회의 삶 전반을 책임지는 공식적이고 영구적인 교도권이 없기 때문에, 정교회 신자들은 종종 신앙의 보전에 대해 책임감을 느낀다. 그들은 자기들의 신앙이 완전한 전체라고 여기는 경향이 있는데, 그들의 정교회 신앙에서는 교리적 신조들이 예배, 관습, 언어, 문화적 태도들로부터 분리될 수 없다. 그런데 그것들 중 일부는 아주 최근의 것으로서 거룩한 전승과는 상당히 독립된 것들이다.

믿음에 대한 이 전체론적인 인식의 기원은 중세 시대 초기에 동유럽 국가들이 그리스인 선교사들에 의해 기독교로 개종하던 시기로 거슬러 올라간다. 당시 선교사들은 성경과 전례식문을 토착어로 번역하며, 처음부터 기독교를 토착화하는 정책을 사용했다. 정교회 신앙은 항상 결국 정교회 나름의 것이 되어왔기 때문에 회교도들이 통치하던 시기에 정교회 공동체들이 중동 지방과 발칸 제국에서 놀랍게도 살아남았고, 러시아 교회가 전체주의적 세속주의의 공격 하에서도 살아남았다. 그러나 이와 같이 신앙과 문화를 동화시키는 데 따른 대가로서 종종 많은 신자들이 거룩한 전승과 인간적인 전승들을 구분하지 못하게 되는데, 특히 신학적 지식이 부족할 때에 그러하다. 이것은 심지어 17세기에 러시아에서 있었던 바 러시아 교회의 이교자(離敎者, Old Believers),[21] 그리고 오늘날 그리스의 교회력 주창자(Old Calendarists)의 분열 같은 분열로 이어진다. 확실히 살아 있는 신학적

---

20) 정교회 내의 전승들에 관해서는, Vladimir Lossky, *In the Image and Likeness of God* (Crestwood, N.Y.: St. Vladimir's Seminary Press, 1985), 141-68[chap. 8 in the present volume]; John Meyendorff, "Tradition and Traditions," *St. Vladimir's Theological Quarterly* 6.3 (1962): 118-27; idem, *Living Tradition*, 13-26을 보라.

21) For a Summary history, see Frederick C. Conybeare, *Russian Dissenters* (New York: Russell and Russell, 1962).

전승만이 교회에게 중요사항과 해결해야 할 문제들에 대한 적절한 정의들을 공급해 줄 수 있다.

다른 기독교 전통들보다 정교회 안에서 교부 시대는 신학적 독창성의 탁월한 본보기-서방의 라틴 교회에서처럼 중세 시대의 스콜라 체계에 의해 대치되지 않았고, 19세기의 진보적 개신교도들이 생각했던 것처럼 진정한 성경적 기독교의 헬레니즘화로 여겨져 거부된 것이 아닌 것-로 받아들여진다. 교부들이 추구하고 성취한 일은 복음을 그리스 철학의 범주들에 익숙해져 있는 세상이 이해하고 받아들일 수 있는 것으로 만드는 것이었다. 그들은 삼위일체 및 신인(神人)이신 그리스도에 대한 교회의 가르침들을 표현하기 위해서 그리스 철학의 용어들을 사용했다. 그러나 교회는 하나님과 창조에 대한 성경의 사상을 희생시키고 플라톤주의의 형이상학적 범주들에 굴복한 교부들의 사상적 경향들을 신중히 제거했는데, 그러한 예를 오리겐주의에서 볼 수 있다.[22] 교부들이 문화적으로 소속되어 있었으며 또 복음을 선포해야 할 대상이었던 그레코-로마 문명에 대한 이와 같은 비판적 태도에도 불구하고, 교부들은 자기들의 과업 수행에 성공했다. 즉 그 시대의 지적 엘리트들은 기독교를 받아들였다. 그리고 그 시대의 교리 논쟁들은 정죄와 저주, 그리고 지적인 체계 안에서가 아닌 복음에 대한 전반적인 인식, 전례, 찬송, 성례적 행위들, 그리고 축일 등 안에 가장 소중하게 간직된 건설적이고 독창적인 신학적 종합을 통해서 해결되었다.

---

22) 이 문제에 관한 보다 상세한 토론을 위해서는 John Meyendorff, "Greek Philosophy and Christian Theology in the Early Church," in *Catholicity and the Church*, 31-47. 일반적으로 조지 플로로프스키나 야로슬라브 펠리칸과 같은 현대 기독교 사상가들은 교부 전승이 헬레니즘에 종속된 개념이라고 본 19세기의 견해를 거부한다.

그 시대의 신학의 과업은 주로 변증적인 것이었다. 주변 세상이 교회에 제기한 문제에 답변하기 위한 창조적인 도구로 사용되지 않고 그 자체가 목적으로 사용될 때에, 신학적 고찰은 종종 잘못된 방향으로 흐르기도 했다. 오늘날의 세상은 플라톤이나 아리스토텔레스 시대의 세상이 아니다. 오늘의 세상은 종교개혁 이후 시대, 계몽주의 이후 시대, 산업혁명 이후 시대, 그리고 세속화된 혁명적 서구 세계이다. 역사적으로 동방 기독교는 현대의 서구 세계와 같은 위기들을 겪지 않았다. 그러나 오늘날 비잔틴 중세 시대로부터 직접 유래된 정교 신앙은 이 현대 세계를 정면으로 대면하고 있다.

이 대면의 도래는 시기적으로 늦은 것이었다. 17세기에 로마 가톨릭 교도들과 개신교도들은 서로를 대적한 싸움에서 동방교회의 지원을 원했었다. 양 진영은 정교회에게 그들의 신앙고백서를 보내 달라고 요청했다. 그러나 결과는 그다지 성공적인 것이 못되었다. 정교회에서는 서방의 양 진영으로부터 받은 질문들이 지닌 함축된 의미를 기본적으로 무시하고서 그다지 만족스럽지 못한 신앙고백서들을 만들었다. 일부는 근본적으로 칼빈주의적이었고(예. 키릴 루카리스의 신조, 1629), 그 밖의 것들은 근본적으로 가톨릭적이며 트리엔트 공의회의 신앙에 입각한 것이었다(예. 피터 모길라의 신조, 1640). 이러한 일화들은 정교회의 전통이 종교개혁 이후 유럽의 신앙고백에서 적절하게 표현될 수 없었음을 보여주었다(그 문제에 있어서 로마 가톨릭 교회의 입장도 동일했다).

18세기에 러시아는 피터 1세(1682-1725)와 캐터린 2세(1762-96)가 시행한 사회 개혁과 교육 개혁 덕분에 서방 세계와 가차없이 대면하게 되었다. 그러나 19세기에 이르러 소위 조지 플로로프스키가 서방 포수기라고 언급한 상태는 종식되었다. 서방 세계와의 대면으로 말미암아 야기된 지속적인 결과들 중 하나는 그 시대의 문제들에 대답할 준비를 갖춘 학문적이고 독창적인 신학교들의 등장이었다.

앞에서도 설명했던 것처럼, 정교회 신학자는 자신을 초대교회의 교부적 · 종교회의적 전통을 지속적으로 추종하는 자라고 정의하며, 주교단의 합의에 표현된 교회의 주장들을 존중하지만, 그는 근본적으로 자유로이 자신의 신앙을 표현한다. 물론 자유에는 오류에 빠질 위험이 따르므로, 그는 책임 있는 행동을 해야 한다. 이러한 신학자들이 평신도인 경우가 빈번하다. 그리스의 신학 교수진에는 평신도 교수들이 다수를 차지하며, 러시아와 세르비아의 신학교에서도 소수이기는 하지만 평신도 교수들이 꽤 된다. 이처럼 전문적인 교권주의의 결여는 어떤 경우에 교회의 실질적이고 목양적인 사역에 헌신하는 학구적 교사들의 부족과 연결된다. 한편, 앞에서 언급된 코미아코프(1804-60)와 같은 사람들은 진정한 의미에서 평신도 신학자였다. 그들은 완전히 자발적으로 교회에 헌신했으며, 정교회 신학과 세속적인 지식층 사이에 연계를 세우는 데 크게 기여했다.[23]

우리가 20세기의 정교회 신학 세계를 바라본다면 다소 폭넓은 양식들, 접근방식들, 그리고 학파들을 찾아볼 수 있을 것이다. 아테네 출신인 존 카르미리스(John Karmiris)와 같은 사람들은 교리 체계의 전통을 다루는 대표적 인물들로서 그리스의 교부신학과 서방의 신앙고백적 접근방식의 통일성을 고찰했다. 원래 블라디미르 솔로비에프(Vladimir Soloviev, 1853-

---

23) 코미아코프, 그리고 이반 키레예프스키와 콘스탄틴 악사코프를 포함한 친 슬라브 계의 인물들에 관해서는, Peter K. Christoff, *An Introduction to Nineteenth-Century Russian Slavophilism*, 3 vols. (New York: Humanities, 1961, 1972; Princeton, N.J.: Princeton University Press, 1982)를 보라.

1900) 및 하나님의 지혜에 대한 그의 통찰에 감화를 받은 러시아 지혜론자(Sophiologist)들의 학파에는 파벨 플로렌스키(Pavel Florensky)와 세르기우스 불가코프(Sergius Bulgakov) 등 저명한 인물들이 포함된다.[24] 그들의 목표는 기본적으로 기독교와 독일 철학인 관념론을 종합하는 것인데, 그것은 폴 틸리히의 방법론 및 철학적 신학과 크게 다르지 않다. 지혜론자들 중에서도 중요한 인물인 조지 플로로프스키, 블라디미르 로스키, 저스틴 포포비치 등은 교부들에게로의 복귀를 주창했다.[25] 그들의 작업은 종종 신-교부적(Neopatristic) 종합이라고 언급된다. 루마니아의 대 신학자인 두미트루 스타닐로에(Dumitru Staniloae)도 역시 교부적 학파에 속하지만, 그는 조심스럽게 현대의 실존주의적 철학에 대해 개방적인 태도를 나타낸다. 특히 교회론과 교회일치운동 분야에서 나타나는 바 일반적으로 성찬적(Eucharistic)이라고 언급되는 경향은 대단히 독창적이고 도전적이다. 거기에는 니콜라이 아파나시에프(Nicolai Afanasieff), 알렉산더 슈메만(Alexander Schmemann), 존 지지오울라스(John Zizioulas) 등의 저자들이 포함된다. 금세기에 많은 정교회 신학자들이 정치적 사건 때문에 고국을 떠나 서유럽이나 아메리카에 합류했다. 어떤 사람들은 적극적으로 교회일치운동에 합류했다. 그 결과, 정교회 신학은 서방의 문제가 많은 사항들에 기여하기 시작했고, 정교회 특유의 신학 방법이 국제적 신학 공동체 내에서 보다 잘 알려지게 되었다.

앞에서 신학의 자료에 대한 정교회의 견해를 언급하면서 내가 제시한

---

[24] See Robert Slesinski, *Pavel Florensky: A Metaphysics of Love* (Crestwood, N.Y.: St. Vladimir's Seminary Press, 1984); James Pain and Nicolas Zernov, eds., *A Bulgakov Anthology* (Philadelphia: Westminster, 1976).

[25] See George Florovsky, *The Ways of Russian Theology*, 2 vols. (Belmont, Mass.: Nordland, 1979; Vaduz, Liech.: Büchervertriebsanstalt, 1987).

관찰들에 의하면, 정교회 신학은 서방 기독교계에서 발달된 진보주의나 보수주의라는 범주에는 적합하지 않음이 분명하다. 외적인 권위보다는 하나님과의 직접적인 교제, 칭의보다는 성화, 지적인 증명보다는 개인적인 경험, 수동적인 복종보다는 합의, 이런 것들이 기독교 신앙의 본질에 대한 정교회의 중요한 직관들이다. 이와 같은 대조점들을 강조하는 것은, 결코 정교회가 권위를 신봉하지 않는다거나, 바울의 이신칭의 교리를 거부한다거나, 이성의 힘을 존중하지 않는다거나, 또는 교리가 민주적인 투표에 의해서 채택된다는 의미가 아니다. 나는 교회 안에 현존하는 성령의 신비는 기독교적 체험의 기본이며 이 경험은 개인적이고 무상의 것이라는 것, 또한 권위, 이성, 공식적이고 교권적인 종교회의의 기준들은 그것을 대신하기 위한 것이 아니라 그것을 보호하기 위한 것임을 강조하고 싶다.[26] 어쨌든 신자들을 인도하시는 성령은 교회 직제의 창시자요, 가르치고 다스리는 능력을 주시는 분이며, 선지자들에게 영감을 주시는 분이다. 그러므로 믿음의 개성주의는 카리스마적인 주관주의나 개인주의를 낳은 것이 아니다. 그것은 각 사람으로 하여금 한 몸의 책임 있는 지체로서 생각하고 행동하며 성인들과의 교제 안에서 진리를 구하게 해 준다.

결론: 미국의 신학 연구

금세기 초에 동방교회와 서방교회는 실질적으로 서로 고립된 상태로 존

---

26) 기독교적 경험이 지닌 개인적이며 의식적인 본질에 대해 정교회 전승에서 나타나는 가장 위대한 증거는 11세기의 위대한 비잔틴 신비가인 신신학자 시므온일 것이다. See Basil Krivocheine, *In the Light of Christ: St. Symeon the New Theologian-Life, Spirituality, Doctrine* (Crestwood, N.Y.: St. Vladimir's Seminary Press, 1986).

재하고 있었다. 그러나 그 때(그리고 그 이전 세기에도) 정교회 신학자들은 전반적으로 서방의 신학적 경향들에 대해 알고 있었으며, 서방의 신학적 문헌들을 마음껏 사용해 왔다. 그러나 서방교회의 신학자들은 일부 전문가들을 제외하고는 실질적으로 정교회의 신학 사상에 접근하지 않았으며, 그 신학이 잠재력 있는 학문이라고는 전혀 생각하지 않았다. 오늘날 정교회가 세계 교회 일치 운동에 참여하는 것은 당연한 일이며, 정교회의 신학적 문헌은 갈수록 더 많이 이용되고 있다. 그로 말미암아 정교회의 신학자들은 전례 없이 큰 책임을 지게 되었다. 그들은 자기들의 주장을 확실히 이해시켜야 하며, 또한 자신이 대변하는 진정한 전통에 충실해야 한다. 내가 볼 때에, 그들에게 있어서 가장 큰 도전은 정교회 신학의 특성을 보존하는 것이다.

미국의 종교 현장은 신학적으로 분파적인 사고방식에 친숙해져 있다. 상대적으로 작은 종교 집단들은 진리를 소유하고 있다고 주장하며, 구원이 (다른 집단들이 아니라) 자기 집단의 구성원들에게 이미 이르렀다고 확언하며, 그들만의 배타성과 특성을 소유한다. 한 분파의 심리적 태도를 채택하려는 정교회 신자들이 있다. 그것은 그들에게 일종의 (거짓된) 안전감을 주며, 미국인들이 볼 때에 생소하게 여겨지는 바 역사적인 동방 정교회의 이국적이고 낯선 측면을 정당화시켜 줄 것이다. 그것은 다른 사람들의 말에 귀를 기울여야 하는 의무감으로부터, 그리고 다른 사람들이 그들을 보는 것과 같은 방식으로 그들 자신을 보려 할 때에 필요한 노력에서 그들을 해방시켜 줄 것이다. 그것은 거룩한 전승과 역사적으로 전해내려온 인간의 전승들 사이에 선을 그을 필요가 없게 만들 것이며, 신학을 "항상 말해지는 것"을 되풀이하는 철저한 확인으로 전락시킬 것이다. 사실상 그러한 태도는 진정한 신학을 배제하고 교부들-교부들의 주된 업적은 이웃들과 동 시대의 사람들에게 그들 자신의 언어를 사용하여 진리를 설명하고 표현한 것이었다-의 참 전승을 부인할 뿐만 아니라, 정교회를 심리학적으로 개신교 근본주의의 극단적인 형태와 제휴시킬 수도 있다. 또한 역사를 부인하는 일도 있을 수 있는데, 그것은 많은 경건한 미국인들이 흔히 경험하는 유혹이다.

그러나 미국의 종교 현장은 소위 교파주의-어떤 사람이 선택한 교회 내에서는 교리적인 문제가 그다지 영향을 미치지 못한다는 신념, 그리고 모든 기독교 교파들은 보편적인 교회 내에서 동등한 권리를 소유한다는 신념-에 친숙해져 있다. 사실상 미국 교파들의 주류는 이민사(移民史)라는 사회적인 틀 안에서 형성되었다.[27] 정교회는 특별히 순수하게 인종적인 조건에서 교회에 대한 충성을 밝힐 때에 그 구조에 훌륭하게 조화를 이룰 수 있다. 정교회는 그리스인들이나 러시아인들의 교회이며, 정교회의 정교한 의식들은 문화적 유산의 보존이라는 의미를 갖는다. 교파주의의 관점에서 볼 때 교리는 크게 상대화되며, 신학은 쉽사리 사회적, 인간론적, 혹은 정치적 문제들에 관한 초교파적인 고찰이 된다.

나는 진정한 정교회 신학은 결코 분파적이거나 교파주의적일 수 없으며 오직 교회의 신학이어야 한다고 주장하고 싶다. 그것은 모든 사람들의 구원을 위한 충만한 하나님의 계시를 받아들이는 하나의 보편 교회의 존재를 전제로 한다. 이 교회는 오순절 이래로 존속해 오면서 사도적 메시지를

---

27) See the classic and brilliant book of H. Richard Niebuhr, *The Social Sources of Denominationalism* (New York: Meridian, 1957). 흥미롭게도 그 책에서는 정교회가 전혀 언급되지 않았다. 미국 사회 내에서 정교회의 존재는 니버의 계획에 그다지 영향을 주지 못했다.

보존하며, 모든 인간 사회들을 위해서 그것을 모든 언어들로 해석해 왔다. 그러므로 그 교회에 속한 신학자는 자신의 신학이 사도들과 교부들의 신학과 일치하도록 해야 한다. 그러나 그 교회가 보편 교회이므로 그는 교회의 가시적인 한계들을 초월하여서라도 참되고 아름답고 거룩한 모든 것을 누려야 한다. 왜냐하면 모든 참되고 아름다운 실체들은 그리스도의 한 교회(새 예루살렘의 종말론적 예현)에 속하기 때문이다. 오직 거짓되고 죄악된 것들만 거부되어야 한다. 그러므로 4세기 카파도키아 교부들은 오리겐을 존경했다. 에바그리오스는 영성에 있어서 고백자 막시무스의 감화를 받았고, 아토스의 니코데모스(18세기)는 로렌조 스쿠폴리의 『보이지 않는 전쟁』(*Invisible Warfare*)과 이그나티우스 로욜라의 『영신수련』(*Spiritual Exercise*)을 쉽게 풀어서 설명했고, 자돈스크의 티콘(Tikhon of Zadonsk, 18세기)은 독일 경건주의를 좋아했다.[28]

그러므로 오늘날 미국에서 정교회 신학을 연구하는 데에는 오류와 회의적 상대주의를 미워하며 항상 다른 사람들과의 일치 안에서 충실할 수 있는 가장 좋은 방법을 추구하는 것 외에 다른 방법이 없다. 위에서 말한 다른 사람들 안에는 전승의 산 증인들인 사도들과 교부들이 포함된다. 그러나 오늘날 정교회의 증언이 의미를 갖는다면, 우리와 헌신이나 충성의 대상은 다르지만 지속적이고 지적인 대화를 나눌 필요가 있는 사람들과도 일치해야 한다.

---

28) 이들은 정교회의 신학과 영성의 역사에서 취한 잘 알려진 본보기들이다. 간단한 개관을 보려면, John Meyendorff, *St. Gregory Palamas, and Orthodox Spirituality* (Crestwood, N.Y.: St. Vladimir's Seminary Press, 1974).

고대 교회에서 전승의 역할

조지 플로로프스키

조지 플로로프스키(George Florovsky, 1893-1979)는 오뎃사(오늘날의 우크라이나)에서 태어났다. 그는 27세에 가족과 함께 불가리아로 이주했고, 이듬해는 프라하로 이주하여 그곳에서 법철학을 가르쳤다. 그는 1922년에 결혼한 후 파리로 가서 성 세르기우스 정교회 신학연구소를 세우는 데 일조했고, 그곳에서 교부학 교수로 봉직했다(1926-1948). 1948년부터 1955년까지 뉴욕에 있는 성 블라디미르 정교회 신학교에서 교수했으며, 그 후 하버드 신학대학(1954-65)과 성 십자가 그리스정교회 신학교(1962-1965)에서 가르쳤다. 1965년부터 1972년까지, 그리고 그 후 1979년 사망 시까지 가끔 프린스톤 신학교에서 가르쳤다. 그는 해박한 지식 및 깊은 신앙과 정교회를 옹호한 것으로 잘 알려져 있으며, 학자-사제의 정교회 전통을 잘 요약하고 있다.

제6장과 제7장은 신학적 권위의 표준과 규범이라는 중요한 문제들을 취급하고 있다. 플로로프스키는 새로운 것을 발명해 내려는 것이 아니라 거룩한 교부들과 공의회들과 신조들의 기록된 전승과 기록되지 않은 전승들을 재서술하는 일에 매진한 정교회의 헌신의 범위와 의미를 탐구한다. 궁극적으로 플로로프스키는 교부 시대나 현대의 참된 신학적 권위가 교회법의 권위에 기초를 두는 것이 아니라 성령의 증거에 기초한다고 주장한다.

"만일 보편 교회의 권위가 나를 감동시키지 않았다면, 나는 복음을 믿지 않았을 것이다"(어거스틴).

레렝의 빈센트와 전승

레렝의 빈센트(Vincent of Lérins)의 유명한 말은 신앙의 문제에 대한 고대 교회의 태도의 특징을 보여준다: "우리는 모든 곳에서, 항상, 모든 사람에 의해서 신봉되어온 것을 신봉해야 한다."[1] 한때 이것은 판단의 표준이고 규범이었다. 여기에서의 중요한 강조점은 기독교 교훈의 영속성이었다. 빈센트는 기독교 신앙의 이중적 통일성, 즉 시간적·공간적 통일성에 호소하고 있다. 동일한 통찰이 이레니우스를 감화했었다. 즉 전 세계로 흩어지고 확장되었지만 어느 곳에서나 복된 사도들에 의해서 전해져 내려왔으며 장로들의 승계에 의해서 보존되어온 동일한 신앙을 말하고 소유하는 교회이다.

---

1) Vincent of Lérins, *Commonitorium* 2.

믿음이 지닌 이 두 가지 양상, 혹은 특징은 서로 분리될 수 없다. 합의 (consensio)는 물론이요 보편성(universitas)와 유서 깊음(antiquitas)은 서로 연결되어 있었다. 그 중 어느 것도 그 자체로서는 적절한 기준이 되지 못했다. 고대인들의 포괄적인 합의가 만족스럽게 증명되지 않는 한 유서 깊음 자체는 진리의 충분한 보증이 되지 못했다. 또 합의 역시 끊임없이 사도적 기원에서 추적되지 않는 한 그 자체로는 결정적인 것이 되지 못했다. 빈센트는 참된 신앙은 "두 가지 방법으로…첫째는 성경의 권위에 의해서, 그 다음에는 보편 교회의 전통에 의해서" 식별될 수 있다고 주장했다. 이것은 기독교 교리의 공급원이 두 개가 있음을 의미하는 것은 아니다. 사실 성경의 규칙 혹은 법규는 완전하고 자족할 수 있다: "모든 것이 완전하고 충분하다." 그런데 왜 그것을 다른 권위에 의해 보완해야 하는가? 왜 "교회의 이해라는 권위"에 호소해야 하는가?

그 이유는 분명하다. 사람들마다 상이하게 성경을 해석하여 성경이 사람들이 많은 만큼 상이한 많은 의미들을 제공할 수 있다는 느낌을 주었다. 빈센트는 교회의 공통된 지성, 보편 교회의 지성과 이와 같은 개인적인 견해들의 다양성을 대조한다: "따라서 예언서들과 사도들의 저술들의 해석 경향은 교회의 보편적 의미의 척도를 따라야 한다." 빈센트의 견해에 의하면, 전승은 하나의 독립된 사실이 아니며, 또 보완적인 신앙의 자료도 아니다. 교회의 이해는 성경에 아무것도 추가할 수 없다. 그러나 전승은 성경의 참된 의미를 확인하고 드러내주는 유일한 수단이었다. 사실상, 전승은 성경의 진정한 해석이었다. 이런 의미에서 그것은 성경과 공존했다. 전승은 올바르게 이해된 성경이었다. 빈센트는 성경을 기독교 진리의 유일

하고 궁극적이고 으뜸 되는 표준이라고 보았다.²

고대 교회 내에서의 성경해석학적 질문

이 점에 있어서 빈센트의 견해는 기존의 전통과 완전히 일치했다. 프와티예의 힐라리(Hilary of Poitiers)의 글에 "성경은 읽는 것이 아니라 이해하는 것이다"는 말이 있다.³ 2세기에 심각한 문제였던(예. 영지주의와 몬타누스주의를 대적한 싸움) 올바른 성경해석이라는 문제는 4세기에도 심각한 문제가 되었다(예. 아리우스 논쟁). 논쟁에 관련된 당사자들은 모두 성경에 호소했다. 영지주의자와 마니교도와 같은 이단자들까지도 성경 본문을 인용하고 성경의 권위에 호소했다. 게다가 그 시대에는 성경해석이 주된 신학적 방법이었으며, 성경의 권위는 지고한 것이었다. 정교회 신자들은 성경해석에 관해 "성경해석의 원리는 무엇인가?"라는 중요한 질문을 제기하지 않을 수 없었다. 그런데, 2세기에 성경이라는 용어는 주로 구약성경을 지칭했는데, 마르시온이 성경의 권위를 거부하는 등 심각하게 도전했으므로 성경의 통일성이 입증되고 증명되어야 했다. 예언, 즉 구약성경의 기독교적이고 기독론적인 이해의 기초와 근거는 무엇이었는가?

이러한 역사적 상황에서 사람들은 처음으로 전승의 권위에 호소했다. 성경은 교회의 것이었고 오직 교회 안에서만, 올바른 믿음의 공동체 안에서만 제대로 이해되고 올바르게 해석될 수 있었다. 이단자들, 즉 교회 밖

---

2) Ibid.; see also 28.

3) Hilary of Poitiers, *Ad Constantium Augustum* 2.9, in *Patrologia Latina* (PL), ed. J. P. Migne, 221 vols. (Paris, 1844-64), 10.570; 이 문장은 Jerome, *Dialogus contra Luciferianos* 28 (PL 23.190-91)에서 되풀이된다.

의 사람들은 성경의 정신을 이해할 수 없었다. 단순히 성경을 읽고 이해하는 것만으로는 부족했다. 하나의 통합된 전체로서 취해진 성경의 참된 의미와 의도를 이끌어 내야만 했다. 사람들은 성경적 계시의 참된 유형, 하나님의 대속적 섭리의 위대한 계획을 앞질러 파악해야만 했는데, 그 일은 오직 믿음의 통찰에 의해서만 이루어질 수 있었다. 구약성경 안에서 그리스도의 증거를 분별하는 것은 믿음에 의해서 가능했다. 4복음서의 통일성을 확인하는 것도 믿음에 의해서 가능했다. 그러나 이 믿음은 개개인의 자의적이고 주관적인 통찰이 아니라, 사도적 메시지나 케리그마에 뿌리를 두며 그것에 의해 입증되는 교회의 믿음이었다.

교회 밖의 이단자들은 정확하게 말해서 이 기본적이고 지배적인 메시지, 즉 복음의 핵심을 이해하지 못하고 있었다. 그들이 볼 때에 성경은 죽은 문자, 또는 단절된 구문이나 이야기들의 나열에 불과했으므로, 그들은 생소한 근원에서 유래된 자기 나름의 유형에 따라 그것들을 배열하거나 재배열하려고 노력했다. 그들은 다른 믿음을 가지고 있었다. 이것이 터툴리안의 열정적인 논문 *De Praescriptione*의 논지였다. 그는 이단자들과 더불어 성경에 대해 논하려 하지 않았다. 성경은 이단자들의 것이 아니기 때문에 그들에게는 성경을 사용할 권리가 없었다. 성경은 교회의 소유였다. 터툴리안은 "신앙의 규칙"(*Regula Fidei*)의 중요성을 크게 강조한다. 그것은 성경의 의미를 파악하는 데 사용되는 유일한 열쇠이다. 이 규칙은 사도적인 것이며, 사도들의 전파에 뿌리를 두고 있으며, 거기에서 파생된 것이었다.

터너(C. H. Turner)는 초대교회가 신앙의 규칙을 언급하고 그것에 호소한 의도와 의미를 올바르게 묘사했다: "기독교인들이 '신앙의 규칙'을 '사도적'이라고 말하는 것은 사도들이 만나서 그것을 만들었다는 의미가 아니다. …그들이 의미하는 것은 모든 예비 신자들이 세례를 받기 전에 암송하는 신앙고백은 사도들이 자기 제자들에게 가르치고 전해주어 후대 사람들에게 가르치게 했던 믿음을 요약하여 구체적으로 표현한 것이다." 이 신앙고백의 표현 형식은 지역에 따라서 달랐지만 그 실질적인 내용은 동일했다. 그것은 항상 세례 정식과 밀접하게 연관되어 있었다.[4] 이 규칙에서 벗어나면 성경을 제대로 해석할 수 없을 것이다. 터툴리안의 견해에 의하면, 성경과 전승은 서로 분리할 수 없게 뒤섞여 있었다: "참된 기독교적 교훈과 믿음이 분명히 존재하는 곳에서만 참된 성경, 참된 해석, 그리고 참된 기독교 전승들이 발견될 것이다."[5] 믿음에 관한 사도전승은 성경 이해에 없어서는 안 될 안내자이며 올바른 해석의 궁극적인 보장이었다. 교회는 성경을 판단해야 하는 외적 권위가 아니라 성경 안에 저장되어 있는 하나님의 진리의 보존자요 수호자였다.[6]

이레니우스와 "진리의 표준"

이레니우스(Irenaeus)는 영지주의가 성경을 잘못 다루고 있음을 비난하면서 생생한 비유를 소개했다. 어느 솜씨 좋은 예술가는 아름다운 왕의 형상

---

4) C. H. Turner, "Apostolic Succession," in *Essays on the Early History of the Church and Ministry*, ed. H. B. Swete (London, 1918), 101-2. See also Yves M. J. Congar, *La Tradition et les Traditions*, vol. 2, *Essai Théologique* (Paris, 1963) 21ff.

5) Tertullian, *De Praescriptione* 19.3.

6) See Ellen Flesseman-van Leer, *Tradittion and Scripture in the Early Church* (Assen, 1954), 145-85; Damien van den Eynde, *Les Normes de l enseignement chrétien dans la littérature patristique des trois premiers siècles* (Paris, 1933), 197-212; J. K. Stirniman, *Die Praescriptio Tertullians im Lichte des römischen Rechts und der Theologie* (Freiburg, West Germany, 1949); and the introduction and notes of R. F. Refoulé, in Tertullian, *De Praescriptione, in Sources Chrétiennes* 46 (Paris, 1957).

을 만들면서 많은 귀금속을 사용했다. 그런데 다른 사람이 개나 여우의 형상을 만들기 위해서 이 모자이크 세공품을 가져다가 그 보석들을 재배치한다. 그는 그 보석들(ψηφίδες)이 진짜라는 것을 구실로 삼아서 이 형상이 먼 첫 번 예술가가 만든 원본이라고 주장한다. 그러나 사실상 원래의 디자인은 완전히 파괴되어 버린 상태이다. 이것이 바로 이단자들이 성경을 다루는 방식이다. 그들은 성경의 질서와 전후관계를 무시하고 파괴하며 "진리를 해체한다." 단어, 표현, 비유 등은 참된 것이지만 디자인은 자의적이고 거짓된 것이다.[7]

이레니우스는 또 하나의 유비를 제시했다. 그 당시에는 호머의 시들을 문맥을 무시한 채 무작위로 선택하여 자의적으로 재배열한 *Homerocentrones*라는 책이 유포되어 있었다. 그 책에 수록된 하나 하나의 시는 모두 호머의 것이지만, 재배열에 의해 만들어진 새로운 이야기는 전혀 호머의 것이 아니었다. 그런데도 사람들이 친숙히 알고 있는 호머의 관용적 표현 때문에 쉽게 현혹될 가능성이 있었다.[8] 터툴리안도 역시 호머나 버질의 시들을 엮어서 만든 책들에 대해서 언급하고 있음은 주목할 만하다.[9] 그것들은 분명히 그 시대의 논쟁적인 문학에서 흔히 사용된 장치였다. 이제 이레니우스가 나타내려고 한 요점이 무엇인지 분명해진다. 성경은 나름의 형태나 디자인, 내적인 구조와 조화를 가지고 있다. 그런데 이단자들은 이러한 형태를 무시하거나 자기들 나름의 것으로 대치한다. 다시 말해서, 그들은 성경적 증거를 재배열하여 성경 자체와는 전혀 다른 형

---

7) Irenaeus, *Adversus Omnes Haereses* 1.8.1.

8) Ibid., 1.9.4.

9) Tertullian, *De Praescriptione* 39.

태로 만든다. 이레니우스는 주장하기를, 세례 때에 받은 진리의 표준을 견고히 보존해온 사람들은 어려움 없이 "각각의 표현을 원래의 적절한 위치에 배치할 수 있다"고 했다. 그렇게 되면 그들은 참된 형상을 볼 수 있을 것이다. 이레니우스는 매우 특이한 표현을 사용했다: "προσαρμόσας τῷ τῆς ἀληθείας σωματίῳ." 그 구절의 의미는 아주 분명하다. σωμάτιον이 반드시 지소어(指小語)인 것은 아니며, 단지 "통합된 몸"을 지칭할 뿐이다. 이레니우스의 글에서 그것은 진리의 집성, 올바른 문맥, 원래의 디자인, 참된 형상, 보석들이나 시(詩)들이 지녔던 원래의 성향 등을 지칭한다.[10]

이처럼 이레니우스의 견해에 의하면, 성경은 신앙의 규칙에 따라서 읽어야 한다. 신자들은 세례 때의 신앙고백에 의해서 이 규칙에 맡겨지며, 그것에 의해서만 성경의 기본 메시지나 진리가 제대로 밝혀지고 평가될 수 있다. 이런 점에서 이레니우스가 즐겨 사용한 표현은 "진리의 척도" (κανὼν τῆς ἀληθείας)였다. 이 척도는 사실상 사도들의 증언과 설교로서 사도들이 교회에 맡긴 것이며, 인정받은 목사들—"감독직의 승계와 더불어 견고한 진리의 카리스마를 받은 사람들"—의 승계에 의해서 모든 곳에서 완전히 일치하여 보존되고 전해져 왔다.[11]

이 의미심장한 구절이 지닌 직접적이고 정확한 언외의 뜻이 무엇이든지 간에,[12] 이레니우스가 이 교회에게 맡겨진 믿음의 지속적인 보존과 전달이

---

10) See F. Kattenbusch, *Das apostolische Symbol*, vol. 2 (Leipzig, 1900), 30ff.; and also his note in *Zeitschrift Für Neutestamentliche Theologie* 10(1909): 331-32.

11) Irenaeus, *Adversus Omnes Haereses* 4.26.2.

12) 참된 카리스마(*Charisma Veritatis*)는 사도적 교리와 (신적 계시의) 진리에 불과하다고 주장되어 왔다. 따라서 이레니우스는 감독들에게 특별한 사역의 은사가 주어졌음을 의미한 것이 아니다. See Karl Müller, "Kleine Beiträge zur alten Kirchengeschichte 3: Das Chrisma veritatis und der Episcopat bei Irenaeus," *Zeitschrift für die neutestamentliche Wissenschaft* 23 (1924): 216-22; van den Eynde, *Les Normes*,

교회 안에 거하시는 성령의 임재에 의해 지도되고 이루어져야 한다고 여겼다는 사실에 대해서는 의심이 있을 수 없다. 이레니우스의 교회관은 카리스마적인 동시에 제도적인 것이었다. 그리고 전승은 첫 사람에게 호흡이 주어졌던 것처럼, 새로운 생명의 호흡으로 교회에게 맡겨진 "살아 있는 전승"이라고 이해했다.[13] 교회 안의 감독들이나 장로들은 이렇게 위탁된 진리의 수호자요 대행자이다:

"그러므로 주님의 은사(charismata)가 맡겨져 있는 곳은 진리를 배우는 데 적합한 곳이다. 즉 사도들로부터 시작된 교회의 승계를 소유한 사람들, 그리고 건전하고 흠이 없는 행동과 부정하지 않고 더럽혀지지 않은 말을 하는 사람들에게서 진리를 배우는 것이 마땅하다. 이들은 만물을 지으신 한 분 하나님 안에서 우리의 이 믿음을 보존하며, 우리를 위한 놀라운 섭리를 성취하신 하나님의 아들을 향한 사랑을 증가시켜주며, 또한 하나님을 모독하거나 교부들을 모욕하거나 선지자들을 무시하지 않으면서 전혀 위험하지 않게 성경을 우리에게 해석해 준다."[14]

183-87; Yves M. J. Congar, *La Tradition et les Traditions*, vol. 1, *Etude Historique* (Paris, 1960), 97-98; Hans Freiherr von Campenhausen, *Kirchliches Amt und geistliche Vollmacht in den ersten drei Jahrhunderten* (Tübingen, 1953), 185ff.; and also- with special emphasis on the character of succession-Einar Molland, "Irenaeus of Lugdunum and the Apostolic Succession," *Journal of Ecclesiastical History* 1.1 (1950): 12-28; and idem, "Le développement de l'idée de succession apostolique," *Revue d'histoire et de philosophie religieuses* 34.1 (1954): 1-29. See, on the other hand, the critical remarks of Arnold Ehrhardt, *The Apostolic Succession in the First Two Centuries of the Church* (London, 1953), 207-31, esp. 213-14.

13) Irenaeus, *Adversus Omnes Haereses* 3.24.1.

14) Ibid., 4.26.5.

신앙의 규칙(Regula Fidei)

초대교회에서 전승은 무엇보다도 성경해석의 원리와 방법이었다. 성경은 살아 있는 사도들의 전승[15]–사도전승은 기독교의 생존에 반드시 필요한 요소였다–에 비추어 그것을 배경으로 할 때에만 올바르고 완전하게 이해되고 평가될 수 있었다. 물론 이것은 전승이 성경에 무엇을 더할 수 있었기 때문이 아니라 살아 있는 배경, 포괄적인 전망을 제공하는데, 그 안에서만 성경, 즉 거룩한 계시의 참되고 전체적인 의도를 파악할 수 있기 때문이었다.

이레니우스에 의하면 진리는 "토대가 튼튼한 체계", "하나의 총체", "조화로운 선율"이었다.[16] 이 조화는 믿음의 통찰에 의해서만 파악할 수 있었다. 사실, 전승이란 단지 유전된 교리들을 유대교식 방법으로 전달하는 것이 아니라 진리 안에 있는 지속적인 삶이었다.[17] 그것은 하나의 고정된 핵심이나 구속력 있는 전제들의 복합체가 아니라 계시적 사건들, 행동하시는 하나님의 계시의 의미와 영향력에 대한 통찰이었다. 이것은 특히 성경해석 분야에서 결정적으로 작용했다. 조지 프레스티지(George Prestige)는 그것을 다음과 같이 훌륭하게 표현했다:

"성경의 본문을 사도신경 및 기독교계의 역사적 실천의 증거에 따라 넓고 합리적으로 해석할 때에만 성경이 주는 음성을 분명하게 들을 수 있을 것이

---

15) Ibid., 2. 27.1.

16) Ibid., 2.38.3.

17) Odo Casel, "Benedict von Nursia als Pneumariker," in *Heilige Überlieferung* (Münster, 1938), 100-101. 카젤은 각주에서 존 아담 묄러를 언급한다.

다. 이단자들은 분리된 본문들을 의지했으며, 가톨릭 신자들은 전반적으로 성경적 원리에 더 관심을 기울였다."[18]

엘렌 플레세만-반 리어(Elllen Fleeseman-van Leer)는 초대교회 내에서의 전승 사용에 대한 세밀한 분석을 요약하여 다음과 같이 말한다: "해석이 없는 성경은 성경이 아니다. 성경이 사용되어 활력을 얻는 순간에, 그것은 해석된 성경이다." 성경은 신앙의 규칙 안에 드러나 있는 "나름의 기본적 의도에 따라" 해석되어야 한다. 그러므로 이 규칙은 성경해석의 주도적 요인이 된다. "진정한 성경해석은 교회의 설교요 전승이다."[19]

아타나시우스와 "신앙의 목적"

상황은 4세기에도 변하지 않았다. 아리우스파와의 논쟁은 초기에 성경해석에 초점을 두었다. 아리우스파 및 그 지지자들은 자기들의 교리적 주장을 변호해 주는 성경 본문들을 감동적으로 열거했다. 그들은 신학적 논의를 성경적 근거에만 제한하려 했다. 그들의 주장들은 이러한 근거에서 충족되어야 했다. 그들이 사용한 성경해석 방법은 그 이전의 반대자들이

---

18) George L. Prestige, *Fathers and Heretics* (London, 1940), 43.

19) Flesseman-van Leer, *Tradition*, 92-96. On Irenaeus see pp. 100-144; van den Eynde, *Les Normes*, 159-97; B. Reynders, "Paradosis: Le Progrès de l'idée de tradition jusqu'à Saint Irénée," *Recherches de théologie ancienne et médiévale* 5(1933): 155-91; idem, "La Polemique de Saint Irénée," *Recherches de théologie ancienne et médiévale* 7 (1935): 5-27; Henri Holstein, "La Tradition des apôtres Chez Saint Irénée," *Recherches de science Religieuse* 36 (1949): 220-70; idem, *la Tradition dans L'église* (Paris, 1960); André Benoit, "Ecriture et tradition chez Saint Irénée." *Revue d'histoire et de philosophie religieuses* 40 (1960): 32-43; Idem, *Saint Irénée: Introduction à l'étude de sa théologie* (Paris, 1960).

사용한 것과 동일했다. 그들은 계시의 전반적인 맥락에는 큰 관심을 두지 않은 채 선택한 표준적 본문들을 사용했다.

정통주의자들은 교회의 지성, 과거에 전달되어 헌신적으로 보존되어온 신앙에 호소해야만 했다. 이것이 아타나시우스의 주된 관심사요 그가 사용한 일상적인 방법이었다. 아리우스주의자들은 구세주가 하나의 피조물이라는 자기들의 주장을 입증하기 위해서 다양한 성경 구절을 인용했다. 그에 맞서서 아타나시우스는 신앙의 척도에 호소했다. 다음은 그가 흔히 사용한 논거이다: "신앙의 목적을 가진 우리는 그들이 잘못 해석한 것의 올바른 의미를 회복시켜야 한다."[20] 아타나시우스는 특정 본문들의 올바른 해석은 믿음의 전체적인 전망 안에서만 가능하다고 주장했다. "그들은 복음서에서 인용한 것들을 건전하지 못한 의미로 설명하는데, 그것은 우리가 신앙의 목적을 참작하며 그것을 척도로 사용하여 성경을 읽을 때에 발견할 수도 있을 것이다."[21] 한편, 각각의 구절과 표현이 지닌 문맥과 배경에 관심을 기울여야 하며, 저자의 정확한 의도를 주의 깊게 밝혀야 한다.[22]

아타나시우스는 성령이라는 주제로 세라피온(Serapion) 감독에게 편지를 쓰면서 다시 아리우스주의자들은 "거룩한 성경의 목적"(μὴ εἰδόντες τὸν σκοπὸν τῆς Ηείας Γραφῆς)을 상실했다고 주장한다.[23] 아타나시우스의 표현에서 스코포스(σκοπὸς)는 이레니우스가 근저에 깔려 있는 개념, 참 의도,

---

20) Athanasius, *Contra Arianos* 3.35.

21) Ibid., 3.28.

22) Ibid., 1.54..

23) Athanasius, *Ad Serapionem* 2.7; cf. *Ad episcopos Aegypti* 4:τὰ λεγόμενα μόνον σκοπῶν, καὶ μὴ τὴν διάνοιαν θεωρῶν)

의도된 의미 등을 지칭하기 위해서 사용한 히포테시스(ὑπόθεσις)와 대등한 단어이다.²⁴ 한편 스코포스는 신플라톤주의와 같은 특정의 철학 학파에서 사용된 상투적인 용어였다. 그 시대의 철학에서는 석의가 중요한 역할을 했으므로 당연히 해석 원리에 관한 문제가 제기되어야 했다. 예를 들어 얌블리코스(Jamblichos)는 그 문제에 관해서 상당히 딱딱한 태도를 취했다. 사람들은 조사하고 있는 전체 논문의 주요 요점, 기본 주제를 발견하여 그것을 항상 염두에 두고 있어야 했다.²⁵ 아타나시우스가 그 용어의 전문적 용법을 잘 알고 있었을 수도 있다. 그는 성경의 전체적인 의도를 무시한 채 개개의 고립된 본문이나 구절을 인용하는 것은 잘못된 일이라고 주장했다. 아타나시우스가 사용한 스코포스를 성경의 "일반적인 경향"이라고 해석하는 것은 옳지 않다. 신앙, 혹은 성경의 "목적"은 교회 안에 보존되어 있으며 교부들에게서 교부들에게로 전해진 신앙의 규칙 안에 집약되어 있는 신조의 핵심이다. 한편 아리우스주의자들에게는 자기들의 견해를 지지해줄 교부들이 없었다.²⁶ 존 헨리 뉴만이 올바르게 관찰한 바와 같이, 아타나시우스는 "교회에서의 의미"(τὴν ἐκκλησιαστικὴν διάνοιαν)와 이단자들의 개인적인 견해를 대조하면서 신앙의 규칙을 해석의 궁극적인 원리로 간주했다.²⁷

---

24) See Guido Müller, *Lexicon Athanasianum*, s.v.: "id quod quis docendo, scribendo, credendo intendit."

25) See Karl Prächter, "Richtungen und Schulen im Neuplatonismus," in *Genethliakon* (for Carl Roberts; Berlin, 1910). Prächter는 σκοπός를 목표, 또는 주도적 모티프라고 번역한다(p. 138). 프로클루스는 『티메우스』(*Timaeus*)에 관한 주석서에서 포피리(Porphyry)와 얌블리코스를 비교한다. 얌블리코스의 해석 방식은 포괄적, 혹은 종합적인 방법이다.

26) Athanasius, *De Decretis* 27.

27) John Henry Newman, trans., *Select Treatises of St. Athanasius*, 8th impression, vol. 2 (London, 1900), 250-52; Athanasius, *Contra Arianos* 1.44.

아타나시우스는 여러 차례 아리우스파의 논거들을 정밀하게 조사하면서 그들이 내세운 본문들을 재검토하기에 앞서 기독교 신앙의 기본 교리들을 요약했고, 그리하여 그 본문들을 본래의 올바른 위치에 복귀시켰다. 터너(H. E. Turner)는 아타나시우스의 성경해석 방법을 다음과 같이 묘사했다.

"아리우스파에서 즐겨 사용했던 바 전후의 문맥이나 성경 전체의 가르침 안에 있는 넓은 지적 의미의 틀은 고려하지 않은 채 한 본문의 문법적 의미를 강조하는 방법에 반대하면서, 그는 기독교 신앙의 전반적인 경향을 해석의 표준으로 삼아야 할 필요성을 역설한다. 아리우스주의자들은 성경 신학의 범위가 넓음을 알지 못하므로, 자기들이 내세우는 증거 본문들이 위치한 문맥을 충분히 참작하지 못한다. 성경의 의미는 반드시 성경 안에서 취해져야 한다. 이것은 성경에의 호소를 실질적으로 포기하는 것, 그리고 그것을 전승에서 취한 논거로 대신하는 것이라고 여겨져 왔다. 물론 아리우스주의와 영지주의의 교조주의가 시도했던 것처럼, 그것은 그리 사려깊지 못한 사람들의 수중에서 성경을 제한하는 일로 이어질 수도 있을 것이다. 그러나 이것이 아타나시우스의 의도가 아님은 분명하다. 그의 견해에 따르면, 그것은 제정신이 아닌 성경해석을 버리고 온전한 성경해석에, 편협하게 문법적 의미를 강조하는 데서 떠나 성경의 의미나 의도에 호소하는 것을 대표한다."[28]

---

28) H. E. W. Turner, *The Pattern of Christian Truth* (London, 1954), 193-94.

터너 교수는 위험성을 과장한 듯이 보인다. 아타나시우스의 논거들은 지극히 성경적이었다. 원칙적으로 아타나시우스는 영감된 거룩한 성경이 진리를 옹호하기에 충분하다는 사실을 인정했다.[29] 그러나 성경은 신앙 규칙의 인도나 통제 하에 살아 있는 믿음의 전승이라는 맥락 안에서 해석되어야 했다. 이 규칙은 결코 성경에 부과될 수 있는 외적인 권위가 아니었다. 그것은 신약성경의 책들 안에 기록된 사도들의 메시지와 동일한 것이었지만, 요약된 것이었다. 아타나시우스는 세라피온 감독에게 다음과 같이 편지를 보냈다: "우리는 처음부터 주께서 주셨으며(ἔδωκεν), 사도들이 전파했고(ἐκήρυξαν), 교부들이 보존한(ἐφύλαξαν) 보편 교회의 전통과 가르침과 믿음을 바라보아야 합니다."[30] 이 문장은 아타나시우스의 특징적인 문장이다. 세 가지 명사—그리스도로부터 유래된 전승(παράδοσις), 사도들의 가르침(διδασκαλία), 그리고 보편 교회의 믿음(πίστις)—가 조화를 이루고 있다. 이것이 교회의 유일한 기초(θεμέλιον)이다.[31] 성경 자체가 주님으로부터 비롯된 이 전승 안에 포함되는 듯하다.

아타나시우스는 세라피온에게 보낸 편지의 결론 부분에서 다시 동일한 요점을 다룬다: "교부들의 전승에 의해서 우리에게 전해진 사도적 믿음에 따라서, 나는 그것과 관계 없는 것을 조금도 추가하지 않은 채 그 전승을 전했습니다. 나는 내가 배운 바 성경에 일치하는 것을 기록했습니다

---

29) Athanasius, *Contra Gentes* 1.

30) Athanasius, *Ad Serapionem* 1.28.

31) C. R. B. Shaplund는 아타나시우스가 이 본문의 θεμέλιον이 거룩한 세례 때에 기원하는 삼중적 이름을 의미한다고 제안했다. 사실, 이 편지의 조금 뒷부분에서 아타나시우스는 지상명령을 다음과 같이 소개한다: "주께서는 사도들에게 교회의 기초를 놓으라고 명하셨다. …사도들은 나아가 가르쳤다." (*The Letters of Saint Athanasius concerning the Holy Spirit*, ed. C. R. B. Shaplund [London, 1951], 132n. 2[on p. 134]).

(ἐνεχάραξα)."³² 어떤 때에 아타나시우스는 성경 자체를 사도전승(*paradosis*)이라고 지칭한 적도 있다.³³ 특징적인 것은 아리우스파와의 논쟁에서는 한 번도 "전승들"이라고 복수형을 사용하지 않았다는 점이다. 항상 언급된 용어는 단수형인 "전승", 사도들의 메시지의 전체 내용을 포함하며 신앙의 규칙 안에 요약되어 있는 사도전승이었다. 이 전통의 통일성과 일치성이 전체 논증의 주된 요점이었다.

성경 해석의 목적과 "예배의 규칙"

전승에의 호소는 사실상 교회의 정신에의 호소였다. 교회는 진리의 지식과 이해, 즉 계시의 의미를 소유하고 있으며, 따라서 복음을 선포하고 해석할 능력과 권위를 소유하고 있다고 간주되었다. 이것은 교회가 성경보다 우위에 있다는 의미를 함축하는 것이 아니었다. 교회의 위치는 성경과 평행했으나, 성경의 문자에 구속되지는 않았다. 성경 주석과 해석의 궁극적인 목적은 성경 혹은 계시, 즉 그리스도 수난사(Heilsgeschichte)의 의미와 의도를 논리적으로 이끌어내는 것이었다. 교회는 성경뿐만 아니라 그리스도를 전파해야만 했다.

고대 교회 내에서의 전승의 용도는 성경의 실질적 용도라는 맥락에서만 제대로 이해할 수 있다. 말씀은 교회 안에 계속 살아 있었다. 그것은 교회의 삶과 구조 안에 반영되어 있었다. 믿음과 삶은 유기적으로 뒤얽혀 있었다.

---

32) Athanasius, *Ad Serapionem* 1.33.

33) Athanasius, *Ad Adelphium* 6.

이 시점에서 『하나님의 은혜에 관한 길잡이』(*Indiculus de gratia Dei*)—이것은 교황 셀레스틴의 것이라고 간주되고 있지만, 실제로는 아퀴타니아의 프로스퍼(Prosper of Aquitania)의 것이다—의 유명한 구절을 되새겨 보는 것도 좋을 것이다:

"이것들은 거룩한 사도 교황청의 신성한 교령입니다. 거룩한 교부들은 이것에 의해서 해로운 신(新) 제도들을 제거하셨습니다. …사도전승에 따라서 전 세계의 모든 보편 교회에서 사제들이 통일되게 제공하는 거룩한 기도를 존중합시다. 예배의 규칙에 따라 신앙의 규칙을 세웁시다."

전후 문맥에서 "예배의 규칙"이라는 표현은 일반적인 원리를 정식화한 것이 아니며, 그것의 직접적인 의도는 특별한 요점—유전된 죄, 혹은 원죄의 실체를 가리키는 예로서의 유아 세례—에 한정되어 있었다. 실제로 그것은 교황의 권위 있는 선포가 아니라 치열한 논쟁의 와중에서 어느 신학자가 발표한 개인적인 견해였다.³⁴ 그러나 "예배의 규칙으로 하여금 신앙의 규칙을 세우게 하기 위해서"라는 원리를 표현하기 위해서 그 표현을 전후 문맥에서 떼어 내어 약간 변화시킨 것은 우발적인 일도 아니고 오해에서 비롯된 일도 아니었다. "믿음"은 성찬예배와 관련된 것들—성례 의식들과 정식들— 안에서 처음으로 표현되었고, 신조들은 입문식의 필수적인 부분으로서 처음으로 등장했다. 켈리(J. D. Kelly)는 "연설조이든 질문식이든 간에 모든 요약된 신조들은 성찬예배의 부산물이었으며, 성찬예배의 영속

---

34) See M. Capuyns, "L'Origine des Capitula Pseudo-Célestiniens contre les Semipélagiens," *Revue Bénédictine* 41 (1929): 156-70; and especially Karl Federer, *Liturgie und Glaube: Eine theologiegeschichtliche Untersuchung* (Freiburg, Switz., 1950); see also B. Capelle, "Autorité de la Liturgie Chez les Pères," *Recherches de Théologie Ancienne et Médiévale* 21 (1954): 5-22.

성과 유연성을 반영하고 있었다"고 말한다.[35] 포괄적이고 넓은 의미에서 "성찬예배"는 교회의 전통 안에 있는 첫 번째 층이었고, 이미 2세기 말경에 예배의 규칙(*lex orandi*)에서 비롯된 논거가 토론에서 사용되었다. 교회의 예배는 신앙의 엄숙한 선포였다. 성찬이 대속의 신비를 완전하게 증언하는 으뜸되는 증거이듯이, 세례 때에 하나님의 이름으로 기원하는 것은 가장 초기의 삼위일체론 정식이었을 것이다. 신약성경은 예배하는 교회 내의 하나의 성경으로 존재하게 되었고, 예배와 묵상이라는 배경 안에서 최초로 읽혔다.

바실과 "구전 전승"

이레니우스는 "믿음"을 세례 때에 받는 것으로 언급했었다. 터툴리안과 키프리안은 성찬예배적 논거를 사용했다.[36] 아타나시우스와 카파도키아 교부들 역시 동일한 논거를 사용했다. 성찬예배 전승에서 비롯된 이 논거의 완전한 발달상은 바실에게서 발견된다. 바실은 후일 성령에 관하여 아리우스파와 논쟁하면서 찬송 분석 및 교회에서의 찬송 사용에 관한 주요 논거를 세웠다. 바실의 논문인 『성령론』(*De Spiritu Sancto*)은 필사의 투쟁을 하면서 특별한 역사적 상황에 대해 언급한 특별한 논문이었다. 바실은 여기에서 신학적 탐구의 원리와 방법에 관심을 나타냈다.

---

35) J. N. D. Kelly, *Early Chriatian Creeds* (London, 1950), 167.

36) See Federer, *Liturgie*, 59ff.; F. De Pauw, "La Justification des traditions non écrites chez Tertullian," *Ephemerides Theologicae Lovanienses* 19.1-2 (1942): 5-46. See also Georg Kretschmar, *Studien zur Frühchristlichen Trinitätstheologie* (Tübingen, 1956).

바실은 특별히 성령을 동등하게 존중하는 것에 대해 논하였다(이것은 건전한 삼위일체 교리의 중요한 요점이다). 그는 주로 성찬예배의 증거, 즉 교회에서 널리 사용되었던 분명한 표현("성령과 함께")을 사용한 찬송에 대해 언급한다. 물론 그 표현은 성경에 있는 것이 아니었고, 전승에 의해서만 증명되는 것이었다. 그러나 그의 반대자들은 성경의 권위 외에 다른 권위는 받아들이려 하지 않았다. 이러한 상황에서 바실은 전승에 호소하는 것의 합법성을 증명하려고 노력했다. 그는 교회가 항상 성령의 동일한 가치(ὁμοτιμία), 즉 성령의 신성을 믿어 왔으며, 그것이 세례 때에 행하는 신앙고백의 일부분임을 나타내려 했다. 베노이트 프루체(Benoit Pruche)가 올바르게 관찰했듯이, 바실은 동일 가치(ὁμότιμος)를 동일 본질(ὁμοούσιος)의 동의어라고 여겼다.[37]

전승에 대한 바실의 개념에는 지속성과 정밀함이라는 것 외에는 별로 새로운 것이 없었다. 그러나 그의 어법은 다소 특이하다: 교회 안에 보존되어 있는 교리와 케리그마(kerygmata) 중 일부는 성문화된 교훈에서 비롯된 것이며, 또 일부는 신비하게 전해져온 사도전승에서 비롯된 것이다. 신앙이라는 문제에 있어서 이 둘은 동등한 힘을 소유한다.[38] 언뜻 볼 때, 사람들은 바실이 여기에서 이중의 권위와 이중의 표준, 즉 성경과 전승을 소개하고 있다는 느낌을 받을 수도 있을 것이다. 그러나 사실은 전혀 그렇지 않다. 그는 그 용어들을 매우 특이하게 사용하였다. 그가 사용한 "케리그마라"는 용어는 후대에 일반적으로 "교의"나 "교리"라는 의미를 나타낸 것-신앙의 문제에 관한 공식적이고 권위 있는 교훈들과 판결들, 즉 공적

---

37) See the introduction to Basil, De Spiritu Sancto, ed. Benoit Pruche, in *Sources Chrétiennes* (Paris, 1945), 28ff.
38) Basil, *De Spiritu Sancto* 66.

이고 공개적인 교훈들-에 해당되는 것이었다. 반면에 교의(dogmata)는 "기록된 것이 아닌 관습들"의 전체적인 복합체, 또는 성찬예배적이고 성례적인 삶의 구조 전체를 나타내는 것이었다. 그 시대에는 도그마(dogma)라는 용어의 의미가 완전히 정립되어 있지 않았음을 염두에 두어야 한다. 그 당시 그것은 완전하고 정확한 의미를 지닌 용어가 아니었다.[39]

어쨌든, 우리는 교의들이 사도들에 의해 신비하게(ἐν μυστηρίῳ) 전해져 왔다는 바실의 주장에 당황해서는 안 된다. 이 표현을 "비밀리에"라고 번역하는 것은 언어도단의 오역이 될 것이다. 정확하고 유일한 번역은 "신비의식에 의해", 즉 "의식들의 형태, 그리고 성찬예배의 용법이나 관습들 하에서"이다. 바실이 사용한 정확한 표현은 다음과 같다: "비전(秘傳)들의 대부분은 기록되지 않은 상태로 우리에게 전달된다". 여기에서 비전들(τὰ μυστιά)이라는 용어는 분명히 세례식과 성찬식을 언급한다. 바실은 이 의식들의 기원이 사도들에게 있다고 여겼다. 그는 여기에서 신자들이 받은 전승들에 대한 바울의 언급을 인용한다(살후 2:15; cf. 고전 11:2). 문제가 되는 찬송은 이렇게 기록되지 않은 전승들 중의 하나이다.[40] 이러한 맥락에서 바실이 인용한 것들은 모두 의식이나 성찬예배의 본질을 지닌 것들이었다. 즉 그는 예비신자들의 입교식 때에 십자가 표식을 사용하는 것, 기도할 때에 동쪽을 향하는 것, 주일 서서 예배드리는 것, 성찬식 때에 성령강림을 기원하는 기도를 드리는 것, 물과 기름을 축성하는 것, 사탄과 그의 허세를 부인하는 것, 세례식 때에 물에 세 번 들어가는 것 등을 인용했다.

---

39) August Deneffe, "Dogma, Wort und Begriff," *Scholastik* 6 (1931): 381-400, 505-38.

40) Basil, *De Spiritu Sancto* 71; see also 66: "처음부터 교회 안의 모든 것을 정돈한 교부들과 사도들은 신비의식들을 침묵과 비밀 속에 보존했다."

바실은 "교회에는 기록되지 않은 신비의식들"이 그밖에도 많다고 말한다.[41] 그것들은 성경에 언급되지 않았지만 큰 권위와 의미를 지닌 것이며, 올바른 신앙의 보존을 위해 반드시 필요한 것들이다. 그것들은 증거와 전달을 위한 효과적인 방편이다. 바실에 의하면, 그것들은 개인적인 무언의 전승에서 온 것이다: "무언의 신비한 전승, 비공개적이며 말로 표현할 수 없는 가르침으로부터." 공개되지 않은 이 무언의 신비한 전승은 일부 특별한 엘리트만을 위한 비전(秘傳)의 교리가 아니다. 엘리트는 교회였다. 사실 바실이 의지한 전승은 교회의 성찬예배 관습이었다. 여기서 바실은 현재 비밀 엄수 훈련(disciplina arcani)이라고 표현되는 것을 언급하고 있다. 이 훈련은 4세기에 널리 사용되면서, 교회 안에서 공식적으로 주장되고 요구되었다. 그것은 예비신자 제도와 관련되어 있었으며, 주로 교육적·교훈적 목적을 지녔다. 한편 바실이 말한 바와 같이, 어떤 전승들은 불신자들의 악용을 방지하기 위해 기록되지 않은 상태로 보존되어야 했다. 이것은 분명히 의식들과 관습들을 언급하는 말이다. 4세기에 신조(그리고 주기도문)가 이 비밀 엄수 훈련의 일부로서, 비입문자에게 그것을 알려서는 안 되었다. 신조는 세례 지원자 교육의 마지막 단계, 그들이 엄숙하게 등록하여 승인을 받은 후에 전수되었다. 신조는 주교가 구두로 그들에게 전했으며, 그들은 주교 앞에서 그것을 암송해야만 했다. 이것이 "신조의 전달 및 암송" 예식이었다. 예비신자들은 신조를 외부인들에게 누설하거나 기록으로 남겨서는 안 된다는 강력한 요구를 받았다. 그들은 신조를 마음에 새겨두어야 했다.[42]

---

41) Ibid., 66-67.

42) Cyril of Jerusalem, *Procatechesis* 12, 17.

서방교회의 루피누스(Rufinus)와 어거스틴(Augustine)은 신조를 기록하는 것은 적합치 못하다고 느꼈다. 그런 이유 때문에 소조멘(Sozomen)은 그의 저서 『역사』(History)에 니케아 신조의 본문을 인용하지 않았다. 왜냐하면 "입문자들과 비법 전수자들만 그것을 암송하고 들을 권리가 있기 때문이다."[43]

바실의 논증은 이러한 배경과 역사적 맥락 안에서 평가되고 해석되어야 한다. 바실은 세례 때의 신앙고백-여기에는 성부와 성자와 성령의 삼위에 대한 믿음에 공식적으로 귀의하는 것이 포함된다-의 중요성을 크게 강조했다.[44] 이것은 신비의식에서 초심자에게 전수되며 침묵 속에 보존되어야 하는 전승이었다. 만일 이 구전의 전승이 방치되거나 무시될 경우에는 "기독교 신앙의 토대 자체"가 흔들리는 큰 위험에 처할 수도 있었다.[45] 도그마와 케리그마의 유일한 차이점은 그 전달 방식에 있다. 즉 도그마는 침묵 안에 보존되며, 케리그마는 공표된다는 점이다. 그러나 이 둘의 취지는 동일하다. 그것들은 비록 다른 방식으로이기는 하지만 동일한 믿음을 전한다. 구전 전승에는 교부들의 전승만 포함되는 것이 아니다. 교부들의 전승만으로는 충분하지 못할 것이다. 사실, 교부들의 원리들은 성경의 취지에서 이끌어낸 것이었다: "그들은 성경의 취지를 따랐으며, 그들의 원리들은 성경의 증언들에서 이끌어낸 것이었다." 그러므로 의식이나 상징들 안에 있는 구전 전승은 실제로 성경적 신앙의 내용에 아무것도 추가하지 않

---

43) Sozomen, *Historia Ecclesiastica* 1.20.

44) Basil, *De Spiritu Sancto* 67, 26.

45) Ibid., 25.

으며, 오히려 이 신앙을 뚜렷하게 해 준다.⁴⁶

바실이 성문화되지 않은 전승에 호소한 것은 실질적으로 교회의 신앙, 교회의 보편적 지성(sensus catholicus), φρόνημα ἐκκλησιαστικόν에 호소한 것이었다. 그는 아리우스파의 완고하고 편협한 사이비 성경주의가 만들어 낸 교착 상태를 파괴해야 했으므로, 기록되지 않은 신앙의 규칙에 호소하지 않고서는 참된 의미와 가르침을 파악할 수 없다고 주장했다. 바실의 신학은 지극히 성경적이었다. 그는 성경이 교리를 판단하는 최고의 표준이라고 보았다.⁴⁷ 그의 성경해석은 온건하고 자제력이 있었다. 그러나 성경 자체는 하나의 신비, 인간 구원과 하나님의 섭리의 신비였다. 성경 안에는 측량할 수 없는 깊이가 있었다. 왜냐하면 그것은 성령에 의해 기록된 영감되어진 책이기 때문이었다.

그런 까닭에 참된 성경해석은 영적이고 예언적이어야만 했다. 거룩한 말씀을 올바르게 이해하려면 영적 분별의 은사가 필요했다. "어느 글을 판단하려면 저자와 동일한 준비를 하는 데서부터 시작해야 한다. …성령의 말씀 안에서는 아무나 그의 말씀을 조사할 수 없다. 분별의 은사를 받

---

46) See Hermann Dörries, *De Spiritu Sancto: Der Beitrag des Basilius zum Abschluss des Trinitarischen Dogmas* (Göttingen, 1956); J. A. Jungmann, *Die Stellung Christi im liturgischen Gebet*, 2d ed. (Münster, 1962), 155ff., 163ff.; David Amand, *L'Ascèse Monastique de Saint Basile* (Maredsous, Belgium, 1949), 75-85. The footnotes in the critical editions of *De Spiritu Sancto* that were produced by C. F. H. Johnson (Oxforf, 1892) and Benoit Pruche (Paris, 1945) are highly instructive and helpful. On *Disciplina Arcani*, see O. Perler, "Arkandisciplin," in *Reallexikon für Antike und Christentum* (Stuttgart, 1950), 1:671-76. Joachim Jeremias는 *Die Abendmahlsworte Jesu* (Göttingen, 1949), 59ff., 78ff. 에서 다음과 같이 주장한다: 복음서의 본문이 형성될 즈음 이미 최상의 교육이 파악되었으며, 실제로 유대교 안에 이미 존재하고 있었다. 시에 벌써 표현 가능했고 유대주의에서는 이미 존재하고 있었다. 이 주제에 관한 예리한 비평으로 R. P. C. Hanson, *Tradition in the Early Church* (London, 1962), 27ff.를 보라.

47) Basil, *Epistolae* 189.3.

은 사람들만이 그 일을 할 수 있다."⁴⁸ 성령은 교회의 성례전 안에서 주어진다. 그러므로 성경은 신앙의 빛 안에서, 그리고 신자들의 공동체 안에서 읽혀야만 한다. 그런 까닭에 바실은 전승, 여러 세대를 거쳐 전해져온 신앙의 전승이 성경 공부와 해석에 반드시 필요한 동반자요 안내자라고 보았다. 이 점에서 그는 이레니우스와 아타나시우스의 발자취를 따랐다. 어거스틴은 전승을 사용했으며, 그와 유사한 방법으로 교회의 전례적 증거를 사용했다.⁴⁹

교회: 성경해석자

사도적 케리그마의 유일하고 참된 저장소인 교회는 성경을 해석할 권위를 소유하고 있었다. 교회는 성령을 부여받았으므로, 이 케리그마는 교회 안에 확실하게 살아 있다. 교회는 하나님의 말씀을 권하고 진작시키며 생생한 목소리로 가르친다. 복음의 살아 있는 음성*(viva vox evangelii)*이란 단순히 성경 말씀을 낭송하는 것이 아니었다. 그것은 생명을 주시는 성령의 영원한 능력에 의해서 교회 안에서 들려지고 보존되는 하나님의 말씀의 선포였다.

교회 및 사도들을 승계한 교회의 정규 사역이 없이는 참된 복음 선포, 건전한 설교, 진정한 하나님의 말씀 이해가 있을 수 없었다. 그러므로 사도

---

48) Ibid., 204.

49) See German Mártil, *La tredición en San Agustín a través de la Controversia Pelagiana* (Madrid, 1942) (originally in *Revista española de teología*, vol. 1, 1940, and vol. 2, 1942); Wunibald Roetzer, *Des heiligen Augustinus Schriften als Liturgie-geschichtliche Quelle* (Munich, 1930); see also Federer, Liturgie, and Capelle, "Autorité."

적인 보편 교회 밖에서 진리를 찾는 것은 헛된 일일 것이다. 이것이 이레니우스로부터 칼케돈 공의회 및 그 이후까지 고대 교회의 공통된 생각이었다. 사도들은 교회 안에 진리를 풍부하게 모아 놓았다: "교회 안에는 진리에 관한 모든 것이 풍부하게 놓여 있었다."[50] 실제로 성경은 사도적 저장소의 중요한 일부분이었다. 교회 역시 주요한 저장소였다. 성경과 교회는 서로 분리될 수 없고, 서로를 대적할 수도 없었다. 성경, 즉 성경에 대한 참된 이해는 성령의 인도하심을 받는 교회 안에만 존재한다. 오리겐은 성경과 교회 사이의 통일성을 끈질기게 강조했다. 성경해석자의 과업은 성령의 말을 밝혀 내는 것이다:

"우리는 가르칠 때에 우리 자신의 해석을 제시하지 않고 성령의 해석을 제시해야 한다."[51] 이것은 교회 안에 보존되어 있는 사도전승을 떠나서는 불가능한 일이다. 오리겐은 교회 안에서 제공되는 성경의 보편적 해석, 즉 "교회 안에서 보편적인 방식으로 제공되는 하나님의 말씀을 듣는 것"[52]을 강조했다. 그와는 대조적으로 이단자들은 성경해석을 할 때에 성경의 참된 의도를 무시한다. "성경의 의도와 관계없이, 그리고 신앙의 진리와 관계 없이 하나님의 말씀을 제공하는 사람은 밀을 뿌리고 가시를 거두는 사람들이다."[53]

성경의 의도와 신앙의 규칙은 서로 밀접하게 연결되어 있으며 서로 조화를 이룬다. 이것은 4세기 및 그 이후 교부들의 주장으로서, 고대인들의

---

50) Irenaeus, *Adversus Omnes Haereses* 3.4.1

51) Origen, *Commentary on Romans* 1.3.1.

52) Origen, *Homilies on Leviticus* 4.5.

53) Origen, *Homilies on Jeremiah* 7.3.

가르침과 완전히 일치한다. 위대한 성경학자인 제롬은 그 특유의 예리하고 열정적인 표현으로 동일한 견해를 표명했다:

"마르시온과 바실리데스, 그 밖의 다른 이단자들은…하나님의 복음을 소유하지 못했다. 왜냐하면 그들은 성령을 소유하고 있지 못하기 때문이다. 성령이 없이 전파된 복음은 인간의 것이 되고 만다. 우리는 복음은 그 의미에 있어서, 표면이 아니라 골수에 있어서, 설교의 잎사귀가 아니라 의미의 뿌리에 있어서 성경의 말씀으로 이루어진다고 생각한다. 이 경우에 성경은 그리스도와 더불어 말해지며, 교부들과 더불어 제시될 때에 그 듣는 자들에게 유익을 준다. 그리고 설교하는 사람들은 성령 없이 그것을 소개하지 않는다. …그리스도의 복음을 왜곡하여 해석함으로써 인간의 복음이 만들어져서는 안 되므로, 교회 안에서 말을 하는 데에는 큰 위험이 따른다."[54]

오늘날도 이레니우스, 터툴리안, 오리겐의 시대에서처럼 하나님의 말씀에 대한 참된 이해에 몰두하고 있다. 아마 제롬은 단순히 오리겐의 글을 바꾸어 표현하고 있는 것일 수도 있다. 교회 밖에는 하나님의 복음이 존재하지 않으며 인간적인 대체물들만 존재한다. 성경의 참 의미(*sensus Scripturae*), 즉 하나님의 메시지는 신앙과 진리의 관계 안에서, 신앙의 규칙의 인도 하에서만 파악될 수 있다. 이러한 맥락에서 참된 신앙(*veritas fidei*)은 삼위일체론적 신앙고백이다. 이것은 바실과 동일한 접근방식이다. 제롬은 여기에서 주로 교회 내에서의 말씀 선포에 대해 말하고 있다. "그것은

---

54) Jerome, *Commentary on Galatians* 1.1.2(PL 26.386).

듣는 사람들에게 유익하다."

어거스틴과 보편적 권위

우리는 다음과 같이 유명한 어거스틴의 진술을 동일한 의미에서 해석해야 한다: "만일 보편 교회의 권위가 나를 감동시키지 못했다면, 나는 복음을 믿지 않았을 것이다."[55] 이 문장은 그 전후 문맥에 비추어 이해해야 한다. 어거스틴은 자기 자신을 위하여 이 말을 한 것이 아니다. 그는 단순한 신자가 이단의 권위 주장에 직면할 때에 취해야 하는 태도에 대해 말했다. 이런 상황에서 단순한 신자는 교회의 권위에 호소하는 것이 옳다. 왜냐하면 그는 교회로부터, 그리고 교회 안에서 복음을 받고 있기 때문이다: "나는 보편적 설교자들이 가르치는 복음을 믿는다." 복음과 보편적 선포는 서로 연관되어 있다. 어거스틴은 결코 복음이 교회보다 열등하다고 여기려 하지 않았다. 그는 단지 복음이 언제나 교회의 보편적 선포라는 배경에서 받아들여지며, 교회로부터 분리될 수 없다는 점을 강조하고자 한 것이다. 이러한 배경에서만 복음은 제대로 평가되고 이해될 수 있다. 사실 성경의 증거는 궁극적으로 신자들, 영적으로 어느 정도 성숙한 사람들에게만 자명한데, 그것은 교회의 범주 안에서만 가능하다. 그는 교회의 가르침과 선포의 권위를 마니교의 엉뚱하고 기괴한 해석과 비교했다. 보편 교회의 권위는 독립된 신앙의 근원은 아니었지만, 건전한 해석에 없어서는 안 되는 원리였다. 그 문장의 앞뒤를 뒤집어 "사람이 복음에 의해 감동을 받지 않

---

55) Augustine, *Contra epistolam Manichaei Quam Vocant Fundamenti* 6.

는 한 교회를 믿어서는 안 된다"고 바꿀 수는 없었다. 그 관계는 엄밀히 호혜적인 관계이다.⁵⁶

---

56) See Louis de Montadon, "Bible et église dans l'apologétique de Saint Augustin," *Recherches de Science Religieuse* 2 (1911): 233-38; Pierre Bariffol, *Le Catholicisme de Saint Augustin*, 5th ed. (Paris, 1929), 25-27(see the whole of chap. 1, "L'Eglise Règle de Foi"); especially A. D. R. Polman, *The Word of God according to St. Augustine* (Grand Rapids, 1961, 198-208(This is revised translation of *De Theologie van Augustinus: Het Woord Gods bij Augustinus* [1955]); see also W. F. Dankbaar, "Schriftgezag en Kerkgezag bij Augustinus," *Nederlands Theologisch Tijdschrift* 11 (1956-57): 37-59(this article was written in connection with the Dutch edition of Polman's book).

고대 공의회들의 권위와 교부들의 전승

조지 플로로프스키

초대교회의 공의회들

이 논문의 범위는 무척 제한되어 있다. 이것은 개론에 불과하다. 최근에 교회사에 있어서 공의회들의 역할과 전승의 기능이라는 두 가지 주제에 대한 연구가 활발히 진행되어왔다. 이 논문의 목적은 앞으로 문서 자료들을 보다 자세하게 조사하는 일, 그리고 신학적 평가와 해석에 도움이 될 몇 가지 제안을 제공하는 데 있다. 이러한 주제들을 다루는 교회사가는 자신이 한 사람의 신학자라는 점을 염두에 두어야 하며, 자신의 개인적인 대안들 및 방침들을 제시해야 한다. 한편, 신학자들 역시 신앙과 교리의 문제들이 지속적으로 논의되고 이해되는 배경인 넓은 역사적 관점을 알아야 한다. 시대에 뒤떨어진 표현은 피해야 하며, 각 시대에 대해 논할 때에는 그 시대 나름의 조건에 비추어 논의해야 한다.

고대 교회를 연구하는 사람은 중요한 정의부터 다루기보다는, 각각의 공의회들을 그 나름의 구체적인 역사적 배경 안에서, 그리고 그 공의회의 특수한 실존적 배경에 비추어 연구하는 일부터 시작해야 한다. 이것이 바로 역사가들이 하는 일이다. 고대 교회 내에는 공의회에 대한 이론이 없었으며, 공의회들에 대한 정교한 신학도 없었고, 확고한 교회법 규정들도 없었다. 처음 3세기 동안에 초대교회의 공의회들은 특별한 목적 때문에, 일반적으로 공통적인 관심을 가지는 특별한 문제들을 논의해야 하는 긴박한 상황에서 개최된 임시 모임이었다. 그 시대의 공의회는 하나의 제도라기보다 사건이었다. 고인이 된 그레고리 딕스(Gregory Dix)의 표현을 빌리자면, "니케아 공의회 이전의 공의회들은 교회 통치의 틀 안에서 특별한 위치를 차지하지 않는 임시적인 방책이었다."[1] 물론 이미 그 시대에 각 지역 공동체들을 대표하는 감독들의 모임과 협의회가 신앙과 훈육이라는 문제에 있어서 일치와 통일성을 획득하거나 나타내기 위한 적절하고도 정상적인 수단이라고 생각되었다.

  초대 시대에는 교회의 일치라는 의식이 비록 조직의 차원에서는 아직 반영되지 않았지만 매우 강력했다. 원칙적으로 감독들이 교황과 함께 행정에 참가하는 제도가 고려되고 있었으며, 이미 감독의 일치(episcopatus unus)라는 개념이 형성되어 있었다. 특정 지역의 감독들은 새로운 감독들을 선출하거나 임명하기 위해서 모이곤 했다. 장래의 대교구·대주교구 제도의 기초가 놓인 것이다. 이 모든 것은 다소 자발적인 움직임이었던 것처럼 보인다. 공의회들은 2세기 말에 몬타누스파의 전파에 맞서 신앙을 열렬히 옹호하던 시기에 처음으로 소아시아 지방에 등장했다. 이러한 상

---

1) Gregory Dix, "Jurisdiction, Episcopal and Papal, in the Early Church," *Laudate* 16(June 1938): 108.

황에서 당연히 주로 사도전승을 강조하게 되었으며, 감독들은 자기의 교구에서 이 전승을 수호하고 증언하는 자였다. 북아프리카에서는 3세기에 일종의 종교회의 체계가 확립되었다. 공의회들은 교회의 공통된 의도, 그리고 지역 교회들의 일치된 견해를 증언하고 언어로 표현하고 선포하는 가장 훌륭한 기구였다. 게오르그 크레츠슈마르(Georg Kretschmar) 교수는 고대 교회의 공의회들에 관한 연구서에서, 초기 공의회들의 기본 관심사가 교회의 일치였다고 말했다.[2] 그러나 이 일치는 제도적인 조직보다는 믿음 안에서의 일치와 전승의 정체성에 기초를 두고 있었다.

제국 공의회, 또는 에큐메니컬 공의회

로마 제국이 기독교 국가가 되면서 상황이 변화되었다. 콘스탄틴 대제, 또는 테오도시우스 황제의 시대 이후로 일반적으로 교회는 공화국, 즉 기독교 국가가 된 전 세계적 제국과 공존한다고 간주되었다. 로마 제국이 기독교 국가가 되면서 교회의 보편성은 그 어느 때보다 더 분명하게 되었다. 물론 기독교회의 근본적이고 본질적인 보편성에 무엇이 추가된 것은 아니지만, 새로운 기회로 말미암아 그것이 가시적으로 나타나게 되었다.

이러한 상황에서 최초의 총공의회인 니케아 공의회가 개최되었다. 이 공의회는 후대의 공의회들을 위한 본보기가 되었다. "새로이 확립된 교회의 위치는 에큐메니컬 행동을 필요로 했다. 왜냐하면 이제 기독교적 삶은 지방색에 기초를 두고서 조직된 세계가 아니라 제국 전체 안에서 영위되

---

2) Georg Kretschmar, "Die Konzile der alten Kirche," in *Die Ökumenischen Konzile der Christenheit*, ed. H. J. Margull(Stuttgart, 1961), 1.

었기 때문이다. …교회가 세상으로 나왔기 때문에, 지방 교회들은 독립된 단위들로서가 아니라 하나의 방대한 영적 정부를 구성하는 요소들로서 사는 법을 배워야 했다."³ 어떤 의미에서 니케아에서 거행된 총공의회들은 제국 공의회였다. 아마 이것이 공의회들에 사용된 "에큐메니컬"이라는 형용사의 본래 의미였을 것이다.⁴

제국과 교회가 이상하게 얽혀져서 신정 기독교 공화국, 새로운 기독교 사회가 된 특별한 구조가 간직한 특성과 성격의 난처하고도 논쟁의 여지가 있는 문제를 길게 토의한다는 점이 우리가 논의해야 할 문제일 것이다.⁵ 4세기의 공의회들은 아직 우연한 모임이거나 개별적인 사건들이었으며, 그 궁극적인 권위의 토대는 사도전승과의 일치 안에 있었다. 특별한 자격을 지닌 궁극적인 권위의 좌소요 절차의 본보기로서의 공의회에 대한 법적 혹은 표준적인 이론을 발달시키려는 시도가 4세기 전후에 이루어지지 않았다. 물론 그 공의회들은 사실상 신앙과 교리에 관한 문제들을 다루기 위한 올바른 통로요 전거로 인정되었었다. 공의회들이 교회법적인 제도가 아니라 예비적이고 카리스마적인 사건들로 간주되었다고 주장하는 것은 결코 과장이 아닐 것이다. 공의회들은 지정된 날짜에 개최되어야 하는 주기적인 회집으로 여겨지지 않았다. 또 개최되기 전에 정당한 것으로 받아들여지는 공의회는 없었다. 사실 많은 공의회들은 공식적이고 정기적으로 개최되었음에도 불구하고 실제로는 그 정당성이 부인되었다. 그 예

---

3) Dix, "Jurisdiction," 113.

4) See Eduard Schwartz, "Über die Reichskonzilien von Theodosius bis Justinian" (1921), reprinted in Gesammelete Scriften, vol. 4(Berlin, 1960), 111-58.

5) See George Florovsky, "Empire and Dessert: Antinomies of Christian History," *Greek Orthodox Theological Review* 3.2 (1957): 133-59.

로 449년에 개최된 악명 높은 강도들의 공의회(Robber Council)를 들 수 있다. 구속력 있고 절대 확실한 권위라는 의미에서 에큐메니컬 공의회로 인정된 공의회들은 그 직후, 또는 어느 정도 지체한 뒤에 에큐메니컬 공의회로 인정되었다. 그 이유는 그 공의회들이 공식적으로 교회법적인 자격을 소유했기 때문이 아니라 카리스마적 특성 때문이었다. 즉 그 공의회들이 성령의 인도하심 하에서 사도전승 안에서 전해 내려왔으며 성경과 일치하는 진리를 증언했기 때문이다.[6]

여기에서는 공의회의 권위에 관한 이론에 대해 논하지 않겠다. 실제로 그러한 이론은 존재하지 않았다. 공의회들은 단지 신앙의 문제들에 대한 통찰을 소유하고 있었다. 한스 킹(Hans Küng)은 『교회의 조직』(*Strukturen der Kirche*)이라는 책에서 이 문제에 접근하는 유익한 방법을 제안했다. 사실상 킹은 역사가가 아니며, 역사가들은 그의 신학적 개요를 적용하여 효과를 거둘 수 있다. 킹은 교회 자체를 하나의 공의회, 즉 하나님께서 친히 소집하신 회합으로 여기며, 에큐메니컬 공의회나 총공의회들은 인간들이 소집한 공의회들로서 교회를 대표하는 것으로 여겨야 한다고 주장한다.[7] 흥미롭게도 이미 여러 해 전에 위대한 러시아의 교회 사가인 볼로토프(V. V. Bolotov)는 『고대 교회사 강의』(*Lectures on the History of the Ancient Church*)에서 이와 유사한 개념을 제시했었다. 교회는 에클레시아(*ecclesia*), 즉 결코 휴회되지 않는 회합이다.[8] 다시 말하자면 궁극적인 권위-그리고 믿음 안에서 진리

---

6) See V. V. Bolotov, *Lectures on the History of the Ancient Church* (in Russian), vol. 3 (1913), 320ff.; idem, *Letters to A. A. Kireev* (in Russian), ed. D. N. Jakshich (1931), 31ff.; A. P. Dobroklonsky, "The Ecumenical Councils of the Orthodox Church: Their Structure" (in Serbian), *Bogoslovlje* 11.2-3 (1936): 163-72, 276-87.

7) Hans Küng, *Strukturen der Kirche* (Freiburg, 1962), 11-74.

8) Bolotov, *Lectures*, vol. 1(1907), 9-14.

를 분별하는 능력-는 "신적인 기관"인 교회 안에서 주어진다. 한편 공의회나 종교회의와 관련된 기관은 교회의 참된 상징이나 표명이 아닌 한 신적 제도가 아니다.

여기에서 우리는 하나의 악한 모임에 연루된 것처럼 보일 수도 있다. 만일 교리적인 문제에 있어서 공식적인 보증들을 고집한다면, 우리는 실제로 그러한 모임에 연루될 수도 있을 것이다. 그러나 그러한 보증들은 존재하지도 않으며 앞질러 만들어낼 수도 없다. 어떤 공의회들은 실제로 실패작들이었으며, 잘못을 범했기 때문에 부인되었다. 이런 점에서 4세기의 공의회들에 대한 이야기는 대단히 교훈적이다.[9] 교회 내에서 공의회의 주장들은 공식적인 근거나 교회법적인 근거에 입각해서 받아들여지거나 거부된 것이 아니었다. 교회의 판결은 대단히 선택적이었다. 고대 교회의 태도는 "공의회는 결코 교회 위에 있지 않다"는 것이었다. 공의회는 엄밀히 하나의 대표단이다. 이것은 고대 교회가 일반적으로든 추상적으로든 한번도 종교회의의 권위에 호소하지 않고 항상 특정한 공의회들, 또는 공의회들의 신앙과 증거에 호소한 이유를 설명해 준다. 콩가르(Yves Congar)는 "최초의 네 차례의 에큐메니컬 공의회들의 탁월함"에 관한 훌륭한 글을 출판했는데, 그가 수집한 증거는 매우 교훈적이다.[10] 사실, 니케아 공의회와 에베소 공의회와 칼케돈 공의회의 교리적 판결들은 교회에게 전해진 영속적인 신앙의 헌신을 충실하고 적절하게 표현한다고 여겨졌으므로, 이 판결들에게는 규범적인 우선권이 주어졌다. 또한 교회법에 따른 권위보다는

---

9) See Monald Goemans, *Het Algemeene Concilie in de Vierde Eeuw* (Nijmegen, 1945).

10) Yves M. J. Congar, "Primauté des Quatre Premiers Conciles Oecuméniques," in *Le Concile et les Conciles: Contribution à l'histoire de la vie conciliaire de l'église* (1960), 75-109.

진리가 강조되었다. 이것은 우리를 보다 복잡하고 중요한 문제-"기독교 진리의 궁극적인 판단 기준은 무엇인가?"-에게로 인도한다.

그리스도: 궁극적인 진리 판단의 기준

이 질문에 대해서 가장 간단한 대답은 "그리스도는 진리이시다"라는 것이기는 하지만, 이 질문에 대해서 대답하기가 쉽지는 않다. 기독교 진리의 근원과 기준은 두 가지 구조를 지닌 하나님의 계시이다. 진리의 근원은 하나님의 말씀이다. 이 간단한 대답은 고대 교회에서 쉽게 주어지고 일반적으로 받아들여졌고, 오늘날 분열된 기독교계에서도 기꺼이 받아들여질 것이다. 사실, 그것은 대단히 다양하게 평가되고 해석되었다. 그 결과 그 문제는 실제로 한 단계 더 변화되었다. 그리하여 새로운 질문-"계시는 어떻게 이해해야 하는가?"-이 등장했다.

초대교회는 성경의 충분성에 대해 전혀 의심을 갖지 않았으며, 결코 그것을 어기려 한 적이 없으며, 항상 그것을 어긴 적이 없다고 주장했다. 그러나 사도들의 시대에 이미 성경해석의 문제가 첨예하게 제기되었다. 성경해석의 지침이 되는 원리는 무엇인가? 이 문제에 대해서 교회의 믿음, 사도들의 믿음과 케리그마, 사도전승에 호소하는 것 외에 다른 해답이 없었다. 오리겐이 강력하게 주장했고, 그에 앞서 이레니우스와 터툴리안이 주장한 것처럼 성경은 교회 안에서만 이해될 수 있었다. 전승에 호소하는 것은 곧 교회의 지성에 호소하는 것이었다. 그 방법은 처음부터 항상 그랬던 것처럼 믿음을 발견하고 확인하는 것이었다. 기독교 신앙의 영속성은 그 진리를 나타내주는 가장 특징적인 표식이었다. 당시에는 그 외에 다른 새로운 고안물들이 없었다.[11] 거룩한 교회의 신앙의 영속성은 지나간 시대의 증인에 의해서 증명될 수 있었다. 그런 이유 때문에, 그리고 그러한 목적 때문에, 신학적 논의에서 흔히 고대인들이 등장하고 그들의 글이 인용되었다.

그러나 고대로부터 전해 내려오는 이 논거를 사용할 때에는 주의를 기울여야만 했다. 옛 시대를 간헐적으로 언급하거나 옛 저자들의 글을 무심히 인용할 경우에 논거가 애매해지거나 잘못될 수도 있다. 이 사실은 이미 3세기의 세례 논쟁 때에 충분히 이해되었었다. 당시 고대 관습들의 효력이나 권위에 관한 문제가 공식적으로 제기되었었다. 터툴리안은 교회 안의 관습들이 진리의 빛 안에서 검증되어야 한다고 주장했었다: "우리 주 그리스도는 자신을 관습이라고 칭하신 것이 아니라 진리라고 칭하셨다."[12] 이 구절을 키프리안이 채택했으며, 256년 카르타고 공의회에서 채택되었다. 옛것이 고질적인 오류일 수도 있다: "진리가 없는 옛것은 예로부터 전해온 오류이다."[13] 어거스틴도 동일한 표현을 사용했다: "주님은 복음서에서 '나는 진리이다'라고 말씀하셨지 '나는 관습이다'라고 말씀하시지 않았다."[14] 물론 기독교 진리는 본질적으로 예로부터 전해온 진리이지만, 옛것이라고 해서 반드시 진리이고 교회 안에 있는 새로운 제도들은 무조건 거

---

11) For further discussion of this topic see George Florovsky, "The Function of tradition in the Ancient Church," *Greek Orthodox Theological Review* 9.2(1963-64): 181-200; idem, "Scripture and Tradition: An Orthodox Point of View," *Dialog* 2.4(1963): 288-93. See also idem, "Revelation and Interpretation," in *Biblical authority for Today*, ed. Alan Richardson and W. Schweitzer (Philadelphia, 1951), 163-80.

12) Tertullian, *De Virginibus Velandis* 1.1.

13) Cyprian, *Epistolae* 74.9.

14) Augustine, *De Baptismo* 3.6.9.

부되어야 하는 것은 아니었다. 한편 전승에서 취한 논거는 이단자들인 영지주의자들이 처음으로 사용했으며, 그 때문에 이레니우스는 기독교의 정신과는 거리가 먼 이단자들의 거짓 전승들에 맞서서 전승에 대한 자기 나름의 개념을 만들었다.[15]

전승이나 옛것에 호소하는 일은 선별적으로 이루어져야 한다. 진위가 의심스러우며 그릇되고 거짓된 전승들도 있었다. 사람들은 참된 전승, 사도들의 권위에 기원을 두며 교회의 보편적 합의에 의해서 증명될 수 있는 참된 전승을 찾아내어 확인해야 했다. 그러나 실제로 이 합의를 발견하는 일은 쉬운 일이 아니었다. 어떤 질문들은 여전히 미결로 남아 있었다. 이레니우스의 주된 판단 기준이 효과적이었다: 전승은 사도적이고 보편적이다. 오리겐은 『원리론』(De principiis)의 서문에서 자신이 구속력이 있다고 생각하는 당시의 논거의 범위를 설명하려고 노력했으며, 앞으로 연구되어야 할 중요한 일련의 주제들을 인용했다.

심지어 신앙 안에서의 단절이 없는 교제와 성례전 안에도, 언어와 신앙훈련과 관련된 다양한 지역 전승들이 있었다. 이 점과 관련하여 로마 교회와 동방교회 사이에 벌어진 부활절 논쟁을 상기해야 한다. 그 논쟁에서는 고대 관습들의 권위에 관한 문제가 표면화되었다. 또 우리는 3세기에 있었던 카르타고와 로마, 로마와 알렉산드리아 사이의 논쟁, 그리고 5세기에 절정에 달했던 알렉산드리아와 안디옥 사이의 논쟁을 상기해야 한다. 이 치열한 신학적 논쟁의 시대에, 논쟁에 참여한 모든 집단들은 전승과 옛

---

15) See B. Reynders, "Paradosis: Le Progrès de l'idée de Tradition Jusqu'a Saint Irénée," *Recherches de Théologie Ancienne et Médiévale* 5(1933): 155-91; idem, "La polemique de Saint Irénée," *Recherches de Théologie et Médiévale* 7(1935): 5-27.

것에게 호소하곤 했다. 논쟁에서 양 진영은 일련의 옛 증거들을 수집했다. 이러한 증거들은 옛것이라는 사실 자체가 아니라 포괄적인 기초에 입각하여 정밀하게 조사되어야 했다. 성찬예배나 신학과 관련된 지역적인 전승들 중에서 에큐메니컬 합의의 권위에 따라 부인되는 것들도 있었다.

에베소 공의회 때에는 이미 다양한 신학적 전승들이 첨예하게 대립되었다. 그 공의회는 실제로 둘-키릴과 로마의 에큐메니컬 공의회, 그리고 동방의 *conciliabulum*-로 분열되었다. 비록 양측의 화해가 이루어지기는 했지만, 긴장은 여전히 존재하고 있었다. 지역적이기는 하지만 상당히 알려져 있는 유서 깊은 신학적 전승을 정죄한 가장 놀라운 예는 세 개의 헌장 사건이다. 이 때에 "교회와의 교제 안에서 평화로이 임종한 사람들의 믿음을 부인하는 것은 과연 어느 정도까지 공정하고 합법적인가?"라는 원리에 관한 문제가 제기되었다. 이 문제에 관해서 특히 서방에서 치열한 논쟁이 벌어졌으며, 그러한 소급적 판단을 반대하는 강력한 논거들이 형성되었다. 그럼에도 불구하고 제5차 에큐메니컬 공의회에서는 그 헌장들을 정죄했다. 에큐메니컬 합의에 따라 옛것들이 파기되었는데, 그것은 억지 해석일 수도 있다.

교부들에게 호소하는 것의 의미

세월이 흐르면서 옛것들에게 호소하는 방법의 기능과 특성은 변화되었다. 이레니우스나 터툴리안의 시대는 사도들이 활동하던 시대로부터 그다지 멀리 떨어진 시대가 아니었으며 사람들은 그 시대를 기억할 수 있었다. 실제로 이레니우스는 젊었을 때에 사도 요한의 직계 제자인 폴리캅으로부터 직접 가르침을 받았다. 그의 시대는 그리스도로부터 세 번째 세대에 불과했으므로 사도 시대의 기억이 아직 생생한 시대였으며, 기독교 역사의 범위는 간단하고 제한되어 있었다. 이 초기 시대의 주요 관심사는 사도적 토대들, 케리그마의 최초의 전달에 있었다. 따라서 그 시대에는 전승이란 주로 원래의 전언(傳言), 혹은 기탁을 의미했다. 약 1세기 동안 정확한 전언이라는 문제는 비교적 단순했는데, 특히 사도들 자신이 세운 교회에서 그러했다. 물론 감독 승계 목록에 충분한 관심을 기울였으며(예. 이레니우스나 헤게시푸스), 그러한 목록을 수집하는 일은 어렵지 않았다.

그러나 사도 시대로부터 더 멀리 떨어진 그 후의 세대에는 승계의 문제가 훨씬 더 복합적인 것으로 등장했다. 이처럼 새로운 상황에서 강조점이 최초의 사도성의 문제로부터 그 기탁물의 보존이라는 문제로 옮겨간 것은 지극히 자연스러운 현상이다. 전승은 전언(delivery)보다는 전달(transmission)을 의미하게 되었다. "승계"의 중개가 되는 연결고리의 문제가 특히 절박하게 대두되었다. 여기에서 문제가 되는 것은 충실한 증인들이었다. 이러한 상황에서 최초로 교부들의 권위에 호소하게 되었다. 그들은 한 세대에서 다음 세대로 전해진 케리그마의 영속성이나 정체성을 증언하는 사람들이었다.[16] 사도들과 교부들, 이 두 가지 용어는 일반적으로 흔히 3, 4세기에 전승에서 취한 논거 안에 연결되어 등장했다. 전승의 기원에 대한 언급, 그리고 확실하고 지속적인 보존에 대한 언급은 진정성을 보증하고 신앙을 보장해 주었다. 한편, 성경은 공식적으로 신앙의 기초요 토대로, 하나님의 말씀이며 성령의 문서로 인식되고 인정되었다. 그러나 올바른 성경해석의

---

16) See P. Smulders, "Le Mot et le Concept de Tradition chez les Pères," *Recherches de Science Religieuse* 40(1952): 41-62; and Yves M. J. Congar, *La Tradition et les traditions*, vol. 1, *Etude Historique*(Paris,1960), 57ff.

문제는 여전히 존재하고 있었다. 성경과 교부들의 글, 즉 케리그마와 성경 석의는 일반적으로 함께 인용되었다.

교부들의 글을 참조하거나 교부들에게 직접 호소하는 것은 니케아 공의회를 효시로 하는 에큐메니컬 공의회들 시대의 신학 연구와 논의의 두드러진 특성이었다. "교부"라는 용어의 의미가 한 번도 공식적으로 정의된 적은 없었지만, 초기 교회 저술가들에 의해서 이미 간헐적으로 사용되고 있었다. 종종 그 용어는 이전 세대에 활동했던 기독교 교사들과 지도자들을 지칭하기도 했다. 그러나 그것은 점차 기독교 교사요 신앙의 증인으로 임명된 감독들을 지칭하는 칭호가 되었다. 후일 그 칭호는 특별히 공의회에서 활동한 감독들에게 적용되었다. 이 모든 경우의 공통 요소는 가르치는 직무였다. "교부들"이란 올바른 교리, 사도들의 가르침을 전달하고 전파한 사람들이었다. 그들은 기독교 교육과 요리문답 분야의 지도자요 대가들이었다. 이런 의미에서 그 용어는 위대한 기독교 저술가들에게 적용되었다. 고대 교회에서 성경은 믿음과 교리의 유일한 지침서는 아니지만 주된 지침서였다. 그러한 이유 때문에 유명한 성경해석자들은 교부들로 간주되었다.[17]

교부들은 우선적으로는 교사(doctores, διδάσκαλοι)들이었다. 그리고 그들은 증인들(testes)이라는 점에서 교사들이었다. 이 두 가지 기능은 구분되어야 하지만 아주 밀접하게 얽혀 있다. 가르치는 것은 사도적 과업이었다: 그리스도께서는 사도들에게 "모든 민족들을 가르치라"고 명하셨다. 사도

---

17) See J. Fessler, *Institutiones Patrologiae*, ed. B. Jungmann, vol.1(Innsbruck, 1890), 15-57; E. Amann, "Pères de L'église," in *Dictionnaire de Théologie Catholique* 12.1192-1215; Basilius Steidle, "Heilige Vaterschaft," *Benediktinische Monatsschrift* 14(1932): 215-26; idem, "Unsere Kirchenväter," *Benediktinische Monatsschrift* 14(1932): 387-98, 454-66.

들의 증거의 권위는 바로 이 명령에 근거를 둔 것이다. 이와 관련해서 두 가지 중요한 점을 다루어야만 한다.

첫째, "교회의 교부들"이라는 표현에는 분명히 제한적인 강조점이 있다. 그들은 개인들로서 활동한 것이 아니라 교회를 위해서 교회의 이름 안에서 교회의 씨앗(*viri ecclesiastici*; 오리겐이 선호한 표현)으로서 활동했다. 그들은 교회의 대변인이요, 믿음의 주석가요, 전승의 보존자요, 진리와 믿음의 증인들이었다. 레렝의 빈센트의 표현을 빌리자면 "존경하는 스승"(*magistri probabiles*)이었다. 그들의 권위의 기초는 바로 그 점에 있었다.[18] 이것은 우리로 하여금 다시 대표라는 개념으로 돌아가게 한다. 조지 프레스티지는 다음과 같이 관찰했다.

"교회의 신조들은 교회의 가르침에서 성장해 나온 것이다. 이단은 일반적으로 새로운 신조의 형성을 유도하기보다는 옛 신조들을 더 엄격하게 만드는 결과를 낳았다. 그러므로 모든 신조들 중에서 가장 유명하고 중요한 신조인 니케아 신조는 원래 존재하던 팔레스타인 신앙고백의 개정판에 불과했다. 또 하나의 중요한 사실을 기억해야 한다. 진정으로 지적인 작업인 바 해석을 위한 중요한 견해는 신조들을 공포한 공의회들이 제공하는 것이 아니라 그 공의회들이 채택한 정식을 공급하고 설명한 신학 교사들이 제공한 것이다. 최종적으로 좋은 인상을 남긴 니케아 공의회의 가르침은 그 공의회 이전 100년 동안, 공의회 이후 50년 동안 활동한 지적 대가들의 견해를 대변

---

18) See Basilius Steidle, *Patrologia*(Freiburg, Germany, 1937), 9: "*qui saltem aliquo tempore per vinculum fidei et caritatis ecclesiae adhaeserunt testesque sunt veritatis catholicae.*"

한다."¹⁹

교부들은 공의회 참석 여부에 상관없이 공의회에 감화를 주었으며, 심지어 세상을 떠난 후까지도 감화를 주었다. 그런 까닭에, 칼케돈 공의회가 그랬듯이 공의회들은 자기들이 "거룩한 교부들을 따르고 있음"을 강조하곤 했다.

둘째, 구속력과 권위를 지닌 것은 교부들의 개인적인 견해가 아니라 교부들의 합의(consensus patrum)였다. 물론 교부들의 개인적 견해라고 해서 성급하게 무시해서는 안 될 것이다. 참되고 진정한 합의는 보편 교회의 정신을 반영했다.²⁰ 이레니우스는, "전승의 능력"은 언제 어느 곳에서나 동일하므로 교회 내의 각 지도자들의 강론이 지닌 특별한 힘이나 결점이 교부들의 증언의 동일성에 영향을 줄 수 없다고 주장하면서 바로 이러한 합의를 언급했다.²¹ 교회의 케리그마는 항상 동일하다.²² 참된 합의는 교회의 믿음이 지닌 이 영구적인 동일성을 드러낸다.²³

---

19) George L. Prestige, *Fathers and Heretics*(London, 1940), 8.

20) See Eusebius, *Historia Ecclesiastica* 5.28.6, quoting an anonymous third-century treatise, *Against the Heresy of Artemon*.

21) Irenaeus, *Adversus Omnes Haereses* 1.10.2.

22) Ibid., 3.24.1.

23) See George Florovsky, "Offenbarung, Philosophie und Theologie," *Zwischen den Zeiten* 9(1931): 463-80. Cf. Karl Adam, *Christus unser Bruder*(1926), 116f.: "계시, 철학과 신학"을 보라. (1931):463-80. 칼 아담, 우리의 형제 그리스도(1926), 116페이지 하단: "교회의 전래되어 오는 전통은 그리스도를 중심한 기초로부터 말없이 흐르고 있다. 이 기초로부터 나와 교회 자체는 해를 거듭할수록 미래의 인간성, 교육 그리고 정의를 위해 독재 세력을 뛰어 넘는다. 이러한 훈련을 통해 기독교적 정신이 존재하며 그리스도로부터 위임받은 임무가 궤도를 흐리게 하거나 위협받게 되며 또 거기에서 자신이 이미 추종해 온 전통, 그리고 오리겐, 어거스틴, 여기저기에 흩어진 사람들, 토마스 아퀴나스의 전통에 서서 교회가 머뭇거리지 않게 된다. 그 외에도 흔들리지 않는 기초가 있는데 그것은 역사의 경계선

에큐메니컬 공의회들의 가르치는 권위의 기초는 교회의 무류성(無謬性)에 있었다. 궁극적인 권위는 진리의 터와 기둥인 교회 안에서 주어진다. 물론 교회법적인 구속이나 재가를 신앙의 문제에 관한 종교회의의 결정 사항에 추가할 수는 있겠지만, 이것은 공식적이고 특수한 의미에서 하나의 교회법적인 권위가 아니다. 그것은 성령의 도우심에 기초를 둔 카리스마적인 권위이다("그것이 성령과 우리에게 유익한 듯하다").

으로부터, 원천적인 사실이며, 생명력이 넘치는 공동체의 경계선으로부터 이해되는 것이 아니라 작은 사색과 경험 그리고 그 지류가, 내가 보기에는 그리스도의 전달자로 자리를 잡아야 만 하고 그 외의 것은 저주의 대답이다. 교회 의식의 역사는 그리스도에게 고정되어 있으며 그리스도의 계속적인 명령 그 외의 것은 아니다. 그리스도만이 유일한 스승인 것이다." 실제적으로 위와 같은 감동적인 구절은 레린스의 빈 센트가 쓴 맨 처음의 연감 마지막 장에 나타나는 것과 거의 같다. 거기에서 그는 날카롭게 교회의 보편적이며, 공동체적인 의식과 개인들의 사적 견해 사이에 구별을 두고 있다. 확실한 방법은 거룩한 모든 교회 교사와 감독과 순교의 고백자 그리고 모든 교부들에게냐에 달려 있다.

본질적 전승과 비본질적 전승들

블라디미르 로스키

블라디미르 로스키(Vladimir Lossky:1903-58)는 유명한 러시아 철학자 니콜라이 로스키(1870-1965)의 아들이다. 그는 1922년에 러시아로부터 추방된 후 죽을 때까지 러시아의 망명자 공동체와 함께 파리에 살면서 활동했다. 로스키의 사후 몇 권의 저서가 출판되었지만, 그의 생전에는 단 한 권의 책이 출판되었는데, 그것이 바로 그의 유명한 고전인 『동방교회의 신비신학』(*Mystical Theology of the Eastern Church*)이다. 마이엔도르프는 그 책이 비잔틴 신학뿐만 아니라 중세 라틴 학자(에크하르트에 관한 그의 박사논문이 파리에서 간행되었다)인 로스키의 진수를 보여주며 "서방 기독교와 대화를 유지하면서 정교회 신앙을 보전하려는 두 가지 의도"를 유지하기 위한 것이라고 했다.

정교회는 자주 교부들의 합의(consensus patrum)에 호소하거나, 레렝의 빈센트가 해석한 바 교회는 "모든 장소에서, 항상, 모두에 의해" 신앙되어 온 것을 고수한다는 3중의 표준에 호소했다. 그러나 교회사가 보여주듯이, 이따금 교부들, 신조들, 공의회들이 서로 일치하지 않거나 심지어는 이단에 빠지기도 했다. 우리가 고수하고자 하는 본질적인 전승과 우리의 충성을 요구하는 많은 비본질적인 전승들을 어떻게 구분할 수 있을까? 로스키도 플로로프스키처럼 궁극적으로 "충만한 계시의 2중 상태"인 성육된 말씀과 성령의 역동적인 증거를 가리켜준다.

전승의 순수 개념

"전승"이란, 의미가 너무 다양하기 때문에 결국 어떤 의미도 소유하지 못할 위험을 안고 있는 용어들 중 하나이다. 그렇게 된 이유 중에는 "영성", "신비가", "교제" 등 많은 신학적 어휘를 세속적 표현으로 사용하기 위해서 본래의 기독교적 맥락에서 분리하여 가치를 저하시킨 세속화 현상이 있다. 만일 "전승"이라는 단어가 그러한 과정을 겪었다면, 그 과정은 한층 더 쉽게 이루어졌을 것이다. 왜냐하면 그 단어는 신학 용어로 사용될 때에도 모호하게 사용되기 때문이다. 사실, 만일 우리가 전승이라는 단어가 나타낼 수 있는 모든 의미를 보존함으로써 전승이라는 개념의 훼손을 피하려 한다면, 한 번에 많은 것을 포용하지만 전승의 진정한 의미는 전혀 포착하지 못하는 많은 정의들을 소유하게 될 것이다.

정확성이 필요한 경우에 과도한 내용은 파괴되고 일련의 협의(狹義)의 개념들이 만들어져야 하는데, 그것들은 전체적으로 교회의 전승이라고 불리는 생생한 실체를 표현하지 못한다. 어거스트 데네프(August Deneffe)의 해박한 저서인 『전승 이해』(*Der Traditionsbegriff*)[1]를 읽어 보면, 전승을 개념들로 표현할 수 있는 것인지, 또는 살아 있는 모든 것이 그렇듯이 전승에서는 지성이 넘쳐흐르는지, 그리고 그것은 정의되기보다는 묘사되어야 하는 것인지에 대한 질문이 제기된다. 실제로 독일의 요한 묄러(Johann Möhler)나 러시아의 알렉세이 코미아코프(Alexei Khomiakov) 등 낭만주의 시대에 활동한 일부 신학자들의 저서에서는 전승이 하나의 보편적 풍부함으로 등장하며 교회의 통일성, 보편성, 사도성, 혹은 자각-이것들은 계시된 진리에 대한 즉각적인 확신을 소유한다-과 구분되지 않는다.

처음 몇 세기 교부들의 저술에 나타난 전승의 이미지에 충실한 기술에 접하는 사람은 교회의 전승이 지닌 충만(*pleroma*)의 특성을 인식하려고 하지만, 동시에 모든 교리 신학에 부과되어진 특성들을 구분해야 할 필요성을 부인하지 못한다. 이러한 특성들을 구분하는 것이 항상 그것들을 분리하는 것은 아니며, 또 그것들을 반대하는 것도 아니다. 역종교개혁 시대의 논객들은 전승과 성령을 계시의 두 가지 근원으로 대조했는데, 그들은 암암리에 전승 안에서 성경의 것이 아닌 다른 실체를 인식했다는 점에서 처음부터 자기들이 반대한 개신교도들과 동일한 토대에 위치했다. 전승은 거룩한 책들-그 책들의 근본적인 통일성은 그 책들을 꿰뚫어 흐르면서 그 문자를 독특한 진리의 몸으로 변화시키는 살아 있는 호흡에 기인한다-의 가설(ὑπόθεσις)[2]이기보다는 성경과 관련하여 추가된 표면적 원리로 등장하곤 한다. 이후로 성경에 충만이라는 특성이 있다고 간주하는 교부들의 본

---

1) August Deneffe, *Der Traditionsbegriff, in Münsterische Beiträge Theologie* 18(Münster, 1931).

2) 이 표현은 Irenaeus, *Adversus Omnes Haereses* 1.1.15-20에서 취한 것이다.

문들은 이해하기 어렵게 된 반면,[3] 성경의 충분성이라는 개신교의 교리는 전승을 완전히 배제함으로 말미암아 부정적인 의미를 얻게 되었다.

전승 옹호자들은 나란히 놓인 두 개의 실체들-이 실체들은 각기 혼자서는 불충분한 실체들이다-을 통합해야 할 필요성을 증명해야 한다고 보았다. 이런 까닭에 성경의 수위권이나 전승의 수위권, 성경이나 전승의 독립적 권위, 성경과 전승의 내용이 완전히 다르다거나 부분적으로 다르다는 것 등과 관련된 일련의 거짓된 문제들이 제기되었다. 전승을 통해서 성경을 알아야 한다는 필요성은 어떻게 증명되어야 하는가? 성경과 전승을 분리할 때에 무시되는 그것들의 통일성을 재발견하려면 어떻게 해야 하는가? 만일 그 두 가지가 "완전한 것"이라면, 서로 대적하는 두 개의 완전한 것이라는 문제는 있을 수 없으며, 교회에 전해진 계시와 동일하게 충만한 두 가지 양태에 관한 문제만 있을 수 있다.

무엇을 분리하거나 나누는 구분은 결코 완벽한 것이 못되며, 또 완전히 근본적인 것도 아니다. 미지의 용어와 앞으로 알려져야 한다고 생각되는 반대 용어와의 차이점을 식별하는 것은 허락되지 않는다. 분리와 구분은 비슷하다. 그것은 서로 독립되어 있는 두 개의 객체를 나란히 놓는 것이다. 그러나 그렇게 하기 위해서는 무엇보다 먼저 하나의 객체에게 다른 객체의 특성들을 빌려 주어야 한다. 이 경우, 각기 독립된 계시의 원천인 성경과 전승을 나란히 놓으려 할 때에, 전승은 필연적으로 성경의 특성들을 부여받게 된다. 그리하여 그것은 다른 저술들이나 문서화되지 않은 "다른 귀중한 말들", 즉 교회사의 수평적 차원에서 교회가 성경에게 추가할 수

---

3) See L. Bouyer, "The Fathers of the Church on Tradition and Scripture," *Eastern Churches Quarterly* 7(1947), special issue on Scripture and Tradition.

있는 모든 것들의 총체가 된다. 그러므로 우리는 한 편으로는 성경이나 성경적 정경을 발견하며, 다른 편에서는 교회의 전승을 발견한다.

그런데 전승은 다시 가치에 있어서 동등하지 않은 몇 개의 계시의 원천들 혹은 신학의 소재지(loci theologici)-에큐메니컬 공의회 혹은 지역 공의회의 결정사항들, 교부들의 저술들, 교회법에 관한 규정들, 성찬예배, 이콘학, 경건에 관한 수행들 등-로 세분될 수 있다. 그 경우 이것들을 본질적인 "전승"(tradition)이라고 부를 수 있을까? 그보다는 트렌트 공의회의 신학자들이 말한 것처럼 비본질적인 "전승들"(traditions)이라고 부르는 것이 더 정확하지 않을까? 이 복수형은 성경과 전승을 구분하지 않고 분리하여, 전자가 성경에 추가된 구두 증언이나 문서화된 증언들에 후자를 투사하며 그것을 수반하거나 그것을 따를 때에 의미되는 것을 잘 표현한다. 베르그송 철학의 지속의 직관에서 공간에 투사된 시간이 하나의 장애물을 제공하듯이, 본질적인 전승에 대한 질적인 관념을 비본질적인 전승들의 양적인 영역에 투사할 때에는 본질적인 전승의 참된 특성이 드러나기보다는 오히려 감추어진다. 왜냐하면 전승들은 자체를 제한하는 모든 결정들의 구속을 받지 않기 때문이다.

만일 전승이라는 용어가 오직 신앙의 진리들의 구두 전달을 지칭하는 데에만 사용된다면, 보다 순수한 개념으로의 진보가 이루어진다. 전승과 성경의 분리는 여전히 존재한다. 그러나 사람들은 계시의 두 원천을 분리하는 대신에 그것을 전달하는 두 가지 방식, 즉 구두 전파와 성문화를 대조시킨다. 그렇게 되면 하나의 범주에는 살아 있는 가르침의 권위자가 전파한 신앙의 메시지 및 그 후계자들과 사도들이 전파한 것들을 놓으며, 또 하나의 범주에는 성경을 비롯하여 계시된 진리에 관한 모든 성문화된 표현들을 배치할 필요성이 생긴다(후자에 속하는 것들에 대해 교회가 인정하는 권위에는 차이가 있다). 사도들이 전파한 메시지의 구두 전달이 신약 정경에 성문화된 형태로 기록되는 일보다 선행했으므로, 이러한 접근 방법은 전승이 성경보다 우위에 있음을 확인한다. 심지어 교회가 성경 없이 견딜 수 있지만, 전승이 없이는 존재할 수 없다고 말할 가능성도 있을 것이다.

전승에 대해 순수한 정의를 내리려는 이러한 시도는 어느 한도까지만 옳다. 사실 교회는 항상 계시된 진리를 소유하며, 교회는 그것을 선포에 의해서 표명한다. 그것은 기록되지 않은 채 보존되며 입에서 입으로 전해질 수도 있다.[4] 그러나 성경과 전승의 구분 가능성이 주장되지만, 지금까지 그것들은 근본적으로 구분되지 않았다. 우리는 표면적으로는 기록된 책들과 생생한 음성으로 발언된 설교들을 대조시킨다. 두 경우 모두 전파되는 말씀에 관한 것이다. 여기에서 신앙의 전파는 둘 사이의 대조를 제한하는 공통된 토대 역할을 한다. 그러나 그것은 전승을 성경과 유사한 것으로 만들어주는 무엇을 전승에게 부여하는 것이 아닐까? 전승에 대한 순수한 개념을 찾는 일에 있어서 더 앞으로 전진하는 것은 불가능할까?

비밀이 비입문자에 의해 노출되는 것을 방지하기 위해서, 때로 처음 몇 세기 동안에 활동한 교부들에게서 찾아볼 수 있는 여러 가지 의미들 중에서 밝혀지지 않고 비밀로 보존되어온 가르침이 전승 안에 받아들여진다.[5] 바실은 도그마와 케리그마를 구분하면서 이것을 분명하게 표현했다.[6] 여

---

4) Irenaeus, *Adversus Omnes Haereses* 3.4.1는 이러한 가능성을 예견하고 있다.

5) Clement of Alexandria, *Stromata* 6.61.

6) Basil, *De Spiritu Sancto* 27, in *Patrologia Graeca*(PG), ed. J. P. Migne, 162 vols.(Paris, 1857-66), 32.188A-93A.

기에서 "도그마"는 오늘날과는 반대되는 의미를 가진다. 그것은 교회가 크게 선포한 교리적 정의가 아니라 "교부들이 침묵함으로써 신비의식들의 신성한 특성을 안전하게 지킬 수 있음을 알고서 호기심 등에 동요되어 출판하지 않고 침묵 속에 비밀로 보존해온 교훈(διδασκαλία)"이다.[7] 한편 케리그마(신약성경의 "선포")는 교리적 정의,[8] 의식 수행에 관한 공식 규정,[9] 교회법에 관한 결의사항,[10] 또는 교회의 공 기도문[11] 등의 공개적인 선포이다.

비록 감추인 사도전승을 소유하고 있다고 주장한 영지주의자들의 비전(*doctrina arcana*)을 상기시키지만,[12] 바실이 말하는 기록되지 않은 비밀 전승은 그것과는 확연히 다르다. 첫째, 이미 언급한 바 있는 본문에서 바실이 이미 제시한 예들은 신비의식들과 관련된 바실의 표현들이 기독교 공동체 내부에 있는 소수의 완전한 사람들—비법을 전수받은 무리—에 관한 것이 아니라 교회의 성례전적 삶에 참여하는 신자들(여기에서는 입문을 위한 성례를 위해 요리문답을 준비해야 하는 비입문자와 대조된다) 전체에 관한 것임을 보여준다. 둘째, 비밀 전승(δόγμα)은 공표될 수 있으며, (이단과의 싸움에서처럼) 교회가 어쩔 수 없이 선포해야 할 상황에 처했을 때에는 케리그마(κήρυγμα)가 된다.[13] 따라서 만일 사도들로부터 받은 전승들이 기록되지 않

---

7) Ibid., 188C-89A.

8) Basil, *Epistolae* 51(PG 32.392C) calls ὑμοούσιος "The great declaration of piety(τὸ μέγα τῆς εὐσεβείας κήρυγμα) which has made manifest the doctrine(δόγμα) of salvation" (see also *Epistolae* 125[PG 32.548B]).

9) Basil, *Homilia de Ieiunio* (PG 31.185C).

10) Basil, *Epistolae* 251 (PG 32.933B).

11) Basil, *Epistolae* 155 (PG 32.612C).

12) Ptolemy, *Letter to Flora* 7.9.

13) 이런 의미에서 동일본질은 전형적인 예이다. 성령의 신성이라는 주제에 관한 바실의 해석은 교사의 배려에 의해서만 아니라 비밀 전승의 개념에 의해서도 설명된다. .

은 상태로 남아 있으며, 비밀 엄수의 규율에 예속되어 있다면, 만일 신자들이 항상 그것들의 비밀한 의미를 아는 것이 아니라면,[14] 이것은 교회의 지혜로운 섭리에 기인한다. 교회는 공개적인 선포가 반드시 필요한 한도까지만 그 비밀들을 밝힌다. 여기서 사람들은 복음의 모순들 중 하나에 직면한다. 한 편으로 사람들은 거룩한 것을 개에게 주지 말며 진주를 돼지에게 주지 말아야 한다(마 7:6). 반면에 "감추인 것이 드러나지 않을 것이 없고 숨은 것이 알려지지 않을 것이 없다"(마 10:26; 눅 12:2). 바실이 공개적인 구두 선포와 대조시킨 바 비밀과 침묵 속에 지켜진 전승들은 사람들로 하여금 "어두운 데서" 말했으나 "광명한 데서" 말해지며, "귓속으로" 들었으나 "집 위에서" 전파될 말들을 생각하게 한다(마 10:27; 눅 12:3).

이제 이것은 구두 전파와 문서 전파의 대조가 아니다. 여기에서 전승과 성경 사이의 구분은 문제의 핵심으로 꿰뚫고 들어가며, 한 편에는 비밀 속에 보존되었으므로 문서로 기록되어서는 안 되는 것을 배치하고, 반대편에는 선포의 주제이며 일단 공개적으로 선포된 후에는 성경 측에 배열될 수 있는 모든 것들을 배치한다. 바실 자신은 몇몇 전승들의 비밀을 기록하여 그것들을 케리그마로 변화시키는 것이 적절하다고 판단하지 않았던가?[15] 이 새로운 구분은 사도들로부터 받은 바 숨겨져 보관되어온 구전 교훈들과 모든 사람들이 알도록 하기 위해 교회가 제공하는 것들을 대조함으로써 전승의 비밀한 특성을 강조한다. 이런 까닭에 그것은 복음을 손상시켜야만 배제할 수 있는 사도전승들의 바다에 케리그마를 가라앉힌다. 게다가 만일 누군가가 이러한 일을 행한다면, "그는 선포되는(τὸ κήρυγμα)

---

14) Basil, *De Spiritu Sancto* 27 (PG 32.189C-92A).

15) Ibid., 192A-93A

가르침을 의미 없는 단순한 명사"로 변화시키게 될 것이다.[16] 바실이 제공한 이러한 전승들의 몇 가지 예는 모두 교회의 성례전적·전례적 삶과 관련된다(십자가 상징, 세례 의식들, 기름 축성, 성령의 임재를 구하는 기도, 기도할 때에 동쪽을 향하는 관습, 그리고 주일 예배 및 오순절 기간에 계속 선 자세를 유지하는 것 등). 만일 하루 종일 걸려도 다 상술할 수 없을 만큼 많은 성문화되지 않은 관습들, 교회의 신비들이 성경의 진리(그리고 모든 케리그마의 참 의미)를 이해하는 데 필요하다면,[17] 비밀 전승들은 분명히 기독교적 지식의 "신비한 특성"을 가리킨다. 사실, 계시된 진리는 죽은 문자가 아니라 살아 있는 말씀이다. 그것은 "만세와 만대로부터 감추어졌던 것인데 이제는 그의 성도들에게 나타난 비밀"(골 1:26)이나 "성례전"을 통해서 교회 안에서만 획득할 수 있다.[18]

바실이 언급한 바 교회의 성문화되지 않은 전승들이나 신비들은 정식 전승과의 경계를 형성하며, 정식 전승의 특성 중 일부를 어렴풋이 제공한다. 요컨대, 성례전적 입문이라는 사실을 통해서 계시된 비밀에 참여한다. 이것은 새로운 지식, 은혜로 받는 하나님의 지식이다. 바실은 이 지식의 은사가 세례 때에 행하는 삼위일체 신앙고백, 즉 우리를 빛으로 인도해 주는 거룩한 정식인 전승 안에서 수여된다고 본다.[19] 여기서 주님의 말씀에서 받아들여졌고 사도들 및 그 계승자들에 의해서 전달된 전승들의 수평선은 수직선인 전승-계시된 진리의 각 단어 안에서 비밀에 대한 무한한

---

16) Ibid., 188AB.

17) Ibid., 188A,192C-93A.

18) 초대 시대 저술들에서의 성례전의 신비적 의미에 관해서, 그리고 이 두 용어의 동일시에 관해서 Odo Casel, *Das Christliche Kultusmysterium* (Regensburg, 1932), 105ff.을 보라.

19) Basil, *De Spiritu Sancto* 10 (PG 32.113B).

조망을 교회의 지체들에게 개방시켜주는 성령과의 교제-과 교차한다. 그리하여 바실이 우리에게 제시한 것과 같은 전승들에서 출발하여 더 앞으로 나아가며 그 전승들과는 구분되는 전승을 인정할 필요가 있다.

만일 우리가 최종적인 구분을 하지 않은 채 문서화되지 않은 비밀 전승에 대한 질문을 그만둔다면, 우리는 여전히 전승(παραδόσεις)의 수평적 차원에 머물러 있게 될 것인데, 그 차원에서는 전승이 성경의 영역 안에 투사된 상태로 우리에게 나타난다. 이 비밀 전승들을 성경으로부터 분리하거나, 혹은 보다 일반적으로 케리그마로부터 분리하는 것은 불가능하겠지만, 우리는 언제나 비밀리에 발언되거나 침묵 속에 지켜진 말인 비밀 전승들을 공개적으로 선포된 말들과 대조할수는 있을 것이다. 그러나 사실상 전승을 성경 즉 말씀과 연결시켜 주며, 감추인 전승들과 공개적인 케리그마를 대조하기 위한 기초 역할을 하는 마지막 요소가 남아 있는 한 최종적인 구분은 아직 이루어지지 않은 것이다. 전승의 순수한 개념을 분리해 내기 위해서, 교회의 수평선 상에 투영된 것들을 전승에서 제거하기 위해서는, 비밀한 말들과 크게 선포된 말들을 대조하는 것을 초월하여 전승들과 케리그마를 대조시키기보다는 함께 다루는 일이 필요하다. 그 두 가지에는 비밀리에든지 그렇지 않든지 간에 말에 의해서 표현된다는 공통점이 있기 때문이다. 그것들은 항상 발언되거나 기록된 단어들, 혹은 시각적 표명에 의해서 이해에 호소하는 무언의 언어(이콘, 의식과 관련된 몸짓 등)라는 언어 표현을 함축한다. 이와 같은 일반적인 의미에서 보면, 단어는 하나의 개념을 지칭하기 위해서 사용되는 특별한 하나의 표면적 상징이 아니라, 하나의 본체를 취하여 분명히 발음된 담화나 그 밖의 외적인 표현 형태와 연합함으로써 선언되고 이해할 수 있도록 정의된 하나의 내용이다.

만일 단어의 본질이 그러한 것이라면, 계시되고 알려진 것 중에 단어와 관련되지 않는 것은 하나도 없다. 성경이든, 케리그마이든, 혹은 침묵 속에 지켜져온 사도들의 전승들이든 간에 로고스(λόγος) 또는 로기아(λόγια)라는 단어는 계시된 진리의 표현을 이루는 모든 것에 동등하게 적용될 수 있다. 사실상 이 단어는 교부들의 문헌에서 성경과 신앙의 상징들을 지칭하기 위해서 지속적으로 되풀이하여 사용된다. 그러므로 존 카시안(John Cassian)은 안디옥 학파의 상징이라는 주제에 관해서 다음과 같이 말한다: "그것은 주께서 모든 성경들의 의미를 간략하게 포함하도록 하기 위해서 자신의 두 언약의 믿음을 몇 마디 말로 축소하여서 주신 요약된 단어이다."[20]

만일 어떤 사람이 성경을 하나님에 대한 말들의 수집물이 아니라 하나님의 말씀이라고 생각한다면, 그 사람은 왜 오리겐 이후로 두 약속의 저술들 안에 있는 신적 로고스의 존재를 성경을 "성취"시킨 말씀의 성육신과 동일시하려는 소원이 존재했는지를 이해할 것이다. 오리겐 이전에, 안디옥의 이그나티우스는 성경을 단순히 하나의 역사적 문서-수집 자료-로 보며 구약성경의 본문들에 의해서 복음을 정당화하기를 거부하면서 다음과 같이 선언했다: "나의 수집 자료는 예수 그리스도이다. 내가 가진 신성한 수집 자료들은 그리스도의 십자가와 죽음, 부활, 그리고 그분에게서 비롯된 믿음이다. …그분은 성부의 문으로서, 그 문에 의해서 아브라함, 이

---

20) John Cassian, *De Incarnatione* 6.3, in *Patrologia Latina* (PL), ed. J. P. Migne, 221 vols.(Paris, 1844-64), 50.149A. See also Augustine, *De symbolo* 1(PL 40.628), and Cyril of Jerusalem, *Catechesis* 5.12(PG 33.521AB).

삭, 야곱, 선지자들, 사도들, 그리고 교회들이 들어간다."[21] 만일 말씀의 성육신이 성경은 진리의 문서가 아니라 진리의 살아 있는 몸이라는 것을 의미한다면, 성경은 그리스도의 유일한 몸인 교회 안에서만 소유할 수 있다.

이제 다시 성경의 충분성이라는 개념으로 돌아간다. 그러나 여기에 부정적인 것은 없다. 이 개념은 교회를 제외시키는 것이 아니라 교회 및 성례전, 제도들, 그리고 사도들이 전한 교훈들을 함께 취한다. 이 성경의 충분성, 완전성은 교회가 만들 수 있는 동일한 진리의 여러 상이한 표현들을 배제하지도 않는다(이것은 교회의 머리이신 그리스도의 완전성이라는 개념이 그의 영광스러운 인성의 보완물인 교회를 배제하지 않는 것과 같다). 우리는 이콘 수호자들이 말씀의 성육신이라는 사실에 입각하여 기독교 이콘 연구의 가능성을 세웠음을 알고 있다. 성경과 마찬가지로 이콘들도 표현될 수 없는 것들의 표현들이며, 성자의 성육신 안에서 성취된 하나님의 계시 덕분에 가능해진 것이다. 같은 사실이 교리적 정의들, 성경 석의, 성찬예배 등 말씀의 완전성 안에 참여하는 그리스도의 교회 내의 모든 것에 적용된다. 이와 같이 성육하신 말씀의 전체주의적인 특성 안에서는, 계시된 진리를 표현하는 모든 것이 성경과 관련된다. 만일 모든 것이 "성경"이 된다면, 세상은 기록된 책들을 두기에 부족할 것이다(요 21:25).

말씀의 성육신이라는 사실에 의해서 초월적인 신비의 표현이 가능해졌으므로, 그리고 그것을 표현하는 모든 것들이 어떤 점에서 성경과 병행하는 거룩한 책들이 되므로, 전승과 성경적인 실체를 연결시켜 주었을 것이라고 생각되는 모든 것들을 제거하여 순수한 개념을 찾으려 하는 대상인

---

21) Ignatius of Antioch, *To the Philadelphians* 8.2;9.1.

전승은 최종적으로 어디에 있는가에 대한 질문이 제기된다. 앞에서 말한 바와 같이, 그것은 말씀에 의해서 결정되는 전승들의 수평선 상에서 찾아지는 것이 아니다. 만일 우리가 그것을 말씀의 실체에 속한 모든 것과 대조시키려 한다면, 전승은 침묵이라고 말해야 할 것이다. 안디옥의 이그나티우스는 "진실로 예수의 말씀을 소유한 사람은 그 말씀의 침묵까지도 들을 수 있다"고 말한다.[22] 내가 아는 한, 전승에 관한 교부들의 글을 풍부하게 인용했으며 전승이라는 단어가 분명히 언급되는 본문들이 다른 본문들보다 더 설득력이 있다고 주장한 많은 연구서에서는 이 본문이 사용된 적이 없다.

이그나티우스가 예수의 말씀을 소유한 사람들이 지녔다고 표현한 바 예수의 침묵을 듣는 능력은 그리스도께서 그의 청취자들에게 되풀이하신 호소에서도 울려 퍼진다: "들을 귀 있는 자는 들을지어다." 계시의 말씀들은 외부 사람들은 들을 수 없는 한계, 즉 침묵을 소유한다. 바실은 전승들에 관한 다음과 같은 구절에서 동일한 방향을 지향한다: "거기에는 또 하나의 침묵의 형태, 즉 성경에서 사용하는 난해함이 있다. 그것은 독자들의 유익을 위해서 교훈들에 대한 이해를 획득하기 어렵게 하려는 의도를 지닌다."[23] 침묵이라는 이 특성은 성경으로부터 분리될 수 없다. 그것은 계시의 말씀들을 받아들이는 조건으로서 계시의 말씀들과 함께 교회에 의해 전해진다. 만일 그것을 말씀과 대조시킬 수 있다면(이 일은 항상 말씀들이 계시된 진리를 표현하는 수평적 차원에서 이루어진다), 말씀에 수반되는 이 침묵은 어떤 불충분성이나 계시의 완전성의 결여를 의미하지 않을 것이며, 또한 거

---

22) Ignatius of Antioch, *To the Ephesians* 15.2.

23) Basil, *De Spiritu Sancto* 27 (PG 32.189BC).

기에 어떤 것을 더할 필요성을 함축하지도 않을 것이다. 그것은 계시된 신비가 완전하게 받아들여지기 위해서는 수직적 차원으로의 변화가 요구된다는 것을 의미한다. 그렇게 되면 사람들은 모든 성도들과 함께 계시의 너비와 길이뿐만 아니라 깊이와 높이까지 이해할 수 있을 것이다(엡 3:19).

우리가 도착한 지점에서는 더 이상 성경을 전승과 대조할 수 없으며, 그것들을 두 개의 분명한 실체로 간주하여 나란히 놓을 수도 없을 것이다. 그러나 우리는 그것들을 구분해야 한다. 그것들의 구분할 수 없는 통일성—이것은 자신의 완전한 특성을 교회에 주어진 계시에게 빌려준다—을 파악하면 더 좋을 것이다. 성경, 그리고 교회가 문서나 말로, 또는 형상이나 전례적 상징으로 만들어낼 수 있는 모든 것들은 진리를 표현하는 방식들인 반면, 전승은 그것을 받아들이는 유일한 방법이다. 우리는 획일적인 방법이라고 말하지 않고 특별하게 유일한 방법이라고 말하는데, 그 이유는 순수한 개념의 전승에는 형식적인 것이 전혀 속하지 않기 때문이다. 그것은 인간의 의식에게 신앙의 진리들에 대한 공식적인 보증들을 강요하지 않고, 다만 그것들의 내적 증거를 발견하는 통로를 제공해 준다. 전승은 계시의 내용이 아니라 그것을 드러내주는 빛이다. 그것은 단어가 아니라 그것의 원천인 침묵과 같은 시간에 말을 듣게 해주는 살아 있는 호흡이다.[24] 그것은 진리가 아니라 진리의 영의 전달이며, 그것을 벗어나서는 진리를 받을 수 없다. "성령으로 아니하고는 누구든지 예수를 주시라 할 수 없느니라"(고전 12:3).

그러므로 순수한 전승의 개념은 교회 안에 있는 성령의 삶으로서 그리

---

24) Ignatius of Antioch, *To the Magnesians* 8.2.

스도의 몸의 각 지체들에게 인간 이성의 본성적인 빛이 아닌 그 자체의 빛에 의해서 진리를 듣고 받고 아는 능력을 전해 주는 것이라고 정의할 수 있다. 이것은 "사람의 전통과 세상의 초등학문을 따름이요 그리스도를 따름이 아닌"(골 2:8) 삶을 사는 모든 사람들과 모든 철학과는 다른 것으로서 신적인 빛의 행동에 기인하는 참된 지식, 특이한 전승이다. 이 자연의 모든 조건, 역사의 모든 우연성으로부터의 자유는 전승의 수직선의 첫 번째 특성이며, 기독교적 지식이 지닌 본질적인 특성이다: "진리를 알지니 진리가 너희를 자유롭게 하리라"(요 8:32). 우리는 성령을 받지 않으면 계시의 말씀을 이해할 수도 없고 진리도 알 수 없다. 그리고 "주의 영이 계신 곳에는 자유가 있다"(고후 3:17).[25] 이 세상의 아들들이 처한 노예 상태와 반대되는 바 하나님의 자녀들이 누리는 이 자유는, 하나님을 아는 사람들이 자신이 예배하는 하나님을 대하는 자유로움에 의해서 표현된다. 왜냐하면 그들은 "영과 진리로" 아버지를 예배하기 때문이다(요 4:23-24).

우리는 성경과 전승을 구분하려는 희망에서, 본질적인 전승을 성경적 실체와 비슷하게 만들 가능성이 있는 모든 개념을 제거하려 했다. 우리는 본질적인 전승을 비본질적인 전승들로부터 구분하고, 성경과 모든 진리의 표현과 아울러 전승들을 동일한 수평선 상에 배열해야 했는데, 그러한 수평선 상에서 우리는 전승을 지칭하는 데 적절한 명사는 침묵뿐임을 발견했다. 수평적 차원에서 전승의 투사를 받아들일 수 있는 모든 것들로부터 전승을 분리한 후에, 분석의 결론에 이르기 위해서는 또 하나의 차원에 들어가야 한다. 구상적 관념들을 일반적인 개념들로 분해하는 플라톤과 아

---

25) 이 본문에 대한 바실의 해석을 위해서는 *De Spiritu Sancto* 20 (PG 32.164C-65C)을 보라.

리스토텔레스 이후의 철학적 분석과는 달리 우리의 분석은 궁극적으로 우리를 별개의 위격이지만 분리할 수 없이 연합되어 있는 진리와 성령, 말씀과 성령에게로 인도한다. 이 두 위격의 이중적 섭리는 교회를 세우는 동시에 성경과 전승의 분리할 수 없는 분명한 특성을 좌우한다.

교회 생활에서 전승의 구체적 역할

우리의 분석의 절정-충만한 계시의 이중 상태인 바 교회 내의 성령과 성육하신 말씀-은 하나의 녹음재생기 역할을 하는데, 거기서부터 종합의 새로운 길이 출발되며, 교회 생활의 구체적인 실체들 안에서 전승에게 타당한 위치를 배정해 준다. 우선적으로 성부의 보냄을 받은 두 거룩한 위격들의 섭리 안에서 이중의 상호관계를 세울 필요가 있다. 한 편으로 말씀은 성령에 의해서 동정녀 마리아에게서 성육하셨다. 반면에, 오순절 날에 성령이 교회의 지체들에게 강림하신 것은 말씀의 성육신과 구속 사역에 따라서 말씀에 의해서 이루어진 일이다. 첫 번째 사례에서, 동정녀 마리아가 인간이 되기 위해 오시는 하나님의 아들을 잉태하기 위해서 성령이 먼저 성육신이라는 목적을 가지고 오신다. 여기에서 성령의 역할은 기능적인 것이다. 그분은 성육신의 능력, 말씀을 받아들이기 위한 실질적인 조건이시다. 두 번째 사례에서, 먼저 오시는 분은 성자이시다. 그렇기 때문에 그분은 아버지로부터 오시는 성령을 보내신다. 그러나 주된 역할을 하시는 분은 성령이시며, 그분은 목표가 되신다. 왜냐하면 그리스도의 몸의 지체들을 은혜에 의해서 신화(神化)시키기 위해서 그들에게 그분이 전해지기 때문이다. 그러므로 여기에서 성육하신 말씀의 역할이 성령과 관련해서는 기능적인 것이다. 그것은 성화의 표준, 성령을 받기 위한 공식적인 조건이다.

모스크바의 필라레트(Philaret)의 견해에 의하면, 참되고 거룩한 전승은 "교훈들, 규칙들, 제도들, 그리고 의식들의 시각적·언어적 전달 안에만 존재하는 것이 아니다. 그것은 은혜와 성화를 눈에 보이지 않지만 실질적으로 전달하는 것이기도 하다."[26] 만일 전달되는 것(구전 전승과 기록된 전승들)과 이 전달이 성령 안에서 받아들여지는 특이한 양식(기독교 지식의 원리인 전승)을 구분해야 한다 해도, 이 두 가지를 분리하는 것은 불가능할 것이다. 이런 까닭에 "전승"이라는 용어의 양의성(兩義性)이 형성된다. 다시 말해서 교회가 소유한 진리의 수평선과 수직선을 동시에 지칭하게 된다. 모든 신앙의 진리의 전달은 성령의 은혜의 전달이다. 실제로 "선지자들에 의해서 말씀하신" 성령을 떠나게 되면, 교회는 전달되는 것을 진리의 말씀-하나님의 감동하심으로 된 거룩한 책들과 유사하며 성경과 함께 성육하신 말씀에 의해서 "요약된" 말씀-으로 인식할 수 없다. 오순절에 불어온 불의 바람, 아버지에게서 나오며 아들에 의해 보내지는 진리의 영의 전달은 교회의 최고 기능-계시된 진리에 대한 의식, 성령의 빛 안에서 참과 거짓을 판단하고 분별하는 능력-을 구체화한다("성령과 우리는…옳은 줄 알았노니" [행 15:28]). 만일 성육하신 말씀에 의해 계시된 진리를 판단하는 유일한 기준이 보혜사라면, 그분은 또한 성육신의 원리이기도 하다. 왜냐하면 동정녀 마리아로 하여금 하나님의 어머니가 되는 능력을 받게 하신 바로 그 성령이 말씀의 기능, 즉 진리를 분명한 정의나 감지할 수 있는 형상들과 상

---

26) Quoted by George Florovsky, *The Ways of Russian Theology* (in Russian) (Paris, 1937), 178.

징들-전승에 속하는 것인지의 여부를 교회가 판단해야 하는 신앙의 문서들-로 표현하기 위한 능력으로 행동하신다.

　이러한 고찰은 우리로 하여금 또다시 전승과 교회에 의해 받아들여지고 표현되는 계시된 진리의 관계를 발견할 수 있게 해 준다. 앞에서 살펴본 바와 같이, 전승의 주된 개념은 계시된 내용이 아니라 계시를 받아들이는 특이한 양식, 성령의 혜택인 기능이다. 성령은 교회로 하여금 창세기의 천지 창조에서부터 묵시록의 새 하늘과 새 땅에 이르는 신적 섭리의 비밀들은 물론이요, 성부와 성육하신 말씀의 관계를 알게 해준다(이 지식은 최고의 지식이며, 초대 시대의 교부들이 볼 때에는 올바른 의미에서의 "신학"이었다). 말씀의 성육신에 의해서 요약된 하나님의 섭리의 역사는 그 말씀께서 신구약 성경을 요약하실 때에 성경을 통해서 알려진다. 그러나 이러한 성경의 통일성은 오직 전승 안에서, 그리스도의 특이한 몸의 지체들에게 전달된 성령의 빛 안에서만 인식할 수 있다. 종교를 연구하는 역사가가 볼 때에 수세기 동안 여러 가지 상이한 종교적 전승들을 모아 융합시킨, 여러 저자들에 의해 기록된 구약성경의 책들은 우연하고 기계적인 통일성을 가지고 있다. 그의 입장에서, 그 책들과 신약성경의 책들의 통일성은 인위적이고 부자연스럽게 보일 것이다. 그러나 교회에 속한 사람은 동정녀 마리아로 하여금 하나님의 성육을 위한 도구 역할을 하게 하는 데 있어서 말씀보다 앞서신 성령에 의해서 짜여진 이 서로 다른 불규칙한 저술들 안에서 특이한 목적과 영감의 통일성을 인식할 수 있을 것이다.

　거룩한 책들의 영감의 통일성은 교회 안에서만 완전히 인식될 수 있다. 왜냐하면 교회만이 전승-성령 안에서 갖는 성육하신 말씀에 대한 지식-을 소유하기 때문이다. 신약성경 정경이 비교적 늦게 어느 정도의 망설임과 더불어 형성되었다는 사실은, 전승은 결코 자동적인 것이 아님을 보여준다. 그것은 교회가 오류가 없는 확실한 의식을 갖는 조건이지, 개인들의 의식을 벗어나거나 초월해서, 모든 판단과 생각을 벗어나서 오류가 없이 확실하게 진리를 알려주는 메커니즘이 아니다. 만일 전승이 성령의 빛 안에서 판단하는 기능이라면, 그것은 전승 안에서 진리를 알고자 하는 사람들로 하여금 끊임없이 노력하도록 강요할 것이다. 우리는 어떤 역사적 타성에 의해서, 습관의 힘에 의해서 어떤 경건한 감각을 즐겁게 해주는 모든 것을 교부들로부터 받은 전승으로 보존함에 의해서 전승 안에 남아 있는 것이 아니다. 반대로, 우리가 교회 안에 살아 계신 성령의 전승을 이러한 종류의 "전승들"로 대치하게 되면, 그리스도의 몸 밖에서 자신을 찾는 모험을 하게 된다.

보수적인 태도만 유익하다고 생각해서는 안 되며, 또 이단자들이라고 해서 항상 혁신자들이라고 생각해서도 안 된다. 교회는 성경의 정경을 확립한 후에 그것을 전승 안에 보존하고 있지만, 그것은 정적이고 타성적인 것이 아니라 역동적이고 의식적인 것이다. 즉 "흙 도가니에 일곱 번 단련한 은같이 순결한 여호와의 말씀"(시 12:6)을 새로 순결하게 하시는 성령 안에서 보존한다. 만일 그것이 결여된다면 교회는 죽은 본문, 이미 끝나버린 시대의 증언을 보존하는 것일 뿐, 새로운 성경 교정판의 존재나 각기 다른 옛 사본들의 존재와는 상관없이 소유하는 계시의 완전한 표현, 생명을 주는 살아 있는 말씀을 보존하는 것이 아니다.

혹자는 전승이 교회의 비판적인 정신을 반영한다고 말할 수도 있을 것이다. 그러나 인간 학문의 비판적 정신과는 달리, 교회의 비판적 판단은 성령에 의해서 예리하게 되며, 따라서 상당히 다른 원리, 즉 감소되지 않는 계시의 충만을 소유한다. 그러므로 어쩔 수 없이 변조된 신성한 본문들을 바로잡아야 할 교회(어떤 전통주의자들은 어떤 대가를 치르고서라도 그러한 변조된 내용들을 보존하려 하며, 일부 신비한 의미가 부여된 것을 어리석은 필사자의 탓으로 돌리기도 한다)는 동시에 후대에 삽입된 것들(예를 들면 요한일서 5:7의 "증언하는 이가 셋이니")도 계시된 진리의 참된 표현임을 인정할 수 있을 것이다. 따라서 여기에서 진정성의 의미는 역사적 학문에서의 의미와는 전혀 다르다.[27]

성경뿐만 아니라 사도들로부터 받은 구전 전승들도 오직 전승-교회에 반드시 필요한 전승들의 참된 의미와 의의를 드러내주는 빛-에 의해서만 보존되어왔다. 여기에서 다른 곳에서보다 더 전승이 비판적 활동을 하며, 부정적이고 독점적인 면을 보여준다. 전통주의적 입장에서 교회의 삶으로 하여금 습관의 힘에 의해 그 상태에 머물러 있으라고 하는 모든 것을 무조건 믿고 받아들이는 사람들이 경건하게 받아들인 "망령되고 허탄한 신화"(딤전 4:7)를 그것은 거부한다.[28] 사도들에게서 유래된 구전 전승들이 문서로 정착되기 시작한 시대에, 참된 전승들과 거짓 전승들은 많은 외경으로 구체화되었으며, 그것들 중 일부는 사도들이나 다른 성인들의 이름으로 유포되었다. 오리겐은 다음과 같이 말한다.

---

27) 오리겐은 히브리서에 관한 설교에서 이 서신의 기원에 대한 그의 견해를 보여주면서, 그 가르침은 바울의 것이지만 문체와 구성은 다른 저자의 것임을 주장한다. "만일 어떤 교회가 이 서신을 바울에 의해 쓰여진 것으로 생각한다면, 그것은 권위를 인정받아야 한다. 왜냐하면 고대인들이 그 서신을 바울의 이름으로 전달한 것은 우연한 일이 아니기 때문이다. 누가 그 서신을 기록했는가? 하나님은 사실을 아신다."-quoted by Eusebius, *Historia Ecclesiatica* 6.25(PG 20.584C).

28) 오늘날도 *Synaxaria*와 *Leimonaria*의 문헌들은 특정인들이 볼 때에 전통적이고 신성한 특성을 지닌 기괴한 전례적 행위들은 물론 그와 유사한 본보기들을 제공한다.

"우리는 이와 같이 많은 비밀 문서들이 경건치 못한 사람들, 자신의 죄악을 크게 울려 퍼지게 만든 사람들에 의해 저술되었음을 알고 있다." 이렇게 만들어진 가공적 이야기들 중 일부는 히피티안(Hypythiani)들이 사용하고, 나머지는 바실리데스(Basilides)의 제자들이 사용하고 있다. 그러므로 우리가 성인들의 이름으로 유포되고 있는 외경들을 무조건 받아들이지 않도록 주의를 기울여야 한다. 왜냐하면 일부 외경은 유대인들이 우리가 가진 성경의 진리를 파괴하고 거짓 교훈들을 세우기 위해서 만든 것이기 때문이다. 한편, 우리는 우리의 성경에 빛을 던져주는 데 유익한 것들을 모조리 거부해서는 안 된다. "범사에 헤아려 좋은 것을 취하라"(살전 5:21)고 한 성경 말씀을 듣고 적용하는 것은 영적 위대함을 보여주는 표식이다.[29]

사도 시대 이후로 교회가 "침묵 속에, 불안함이나 호기심이 없이"[30] 보존하고 기억해온 일부 행위들과 말들을 이단적인 저술들 안에서 누설했으므로 이 외경들은 성경의 정경에서는 분리되었지만, 그럼에도 불구하고 완전히 거부되어서는 안 된다. 교회는 성경에서 침묵하지만 전승에서는 참된 것이라고 인정하는 사건들을 완성하거나 예증하는 데 적합한 요소들을 발췌해 내는 방법을 알고 있다. 더욱이 외경에 기원을 두고서 부연된 것들은 일부 축일들의 성찬예배 본문과 이콘 제조에 영향을 끼친다. 그러므로 사람들은 사도전승을 표현하는 한도 내에서만 외경들을 사용한다. 전승에 의해서 재창조되어 순수하고 합법적인 것이 된 이 요소들은 교회로 복귀하여 그 재산이 된다. 사도전승에 속한다고 주장되는 문서들을 다룰 때마

---

29) Origen, *Commentary on Matthew* 28 (PG 13.1637).
30) Basil, *De Spiritu Sancto* 27 (PG 32.188).

다 교회는 그러한 판단을 필요로 할 것이다. 교회는 역사적 차원에서 반드시 그러한 저술들의 진성성에 대한 의문을 제기하지는 않지만, 그 내용을 전승에 비추어 고려함으로써 그것들을 받아들이거나 거부할 것이다.

때때로 교회가 전승의 증거로서 위서(僞書)를 사용하기 위해서는 상당한 양의 설명과 적응 작업이 필요할 것이다. 그렇기 때문에 고백자 막시무스는 신학적 저술인 『디오니시우스 전집』(*Corpus Dionysiacum*)의 정통적 의미를 밝히기 위해서 그 전집에 대한 주석을 저술했다. 『디오니시우스 전집』은 아레오파고 사람 디오니시우스의 이름을 빌려 단성론자들 사이에 유포되어 있었다. 디오니시우스 전집은 사도전승에 속하지 않지만, 사도들과 그 제자들의 전승을 계승한 교부들의 전승에 속한다.[31] 이러한 종류에 속하는 다른 저술들에 대해서도 동일한 말을 할 수 있을 것이다. 관습들과 제도들에 관련하여 사도적 권위를 주장하는 구전 전승들을 판단할 때에, 교회는 그것들의 의미뿐만 아니라 그것이 사용되는 보편성을 참작해야 할 것이다.

전승들의 공식적인 판단 기준에 대한 레렝의 빈센트의 말-"*quod semper, quod ubique, quod ab omnibus*"-은 2, 3세기 동안에 구두로 전해져온 사도전승들에게 완전히 적용될 수 있다. 신약성경의 책들은 이미 이 규칙에서 벗어나 있었다. 왜냐하면 그것들이 정경으로 확립되기 전에는 "항상", "모든 곳에서", "모든 사람들에 의해 받아들여지지는" 않았기 때문이다. 전승의 주된 의미를 망각하고서 그것으로 하여금 신앙의 규칙을 대신하게 하고자 하는 사람들의 말과는 상관없이, 빈센트의 정식을 교회의 교리적 정

---

31) 위-디오니시우스의 저술이 비사도적 기원의 저술이라는 사실에 입각하여 그 전통적인 특성을 부인하는 것은 그것이 아레오파고 사람 디오니시우스의 이름 하에 교회에 의해 받아들여졌다는 구실로 그것을 바울의 회심의 업적으로 간주하려는 것만큼이나 그릇된 일일 것이다.

의들에 적용할 수 있는 가능성은 한층 더 적다. 동일본질(ὁμοούσιος)이라는 용어는 결코 전통적인 용어가 아니라는 사실을 상기해보면 알 수 있다. 몇 가지 예외가 있지만, 그것은 발렌티누스의 영지주의자들과 이단자인 사모사타의 바울에 의해서 사용된 것 외에는 어느 곳에서도, 또 어떤 사람에 의해서도 사용된 적이 없다.[32] 교회는 그것을 성령의 도가니, 그리고 전승 안에서 판단하며 습관적인 형태, 종종 무분별하고 애매한 헌신의 행태를 취하는 바 혈과 육의 본성적인 성향에 미혹되지 않는 사람들의 자유로운 의식이라는 도가니 안에서 "일곱 번 정련된 순수한 은과 같은 말"로 변화시켰다.

전승의 활력은 습관적인 경건의 형태나 교회의 권위에 의해 보증된 진리의 마술적 처방처럼 기계적으로 되풀이되는 교리적 표현들 안에 무력하게 머물러 있는 것을 허락하지 않는다. 교리적 전승을 보존한다는 것은 결코 교리적 정식들에 집착하는 것을 의미하는 것이 아니다. 전승 안에 머문다는 것은 성령의 빛 안에서 살아 있는 진리를 보존하는 것이다. 그것은 전승의 생명을 주는 힘에 의해서 진리 안에 보존되어야 한다. 그러나 성령

---

32) 니케아 공의회 이전에 "동일본질"이라는 용어는 팜필루스가 인용한 히브리서에 관한 오리겐의 주석의 한 단편에서(PG 14.1308), 팜필루스가 저술하고 루피누스가 번역한 *Apology for Origen*(PG 17.580-81), 그리고 오리겐의 저술이라고 잘못 간주되고 있는 바 *On True Faith in God*이라는 익명의 대화집(ed. W. H. van de Sande Bakhuyzen[Leipzig, 1901]))에서 발견된다. 아타나시우스에 의하면, 알렉산더의 디오니시우스는 259-61년경에 그리스도가 하나님과 동일본질이심을 인정하지 않았다는 비난을 받았다. 디오니시우스는 자신이 성경에 없는 동일본질이라는 단어의 사용은 피하지만 이 표현의 정통적 의미는 인정한다고 대답했다고 한다(Athanasius, *De sententia Dionysii* 18 [PG 25.505]). 니케아 공의회에서 사용된 의미로 사용된 표현이 발견되는 *On Faith*라는 논문(PG 10.1128)은 네오가이사랴의 그레고리의 것이 아니다. 그것은 니케아 이후 시대의 저술로서, 아마 4세기 말의 것인 듯하다. 그러므로 니케아 이전의 정통적 저술가들이 사용한 그 용어의 예들은 대체로 불확실하며, 루피누스의 번역도 신뢰할 수 없다. 어쨌든 그 용어는 대단히 제한적으로 사용되었으며 우연한 특성을 소유한다.

에게서 오는 모든 것이 그렇듯이, 이 힘도 끊임없이 새롭게 됨에 의해서 보존된다.

전승과 "교리적 발달"

"새롭게 하는 것"은 옛 진리의 표현들을 보다 분명하고 신학적으로 잘 가다듬어진 새로운 표현들로 대치하는 것을 의미하지 않는다. 만일 그렇다면, 우리는 신학 교수들의 유식한 기독교 신앙이 제자들과 사도들의 원시 신앙과 관련하여 상당한 진보를 나타낸다는 사실을 인정해야 할 것이다. 우리 시대에는 "신학적 발달"이라는 표현(이것은 거의 진부한 표현이 되었다)이 얼마나 애매할 수 있는지를 참작하지 않은 채 "신학적 발달"에 대해 많은 이야기를 한다. 실제로 몇몇 현대 저자들은 그것이 기독교 교리사에 대한 발전적인 개념을 의미한다고 본다. 나지안주스의 그레고리의 다음과 같은 문장을 교리적 발전이라는 의미에서 해석하려는 시도가 행해지기도 한다: "구약성경은 성부를 분명히 나타냈고, 성자는 모호하게 나타냈다. 신약성경은 성자를 나타냈지만 성령의 신성은 암시하기만 했다.

오늘날 성령은 우리 가운데 계시면서 영광 안에서 자신을 나타내신다. 성부의 신성을 인식하지 않은 채 공개적으로 성자의 신성을 전파하는 것은 신중하지 못한 행동이었을 것이며, 성자의 신성을 받아들이지 않는 한 성령을 강요하는 것은 신중하지 못한 행동이었을 것이다."[33] 그러나 오순절 이후로 "성령은 우리 가운데 계시며" 성령과 더불어 전승의 빛, 즉 (하

---

33) Gregory of Nazianzus, *Orationes* 31.26(PG 36.161C).

나의 활동력이 없는 신성한 저장물이 그렇듯이) 우리에게 전해진 것뿐만 아니라 교회에 수여되었으며 계시를 받아 소유하는 특이한 양식으로서 전달된 모든 것을 수반하는 전달의 힘도 우리 가운데 거하고 있다. 그러나 성령 안에서 계시를 소유하는 특이한 방식이란 그것을 완전히 소유하는 것이며, 따라서 교회는 전승 안에서 진리를 아는 것이다. 만일 신적 비밀들, 진보적인 계시, 성령이 오시기 전에 조금씩 오는 빛에 대한 지식이 증가한다면, 그것은 교회를 위한 것이다. 우리가 여전히 발전에 대해서 말할 수 있다 해도, 그것은 각각의 교의적 정의와 더불어 발전하는 교회 내의 계시에 대한 지식은 아니다. 만일 우리가 덴진거(Heinrich Denzinger)의 『편람』(*Enchiridion*)이나 지오반니 맨시(Giovanni Mansi)의 글을 읽음으로써 교리사의 출발점에서부터 오늘날까지의 모든 기록을 받아들인다면, 삼위일체의 신비에 대한 우리의 지식은 동일본질에 대해 말한 4세기 교부의 지식이나 다를 바 없을 것이며, 동일본질에 대해 전혀 말하지 않은 니케아 시대 이후 교부의 지식과 다를 바 없으며, 또한 삼위일체라는 용어 자체를 생소하게 여긴 바울의 지식과도 다르지 않을 것이다. 교회사의 모든 순간순간에, 교회는 세상이 소유할 수 없는 진리를 충만하게 아는 그 지체들에게 능력을 준다. 교회가 새로운 교의적 정의들을 만들면서 옹호하는 것은 바로 전승 안에 살아 있는 진리를 아는 방식이다.

"충만하게 아는 것"이란 "지식의 충만함을 소유하는 것"이라는 의미가 아니다. 그런 일은 내세에서만 가능하다. 바울이 지금은 자신이 "부분적으로"(고전 13:12) 안다고 말했지만, 이 "부분적으로"(ἐκ μέρους)는 그가 충만하게 알고 있음을 배제하지 않는다. 후일의 교리적 발달이 아니라 기독교인들이 이 세상에서 계시의 비밀들을 혼동스럽지만 확실하게 아는 충만의 종말론적 실현이 바울의 "부분적인 지식"을 억제할 것이다. 부분적인 지식은 거짓된 것이기 때문에 억제되는 것이 아니라, 우리로 하여금 인간의 지식 능력을 초월하는 충만에 집착하게 만드는 역할을 하기 때문에 억제될 것이다. 이런 까닭에 우리는 충만의 빛 안에서 "부분적으로" 안다. 그리고 교회는 교회 안에 표현된 부분적인 지식들이 전승에 속한 것인지의 여부를 이 충만을 통해서 판단한다. 계시된 신비를 완전히 설명한다고 주장하는 신학 교리는 모두 거짓으로 드러날 것이다. 그것은 지식의 충만을 소유한다고 주장함으로써, 진리가 부분적으로 알려지는 충만과 반대가 될 것이다. 하나의 교리가 전승의 자리를 차지하려 하는 경우, 그 교리는 전승의 반역자가 된다. 영지주의는 참된 지식의 조건으로서 교회에 주어진 역동적 충만, 계시된 교리의 일종의 정적인 충만을 대치하려는 시도를 보여주는 좋은 예를 제공한다. 반면에 교회에서 매번 부분적인 지식의 형태로 정의한 교의는 충만에 새로이 접근할 수 있는 통로를 열어주는데, 그 충만이 없이는 계시된 진리를 알 수도 없고 믿는다고 고백할 수도 없다. 하나의 진리의 표현인 신앙의 교의는 전승에 속하지만, 전승을 이루는 "요소들" 중의 하나가 되지는 않는다. 그것은 교회의 전승을 신봉하게 만들어 주는 하나의 수단, 지적인 도구이다. 전승의 증거, 그 표면적인 한계나 좁은 문은 전승 안에 있는 진리의 지식으로 이어진다.

   교의의 범위 안에서, 교회의 체계가 획득할 수 있는 계시된 신비에 대한 지식-기독교적 지식의 분량-은 각 사람의 영적 분량에 비례할 것이다. 그러므로 전승 안에 있는 진리에 대한 지식은 한 사람의 성화가 증가하는 데 따라 동반하여 증가할 수 있을 것이다(골 1:10). 기독교인의 영적 지식은 그가 영적으로 성숙할 때에 보다 완전해질 것이다. 그러나 모든 증거에도 불구하고 우리가 감히 기독교 신비의 지식의 집합적인 진보, 교회의 교의적 발달에서 기인하는 진보에 대해 말하려 할 것인가? 이 발달이 유아기인 복음 안에서 시작하여 청년기인 교부 시대와 장년기인 스콜라주의 시대를 거쳐 신학 입문의 노령기인 오늘날에 종식되었을까? 아니면, 이 비유(많은 비유들이 그렇듯이 이는 그릇된 비유이다)는 교회에 대해서 『헤르마스의 목자』 (Shepherd of Hermas)에서 발견되는 것과 유사한 견해를 제공하지 않는가? 『헤르마스의 목자』에서 교회는 젊으면서 동시에 늙은 여인의 특성들을 지니고 등장하며, "그리스도의 장성한 분량" 안에 있는 모든 세대의 사람들을 한 곳에 모은다.

종종 잘못 해석되곤 하는 나지안주스의 그레고리의 본문으로 돌아가 보자. 문제가 되고 있는 교리적 발달은 결코 내적인 필연성에 의해서 결정되는 것이 아니다. 내적인 필연성은 계시된 진리에 대한 교회의 지식의 점진적 증가에 영향을 끼치지 않는다. 교리사는 결코 유기적 진보가 아니며, 우선적으로 인간들의 구원을 위해 해야 하는 역사적 실체에 직면한 교회의 의식적인 태도에 의존한다. 만일 그레고리가 오순절 이전의 삼위일체의 점진적 계시에 대해서 말했다면, 그것은 교회가 외부 세계와 관련한 하나님의 섭리 안에서 신적 교훈의 본보기를 따라야만 한다는 사실을 강조하기 위해서였을 것이다. 이러한 교의들을 형성할 때에는 그 시대가 필요로 하는 것들을 따라야 하며, "모든 것들을 지체함이나 분별력이 없이 드러내서는 안 되며, 그러면서도 아무것도 끝까지 숨기는 것이 없어야 한다. 지체함이나 분별력 없이 모든 것을 드러내는 것은 신중치 못한 행동이 되며, 끝까지 모든 것을 숨기는 것은 불경한 것이 될 것이다. 전자는 외부 사람들에게 상처를 줄 위험이 있으며, 후자는 우리를 형제들에게서 분리시

킬 위험이 있다."³⁴

교회라는 태 안에서 "그리스도를 다르지 아니하고 사람의 전통과 세상의 초등 학문을 따르는"(골 2:8) "이 세대의 변사"(고전 1:20)의 노력을 거역하면서 계시를 받아들이지 못하는 외부 세상의 이해 부족에 대해 응답함에 있어서, 교회는 밀려오는 이단들에 맞서서 교회의 신앙을 옹호하기 위해 신앙을 교리적 정의들로 표현해야 한다는 것을 발견한다. 투쟁의 필요성 때문에 어쩔 수 없이 교회가 만든 교의들은 신자들을 위한 영원히 굳건한 신앙의 척도가 되며, 정설과 이단, 전승 안의 지식과 자연적 요인들에 의해 결정된 지식 사이의 경계를 설정한다. 교회는 극복해야 할 새로운 난제들, 제거해야 할 새로운 장애물들에 직면하여 항상 교의들을 옹호해야 할 것이며, 신학자들은 끊임없이 자신이 처한 시대나 환경의 지적 요구들에 따라서 그 교의들을 해석하고 설명해야 할 것이다. 신앙의 본 모습 보존을 위해 싸우는 중요한 순간마다 교회는 새로운 교리적 정의들을 선포해야 할 것인데, 그 정의들은 이 싸움에서의 새로운 단계들을 나타내줄 것이며, 모든 사람들이 "하나님의 아들을 믿는 것과 아는 일에 하나"(엡 4:13)가 될 때까지 지속될 것이다. 새로운 이단들에 맞서 싸워야 하는 교회는 결코 과거의 교리적 주장들을 버리고 새로운 정의들을 세우지 않는다. 하나의 진보는 결코 이러한 단계들을 능가하지 못한다. 그것들은 역사적 고문서들로 분류되는 것이 아니며, 전승의 살아 있는 빛 안에 영구히 사실적으로 임재하는 특성을 보존한다.

---

34) Ibid., 31.27(PG 36.164B). 나지안주스의 그레고리는 친구인 바실이 교회의 지체들에게는 전통적 증거라는 특성을 지니지만 *pneumatomachoi*와 관련하여 절도 있는 해석을 요구하는 바 성령의 신성의 공개적인 선포와 관련하여 지나치게 신중하다고 책망한 것으로 알려져 있다.

그러므로 우리는 대단히 제한된 의미에서만 교리적 발달에 대해 말할 수 있다. 교회는 새로운 교의를 작성할 때에 기존의 교의들을 출발점으로 삼는다. 기존의 교의들은 교회와 적수들이 공통적으로 소유하는 신앙의 척도이기 때문이다. 따라서 니케아의 교의들을 사용했으며 성자가 성부와 동일한 본질의 신성을 소유한다고 말하는 칼케돈의 교의에서는 성자가 인성에 있어서 인간들과 동질을 소유한다고 말한다. 원칙적으로 칼케돈의 교의를 받아들인 단일의지론자들(monothelites)을 대적한 제6차 에큐메니컬 공의회의 교부들은 그리스도가 두 개의 의지와 두 개의 에너지를 가졌다는 것을 다짐하기 위해서 두 본성에 관한 정식을 취했다. 4세기에 개최된 비잔틴 공의회들은 신적 에너지들에 관한 교의를 선포하면서 무엇보다도 제6차 공의회의 정의들을 참조했다. 각 경우에 교회는 새로운 정의들을 채택하면서도 이미 모두에 의해 받아들여진 교의들과 일치하는 정도까지만 교리적 발달에 대해 말할 수 있다.

만일 교회의 가르치는 권위가 교리적 권위를 지닌 새로운 결정사항들을 추가함에 따라서 신앙의 규칙이 발달한다면, 전승 안에 있는 진리에 대한 지식을 전제로 하며 하나의 유기적 조직에 예속되는 이러한 발달은 전승에 대한 변론이 되지 못한다. 이것은 사람이 전승의 기본 개념에 관해 발언된 모든 것들을 참작하려 할 때에 분명해진다. 교회의 수평적 차원에 투사된 전승(전승들의 차원)만 보는 것, 그리고 전승을 풍성하게 하는 것이나 발달상에 대한 내용의 빈번한 담화를 허락해온 교회의 일상적인 가르침의 권위를 지칭하기 위해서 "전승"이라는 용어를 사용하는 것은 분명히 그 용어를 남용하는 것이다. 제7차 에큐메니컬 공의회의 신학자들은 "성령의 전승"과 하나님의 영감을 받은 "거룩한 교부들의 가르침"을 구분했다.[35] 그들은 자기들이 과거 시대의 교부들이 시대적인 필요성에 응답해야 할 때마다 새로운 진리의 표현들을 제공하는 것을 허락했던 것과 동일한 전승 안에 있다고 생각했기 때문에 아주 엄격하고 정당하게 새로운 교의를 정의할 수 있었다.

보편 교회의 전승(즉 성령 안에서 진리를 아는 기능)과 교부들의 가르침(즉 교회가 간직해온 신앙의 규칙) 사이에는 상호 의존성이 존재한다. 공식적인 "정설"과 교회의 삶이 만들어낼 수 있는 모든 새로운 진리의 표현을 대조하기 위해서 이미 받아들여진 교리 정식들을 사용할 수 없듯이, 교의들을 반대하는 한 우리는 그 전승에 속할 수 없다. 첫 번째 태도, 즉 교의에 반대하는 것은 혁명적인 혁신자들의 태도, 이미 표현되어진 진리 즉 성육하신 말씀을 성령의 이름으로 범하는 거짓 선지자들이 취하는 태도이다. 둘째 태도는 보수적인 형식주의자들, 습관적인 진리의 표현들의 이름으로 진리의 성령을 거스려 범죄하는 바리새적인 사람들이 취하는 태도이다.

교회의 지적인 배경이 되는 전승과 교회가 가르치는 권위에 의해서 세우고 보존하는 교리적 전승을 구분하면서, 우리는 전승과 성경 사이에 세울 수 있었던 것과 동일한 관계를 발견한다. 우리가 그것들을 혼동하거나 분리하는 것은 곧 그것들이 함께 소유하고 있는 충만이라는 특성을 박탈하는 것이다. 성경과 마찬가지로, 교의들은 전승 안에 살아 있다. 물론 차이점이 있는데, 그것은 곧 성경의 정경은 증가될 가능성을 완전히 배제하

---

35) Heinrich Denzinger, *Enchiridion symbolorum* 302: "보편 교회의 전승 및 하나님께서 감동하신 교부들의 가르침을 따르면서 왕도를 걷는 것, 즉 그것이 교회 안에 거하시는 성령에게 속한 것임을 알기 때문에 우리는 지극히 엄격하고 공의롭게 정의한다. …"

는 확실한 본체를 형성하는 반면, 교의적 전승은 삭제될 것이 전혀 없는 신앙의 척도로서 안정성을 유지하기는 하지만 교회가 계시된 진리의 새로운 표현들을 작성하는 데 따라 다른 것들을 받아들여 증가될 수 있다.

교회가 소유하고 전달하는 교회의 총체는 단번에 영구적으로 이루어진 본체가 아니며, 그것이 형성되는 과정에서 교리의 불완전한 특성을 소유하지도 않는다. 교회는 역사적인 중요한 순간마다 신앙의 진리를 교의로 작성하는데, 그것은 항상 전승의 빛 안에서 우리가 지적으로 고수하는 충만을 표현하지만 결코 그것을 분명하게 만들지는 못한다. 자체가 완전히 분명하게 만들어지는 것을 허락하는 진리는 계시의 특성인 바 살아 있는 충만이라는 특성을 소유하지 못할 것이다. 충만과 이성적 분명함은 서로를 배제한다. 그러나 만일 그리스도께서 계시하셨으며 성령 안에서 알려지는 신비가 분명해질 수 없는 것이라면, 그 신비는 계속 표현될 수 있는 상태에 머물지 않을 것이다. 그리스도 안에는 "신성의 모든 충만이 육체로 거하시므로"(골 2:9) 성육하신 하나님의 말씀의 충만은 신앙의 상징들[36]이나 다른 교리들을 요약한 말에서만큼 성경 안에서도 표현될 것이다. 그들이 분명하게 밝히지는 않고 표현하는 이 진리의 충만은 교회의 교의들이 성경과 비슷하게 되는 것을 허락한다. 이런 까닭에 교황 대 그레고리는 최초의 네 공의회들과 사복음서를 동일하게 존중했다.[37]

교리적 전승에 대해 지금까지 말한 모든 것은 교회 전승 안에서 만들어진 것으로서 "만물 안에서 만물을 충만하게 하시는 이의 충만"(엡 1:23)의 임재를 부여받은 기독교 신비의 다른 표현들에도 적용할 수 있다. 하나님

---

36) 앞의 주 20을 보라.

37) Gregory the Great, *Epistolarum Liber* 1.25 (PL 77.613).

의 영감을 받은 교회의 가르침(*Didascalia*)처럼, 이콘과 관련된 전승 역시 성령의 전승 안에서 완전한 의미 및 다른 신앙의 문서들(성경, 교의들, 전례식문)과의 밀접한 일관성을 부여받는다. 교의적 정의들이 그러하듯이, 그리스도의 이콘들도 성경과 비교될 수 있으며, 동일하게 존경을 받을 수 있게 되었다. 왜냐하면 말씀이 문자로 표현하는 것을 이콘은 색깔로 표현하기 때문이다.[38] 교의들은 지성인들을 대상으로 한다. 그것들은 우리의 이해 방식을 초월하는 실재를 이해할 수 있게 표현한 것들이다. 이콘들은 외적 감각들에 의해서 우리의 의식에 영향을 주며, "심미적" 표현으로 그 초감각적인 실체들을 우리에게 제시한다. 그러나 이콘에서 지적인 것이 생소한 요소는 아니다. 우리는 이콘을 바라볼 때에, 그 안에서 하나의 논리적인 구조, 그 구성을 결정하는 교리적 내용을 발견한다. 이것은 이콘들이 교의들을 전통적인 상징들로 번역하는 일종의 상형문자라거나 신성한 수수께끼 그림이라는 의미가 아니다. 만일 이 감각적인 형상들에게도 교회의 교의들이 지니고 있는 것과 동일한 가해성(可解性)이 있다면, 각기 적절한 방법에 의해서 계시된 동일한 실체를 표현한다는 점에서 교리적 전승과 이콘 전승은 일치한다. 기독교 계시는 지성과 감각을 초월하지만, 그것들을 배제하지는 않는다. 오히려 그것은 그것들을 취하여 계시된 진리를

---

38) "우리는 거룩한 복음서를 존귀히 여기는 것과 동일하게 주 예수 그리스도의 이콘을 존귀하게 여길 것을 규정한다. 이는 복음서에 의해서 우리 모두가 구원에 이르듯이, 이콘에 의해서 유식한 자나 무식한 자 모두 동등하게 유익을 발견하기 때문이다. 만일 구주이신 그리스도의 이콘을 존숭하지 않는 사람은 주님의 재림 때에 그분의 얼굴을 볼 수 없을 것이다…"(Denzinger, *Enchiridion symbolorum* 337). 여기에서 반-포티아 종교회의(869-70)-이 종교회의의 결의 사항들은 동방교회만 아니라 서방교회에서도 거부되었다(Francis Dvormik, *The Photian Schism*[London, 1948], 176-77)-의 규정 3이 인용되는데, 그 이유는 이 본문이 성경과 이콘 사이의 화해 조류의 훌륭한 본보기를 제공하기 때문이다. 성경과 이콘은 교회의 동일한 전승 안에서 결합된다. 인용된 본문의 뒷부분에서도 하나님의 모친, 천사들, 성인들의 이콘에 대해 다룬다.

받아들이는 특이한 방식, 즉 성경적이고 교리적이고 이콘학적인 표현들 안에서 계시된 진리를 식별하며, 그것을 새로이 표현하는 특이한 방식인 바 전승 안에 있는 성령의 빛에 의해서 그것들을 변화시킨다.

제3부
만남으로서의 신학: 하나님, 그리스도, 인간

9

부정의 신학과 삼위일체 신학

블라디미르 로스키

이 논문에서 로스키는 정교회 신학의 두드러진 특징 중 하나인 부정의 신학을 연구하고 있다. 이 논문에서 감춰진 하나님은 절대적으로 초월적인 분이심, 그분에 관해서는 부정적인 표현이 적합하다는 것, 반면에 이 신비하신 하나님은 본질에 있어서는 아니지만 에너지 안에서 신비하게 알려지고 경험될 수 있음을 강조한다.

하나님에 대한 지식을 얻는 부정의 방법은 최종적으로 지식의 대상이 실 수 없는 분에 대해 최고의 무지에 의해서 일종의 이해에 도달하기 위해서, 하나의 대상이 획득하고자 하는 긍정적인 속성들을 점진적으로 제거하는 정신의 상승적 작업이다. 신지식에 이르는 부정의 방법은 생각할 수 있는 것들을 초월하는 대상에 직면하여 실패하는 정신의 지적 경험이라고 말할 수 있다. 실제로 지성의 한계 안에 남아 있으면서 단지 우리의 정신과 정신이 획득하고자 하는 실재 사이에 근본적인 일치가 결여되어 있다고 선언하든지, 또는 이해의 한계를 초월하며 접근할 수 없는 본질을 지니신 하나님의 존재에 대한 무지에 지성보다 탁월한 신비적 지식의 가치를 부여해 주든지 간에, 인간이 이해하는 데 실패했다는 의식이 아포파시스(*apophasis*), 혹은 부정의 신학(negative theology)이라고 부를 수 있는 것의 공통 요소가 된다.

지적인 실패의 의식으로서의 부정의 신학이라는 요소는 대부분의 기독교 신학자들 안에 다양한 형태로 나타난다. 종교 예술에서도 동일한 말을 할 수 있다. 이 경우에 이콘 제작자의 기술 안에서 분명하게 눈에 띄는 바 예술적 표현 수단의 실패는 신학자들의 유식한 무지에 상응한다. 그러나 이콘과 관련한 "반자연주의적" 아포파티시즘(*apophaticism*)이 이콘 파괴론은 아니며, 또 반이성주의적인 부정적 방법이 gnosimachian은 아니다. 그것은 기독교의 본질적인 사실들에 해를 끼치듯이 신학적 사상—계시의 중심 사건인 말씀의 성육신, 이것이 신학은 물론 이콘학도 가능하게 만들어준다—을 억제하지는 않는다.

모든 형상들을 금지하는 것으로 표현되는바 구약성경의 아포파시스는 아버지의 본질의 형상께서 인간의 본성을 취하시고 자신을 계시하셨다는 사실에 의해 억제되었다. 그러나 동시에 새로운 부정적 요소가 이콘 예술의 표준에 도입되었다. 이콘의 도식화된 형태는 육신을 입고 오신 신인(神人)을 관상하기 위해서는 이탈, 즉 감각들의 정화가 필요하다고 요구한다. 신약성경의 경우에도, 그리스도 안에서 성부와 동일본질을 지니신 신인을 인식해야 할 필요성 앞에서 유대교적 일신론의 부정적이고 배타적인 것들은 사라졌다. 그러나 동시에 삼위일체 신학이 가능하기 위해서는 부정의 신학이 주도적 역할을 해야 했다. 피조된 것들과의 관계를 완전히 초월하시며 피조물들의 생존으로부터 독립되신 하나님이라는 개념으로 정신을 상승시켜야 한다.

기독교 신학자들 사이에서 정신의 점진적 박탈이라는 부정적인 요소들이 일반적으로 중세 시대와 신플라톤주의의 사고 기법과 연결되어 있다는 확실한 사실에도 불구하고, 기독교의 부정의 신학을 기독교적 사고의 그리스화의 표식으로 보는 것은 공정하지 못할 것이다. 부정적 태도-피조된 유한성과 관련하여 모든 것을 초월하는 태도-는 기독교 계시의 역설 안에 함축되어 있다: 초월하시는 하나님은 세상 안에 내재하시지만, 그는 성육신과 십자가 상의 죽음으로 이어지는 섭리의 내재성 안에서 자신을 초월자로서, 존재론적으로 모든 피조물과는 독립된 존재로 나타내신다. 이러한 조건이 없으면 우리는 그리스도의 대속 사역, 그리고 세상 창조와 더불어 시작된 하나님의 섭리가 지닌 자발적이고 절대적인 무상의 특성을 상상조차 할 수 없다. "무로부터"(*ex nihilo*)의 세상 창조라는 표현은 창조적 의지의 행위 안에 있는 신의 우발성의 완전한 부재를 나타냄이 분명하다. 하나님의 섭리는 의지의 사역이며, 삼위일체적 존재는 하나님의 초월적 본성에 속한다.

이것은 3, 4세기에 통용되었으며 대부분의 그리스 교부들과 비잔틴 전통에서 공통적으로 등장하는 경륜(οἰκονομία)과 신학(θεολογία)이라는 구분의 기초이다. 4세기에 신학(Θεολογία)-오리겐의 견해에 의하면, 그것은 로고스 안에 계신 하나님에 대한 지식이다-은 삼위일체 교리와 관련된 모든 것, 하나님의 창조적이고 대속적인 섭리 외에 하나님에 대해 말할 수 있는 모든 것을 의미했다. 따라서 이 "신학"에 도달하기 위해서, 삼위일체의 개념을 "경륜"이라는 단어가 지닌 본래의 우주론적 의미에서 해방시키려면 우주의 창조주이신 하나님에 대해 우리가 알고 있는 것이 지닌 양상을 초월해야만 한다. 하나님께서 세상을 창조하시면서, 성육하시면서 자신을 계시하신 경륜에 대해 우리는 신학에 의해서 반응하며 필연적으로 부정적(apophatic) 경향을 지닌 생각의 상승 안에서 삼위일체의 초월적 본성에 대한 신앙을 고백해야 한다.

우리는 하나님께서 자신을 계시하신 경륜을 떠나서는 하나님을 알 수 없다. 성부는 성령 안에서 성자를 통하여 자신을 계시하신다. 성령 안에서 받은 은혜가 없이는 아무도 그리스도 안에서 하나님의 아들을 인식할 수 없으며, 이런 방법으로 성부에 대한 지식으로 상승되기 때문에 이 삼위일체의 계시는 "섭리적"이다. 이것이 바실이 추적한 표준적인 신지식의 길이다. 바실은 『성령론』(Treatise on the Holy Spirit)에서 "하나님을 아는 길은 성령에게서부터 성자를 통해서 성부에게로 통한다. 반대로 본질적인 선, 본성적인 성성, 왕의 권위는 성부에게서 흘러나와 독생자를 통하여 성령에게로 흘러간다"고 말했다.[1] 하나님의 경륜에 따른 모든 행위는 이 하강의 방향을 따른다. 즉 성부로부터 성자를 통해서 성령에게로 간다. 따라서 하나님을 아는 방법은 하나님의 나타내심의 방법과는 반대로 하강의 길이 아니라 상승의 길이다. 그것은 나타내주는 에너지의 근원을 향한 상승의 길, 위-디오니시우스의 표현을 사용하자면 "신정"(thearchy)을 향한 상승, 바실

---

1) Basil the Great, *On the Holy Spirit, in Patrologia Graeca*, ed. J. P. Migne, 162 vols. (Paris, 1857-66), 32.153B.

이나 4세기의 그리스 교부들의 표현을 따르면 성부의 독재를 향한 상승의 길이다.

  이 차원에서 우리가 모든 나타난 경륜을 초월하여 세 위격들의 동일 본질성을 인식하기 위해서는, 성령 안에서 성자를 통한 성부의 본질 계시라는 하강의 방침을 포기해야만 한다. 그것은 로고스의 우주론적 의의를 강조하면서 삼위일체의 섭리적인 양상에만 집착하는 것으로서, 이것이 성자 종속설이라는 니케아 공의회 이전의 삼위일체 신학일 것이라고 의심할 수 있다. 우주론적 연계를 벗어나서, 경륜과 피조된 세상의 연대성을 벗어나서 하나님 자신에 대해서 말하기 위해서는, 신학-삼위일체의 동일본질에 대해 우리가 가질 수 있는 지식은 추상화의 방법에 따른 결과, 하나님의 경륜의 차원에서 하나님의 위격들의 개념에 부여할 수 있는 모든 속성(선, 지혜, 생명, 사랑 등)에 대한 지식이다-즉 피조 세계 안에서 신적 본성을 나타내는 모든 속성들을 부정함[2]에 의한 부정적 이동이 필요하다. 모든 부정이나 긍정을 초월하여 존재하게 될 것은 절대적인 위격적 차이의 개념, 그리고 성부와 성자와 성령의 본질적인 정체성의 개념일 것이다. 동시에 삼위일체를 나타내는 용어들과 구분들-본성, 본질, 위격-은 수학적인 순수성에도 불구하고(혹은 바로 이 순수성 때문에) 여전히 부정확한 용어로 남아 있으면서, 모든 피조된 것들과의 관계를 초월하시는 분으로 자신을 계시하시는 하나님의 신비 앞에서 인간 정신과 언어가 얼마나 부족한 것인지를 나타내줄 것이다.

  초월자이신 하나님을 묘사하는 개념들을 소유하기 위해서 우주론적 함

---

2) 예를 들자면 "성자는 지혜이다" 또는 "성령은 사랑이다"라고 말하는 것을 들 수 있다.

의들로부터의 탈피를 원하는 삼위일체 신학은 아포파시스에 의지해야 한다. 우리는 기독교 사상가들에게서 발견할 수 있는 모든 아포파시스가 반드시 하나의 삼위일체 신학을 만들어 내느냐고 물을 수도 있다. 이 질문에 대답하기 위해서는 신학에서 부정의 방법이 사용된 모든 경우들을 조사하고, 여러 기독교적 부정의 방법에 따라 그것들을 분류해야 할 것이다. 나는 언젠가는 이 일을 할 수 있게 되기를 바라지만, 현재로서는 기독교 신학자들이 사용한 부정의 방법의 두 가지 사례만을 제시하려 한다. 즉 나는 알렉산드리아의 클레멘트와 위-디오니시우스에 대해 언급하려 한다.

3세기 초(A. D. 215)에 사망한 알렉산드리아의 클레멘트는 섭리적 삼위일체 교리를 초월하려고 노력했지만, 그럼에도 불구하고 그러한 교리에 대한 신앙을 고백했다. 그는 철학적으로 중기 플라톤주의의 지식 사회와 대단히 밀접했다. 나중에 살펴 보게 되겠지만, 클레멘트의 *via remotionis*라는 개념은 니케아 공의회 이전의 삼위일체 신학 형태의 틀 안에 머문다.

위-디오니시우스는 "아레오파고 사람의 저술들"의 신비한 저자로서 니케아 공의회와 카파도키아 교부들보다 후대의 인물이다(5세기 말이나 6세기 초에 활동했을 것이다). 그의 부정의 신학이 남긴 삼위일체적 결과는 그다지 분명하지는 않다. 플라톤주의 전통에서 빌려온 디오니시우스의 아포파시스 방법은 유일자, 명명될 수 있는 모든 것을 초월하시며 기독교 신학의 삼위일체론적 개념들도 초월하시는 분이라는 개념과 연결되는 듯하다. 이것은 그가 바울의 제자라는 권위를 배경으로 하여 아주 정교한 형태의 부정의 방법을 동방교회와 서방교회의 신학적·신비적 전통에 소개한 디오니시우스 전집의 저자이기 때문에 한층 더 심각하다.

앞으로 클레멘트의 세 가지 아포파시스에 대해 고찰한 후에 제기하려는 바 디오니시우스에 관한 문제는 다음과 같다: 디오니시우스의 견해에 의하면, 아포파시스(*apophasis*) 혹은 부정의 신학이 카타파시스(*kataphasis*) 혹은 긍정의 신학보다 우월하므로, 삼위일체 신학에서 지지하는 위격적 특성들은 반드시 부인되어야 한다. 삼위가 공통적으로 소유하는 속성들과 관련된 다른 주장들도 부정되어야 한다. 그렇다면, 삼위일체를 초월하는 듯이 보이는 디오니시우스의 아포파시스에는 유대교·기독교 전통의 인격적 하나님보다 우월한 신성의 모습을 포함되는지 질문할 수도 있다. 아포파시스는 종교 사상의 공통적 특성이므로(그리스의 신플라톤주의자들이나 후대의 이슬람 신비주의에서는 물론 인도에서도 그것을 발견할 수 있다) 우리는 디오니시우스의 부정의 방법 안에서 자연 신비주의가 계시 신학보다 우월함을 인정하고 있음을 알 수 있다. 그렇게 되면 신비적 종교혼합주의가 교회의 신앙에 첨가되며, 알지 못하는 신(Θεὸς ἄγνωστος)을 섬기는 이교의 제단이 바울이 아레오파고에서 선포한 바 계시된 하나님을 섬기는 기독교의 제단보다 우월하게 될 것이다. 자칭 이방인의 사도의 제자라고 하는 디오니시우스가 사태를 이런 식으로 뒤집어 기독교 신학의 하나님을 헬라화한 것일까? 이 까다로운 질문에 접근하기 전에, 먼저 알렉산드리아의 클레멘트가 사용한 부정의 신학에 대해 언급하기로 하자.

알렉산드리아의 클레멘트가 사용한 아포파시스

후대에 활동한 아레오파고인(*Areopagitica*)의 저자가 그러했듯이, 클레멘트는 부정의 방법을 기독교 신비에 입문한 사람들만이 사용할 수 있는 것으로 보았다. 그것은 지적인 추론 작용에 의해서 도달하는 하나님에 대한 관상(觀想)으로서 클레멘트의 견해에 따르면, 엘레우시스 신비의식의 최고 단계인 ἐποπτεία에 상응하는 관상이다. 신비의식에서 사용되는 표현을 사용한 것, 그리고 기독교적 지식의 단계들과 그리스 신비의식들의 단계들을 비교한 것은 그리스 지혜에 대한 클레멘트의 태도에 의해서 설명된다. 단순히 모세와 선지자들을 표절함에 의해서든지, 올림푸스의 불을 훔쳐 인간에게 전해주려 한 프로메테우스의 속임수와 유사한 천사의 속임수를 통해서 부분적인 계시를 받음에 의해서든지 간에 그것은 이스라엘에게 주어진 계시에 의해서 크게 유익을 얻었다. 그러므로 우리는 클레멘트가 성경과 철학자들, 특히 "진리의 친구"인 플라톤 사이에 일종의 조화를 형성한 것을 쉽게 이해할 수 있다.

앞에서도 말했지만, 아포파시스는 기독교의 ἐποπτεία 안에 함축되어 있다. 기독교의 ἐποπτεία는 모세의 철학의 "네 번째 부분", 즉 신학적인 부분이다. 그러므로 그것은 클레멘트가 "자연적 관상"(φυσικὴ θεωρία)이라고 부르는 부분을 따르며, 플라톤이 "참 존재의 위대한 신비들" 중의 하나로 분류했으며 아리스토텔레스가 μετὰ τὰ φυσικά부른 것과 일치한다.[3]

우리가 관상을 시작하는 방법이 되는 부정의 방법은 『스트로마타』(Stromata) 제5권에 묘사되어 있다. 그것은 처음에는 "기하학적 분석"으로 제시된다. 우리는 하나의 몸을 가지고 시작하는데, 분명한 통일성을 획득하기 위해서 추상화 작업에 의해서 부피, 면, 길이 등을 제거한다. 그 다음에는 공간 안의 점의 위치를 제거하면서 인식 가능한 단일체(monad)라는 개념에 이른다. 우리가 하나님에 대한 어떤 개념에 접근하기 위해서는

---

3) Clement of Alexander, *Stromata* 1.28.

거기에서 지적인 존재들의 것이라고 할 수 있는 모든 것을 제거해야 할 것이다.

클레멘트가 분석이라고 부른 바 아포파시스의 첫 번째 운동의 이름은 2세기 중기 플라톤주의의 대표자들에게서 발견되는 것과 동일하다. 기독교의 적수였던 켈수스(Celsus)는 『참된 담화』(*True Discourse*)에서 분석, 혹은 연속적인 추상화의 방법을 하나님의 지식에 이르는 세 가지 합리적 방법 중의 하나로 본다. 그보다 앞서 알비누스(Albinus)는 『교훈집』(*Didaskalikos*)이라는 저서에서 그것에 대해 말했다. 그러나 플라톤 철학을 받드는 철학자들은 부정의 방법(분석)을 긍정의 방법(종합, 혹은 결과들 안에 있는 제1원인에 대한 지식)과 결합했으며, 그리하여 제3의 방법, 즉 켈수스의 말대로 "모든 것을 초월하시는 신, 무어라고 표현할 수 없는 특성 안에서 이해할 수 있는 것"[4]을 제공하기 위해서 유추(analogy)의 방법, 혹은 탁월한 방법을 획득하였다. 반면에 알렉산드리아의 클레멘트는 분석을 고수했으며, 부정의 방법이 지닌 나름의 가치를 보존했다. 그러나 그는 이해 가능한 단일체의 개념으로 이어지는 분석으로는 충분하다고 여기지 않았다. 그가 다른 곳에서 말한 것처럼, "하나님은 한 분이시며, 한 분을 초월하시는 분, 단일체보다 우월하신 분이시다."[5] 클레멘트보다 훨씬 전에 필로(Philo: 그는 단일체 안에서 로고스, 하나님의 완전한 형상을 보았다)가 하나님은 단일체를 초월하신다고 말한 바 있음에 유의해야 한다.[6] 필로와 클레멘트에게 있어서 성경의 살아계신 하나님은 이해 가능한 단일체를 초월하신 분이셨으며, 시나이의 어

---

4) Quoted in Origen, *Contra Celsum* 7.44-45.
5) Clement of Alexandria, *Pedagogus* 1.8.
6) Philo, *Legum Allegoriae* 2.3; *De vita Centemplativa* 1.2.

둠 안에 계시는 분을 찾기 위해서는 부정의 방법을 사용해야 했다. 필로와 클레멘트 모두가 이 성경적 상징을 사용하고 있다.

여기에서 두 번째 부정의 신학 운동이 시작되며, 동시에 삼위일체적 신 지식이 시작되는데, 클레멘트는 그것을 다음과 같이 간단히 묘사했다: "우리는 그리스도의 위엄을 의지한다. 만일 우리가 거룩을 통해서 심연으로 나아간다면, 모든 것을 내포하시는 하나님에 대한 지식을 소유하게 될 것이며, 하나님이 어떤 분이신가에 대해서 아는 것이 아니라 어떤 분이 아니신가에 대해서 알게 될 것이다."[7] 그러나 클레멘트가 하나님이 어떤 분이 아니신지에 대해서 알기를 제안한다는 점에서 그는 아직 사색의 차원에 머물러 있는 듯하다. 그의 아포파시스에는 전혀 몰아적(ecstatic) 요소가 없다. 그것은 신비적 합일의 길이 아니다.

이해 가능한 사물들의 절정에 도달할 때, 우리도 플라톤과 마찬가지로 하나님을 발견하는 일이 어렵다면 그분에 대해 표현하는 것도 어렵다는 사실에 주목하게 된다.[8] 모세의 시내산 등정에 대해 알고 있었던 플라톤은 "거룩한 이론"은 유대인의 입법자가 발견하기 어려운 "하나님의 영역" 중 이해 가능한 정상에 도달하는 것을 허락했음을 알았다. 하나님은 모든 것을 포함한다는 이유에서 하나의 영역이라는 것을 모세로부터 배운 플라톤은 그것을 "이데아의 영역"이라고 불렀다. 이것은 아리스토텔레스화한 플라톤의 사상, 중기 플라톤주의의 사상이다. 알비누스가 주장한 바처럼 이 데아들은 하나님의 생각들이며, 신적인 제2의 원리를 구성하기는 하지만 그것들은 하나님을 떠나서는 존재하지 못한다. 알렉산드리아의 클레멘트

---

7) Clement of Alexandria, *Stromata* 5.11.

8) Plato, *Timaeus* 28c.

의 견해에서, 제2의 원리는 그리스도, 로고스이신 그리스도, 이데아들의 처소가 되시는 분의 위엄이다. "거룩에 의해서" 성부의 심연을 향해 나아가기 위해서는 그것을 초월해야 한다. 거룩이란 성령을 의미한다. 클레멘트는 더 나아가 신적 은혜와 성부 가까이에 계신 말씀에 의해서만 성부가 인식될 수 있다는 것,[9] 그리고 성자를 통해서 성부로부터 오는 지식의 은혜가 없는 한 모든 지적 탐구는 확실치 않고 맹목에 불과한 상태에 머문다는 것을 분명히 했다.

우리는 플라톤이 모세에게 양보하기를 기대하곤 할 것이다. 즉 플라톤이 초월적 선과 이데아의 영역에 대해서 말한 후에 아들을 통해서 지식의 은혜, 즉 기독교적 지식의 은사를 주시는 살아 계신 하나님의 계시 앞에서 마침내 침묵했을 것이라고 기대하려 할 것이다. 실제로 플라톤은 잠시 침묵하면서 요한이 말하는 것을 허락한다. 클레멘트에 따르면 야고보, 베드로, 바울 등과 함께 위대한 영지자들 중의 한 사람인 요한은 아버지의 가슴에 안겨 있는 독생자 외에는 아무도 하나님을 보지 못했다고 말할 것이다. 그는 우리에게 하나님을 나타내준다. 클레멘트는 가슴이 심연, 그리스도의 위엄을 초월하는 어둠 안에 모세를 둘러쌌던 바 "눈에 보이지 않고 무어라고 표현할 수도 없는 것"이라고 설명하곤 했다. 성부는 모든 것을 포함하지만, 자기 자신은 무엇에 의해서도 포함되지 않는 분이시기 때문이다. 그러므로 그분은 접근할 수 없으며 무한하신 분이시다. 이것이 성자와는 달리 잉태되지 않은 분이라고 불리는 성부의 초월성과 불가지성의 이유이다. 지식의 체계 안에는 잉태되지 않은 하나님이라는 개념보다 시

---

9) Clement of Alexandria, *Stromata* 5.12.

간적으로 앞서는 것이 없으므로, 시간적으로 앞서며 보다 분명한 진리들에게서 발생된 논증적 학문은 여기에서 전혀 도움이 되지 못하며, 자포자기적인 불가지론의 무익하고 미숙한 아포파시스에게 밀려나게 된다.

그러나 여기에서 플라톤은 기독교 신학자가 어려움에서 벗어나는 것을 돕기 위해서 다시 대화를 시작하면서, 만일 우리의 능력을 통해서 하나님을 아는 것이 불가능하다면, 그가 메노(Meno)에서 언급한 바 은혜의 자원, 하나님께서 주신 덕-신적 운명에 의해서 주어진 덕-이 있음을 상기시켜 준다. 클레멘트의 견해에 의하면, 은혜는 지식을 위한 하나의 새로운 태도로서 완전한 기독교인, 영지자들을 위해서 영원한 관상, 즉 전능자이신 하나님을 직접 대면하여 보는 능력을 획득해 준다.[10] 이것이 알렉산드리아의 클레멘트에게 있어서 아포파시스의 한계이다. 그것의 대상은 성부의 초월성이다. 부정적 탐구가 지성을 초월적 심연 앞에 있는 완전한 아포리아(aporia)에게로 인도한 후에, 성부께서 거룩한 성자를 통해 보내신 은혜가 부정적 탐구를 억제한다.

클레멘트의 아포파시스가 제거의 과정(via remotionis)에 의해 억제되지 않는 삼위의 개념을 함축하는 한 세 부분으로 이루어진다 해도, 그것은 오직 중기 플라톤주의와 매우 흡사하게 "섭리적 삼위일체"라는 견해 안에 있는 유일하게 진실로 초월하는 위격이신 성부의 위격에 의해서만 결정된다. 성부의 위격이라는 개념은 신적 본질이라는 개념과 매우 밀접하므로 그것들을 분리할 수 없을 정도이다. 성부는 무한하며, "성부의 심연"이라는 표현은 성부의 본질의 무한성, 로고스와 대조되는 바 "잉태되지 않은 하나

---

10) Ibid., 5.11.

님"의 본질의 무한성을 분명하게 선포한다. 로고스는 "잉태된" 성자가 되시면서 "본질에 의해서가 아니라 한계를 제거함에 의해서" 자신의 위격적 특성을 획득하셨다.[11] 여기에는 성자가 본질적으로 초월적 존재이시며 무한하신 성부와 동등함을 표현하기 위해서 섭리적 양상을 초월하려는 노력이 분명히 행해지는데, 그것은 클레멘트의 사상에서 삼위일체적 성자 종속설을 제거한다. 그러나 신지식의 체계 안에는, 인간이 알 수 있는 성자의 위격과 성부의 불가지성의 대조가 항상 존재한다. 그것은 잉태된 성자의 "제한된" 위격과 잉태되지 않은 성부의 무한하심을 대조하는 데 따른 결과인 삼위일체론적 모호함에 의해 통제된다. 클레멘트의 아포파시스는 첫 단계인 분석을 한 후에는 성부의 불가지성만을 목표로 한다. 성자와 성령이라는 두 위격은 비법 전수자의 역할을 하여 자기들이 성부의 초월적 존재에 대해 제공하는 지식에 의해서 본성적인 지식을 억제한다. 이 아포파시스는 세 개의 위격들 안에 계신 인격적 하나님이라는 개념을 초월하지 않는다는 이유에서 셋으로 이루어졌다고 말할 수 있지만, 이 부정의 방법에서는 전능자이신 성부의 초월성을 목표로 삼기 때문에 삼위일체의 개념들을 초월적인 개념으로 바꾸는 일을 전혀 하지 않는다는 이유에서 세 개로 이루어진 것이 아니다. 클레멘트의 삼위일체론 사상은 4세기의 교부들이 사용한 의미에서의 신학과는 전혀 관련이 없다. 그것의 장점은 그 특유의 경세론적 관점에 있다.

---

11) *Excerpta ex Theodoto* 19.

위-디오니시우스의 아포파시스

『신비신학』(*Mystical Theology*)의 저자는 위대한 삼위일체론 시대 이후, 완전히 다른 시대에 속하는 인물이다. 알렉산드리아의 클레멘트의 모호한 표현들과 아타나시우스의 부정확한 표현들은 세 명의 카파도키아 교부들 노력 덕분에 신학 용어에서 축출되었다. 나지안주스의 그레고리는 "성부의 심연" 대신에 "정의되지 않고 결정되지 않은 본질의 바다"[12]라고 바꾸었다. 이 표현을 나중에 다마스커스의 존이 택하여 보급시켰다. 그 표현은 후일 존을 통해서 스콜라적인 라틴 세계로 전해지고, 토마스 아퀴나스를 비롯한 여러 신학자들에 의해 인용되었다. 세 위격은 본질의 무한성에 도달한다. 나지안주스의 그레고리는 "무한하신 삼위의 무한한 동질성"[13]에 대해 말한다. 알렉산드리아의 클레멘트에게 있어서는 성부의 초월성과 불가지성의 이유가 되었던 이 무한성이 삼위가 공통적으로 지닌 속성이 된다. 세 위격에게서 경세론적 속성을 제거하게 되면 부성, 부자관계 등 오직 신학적 담화를 가능하게 하기 위해서만 필요한 관계적 특성들만이 보존된다. 그러나 서로를 대조시키는 데서 비롯되는 제한을 허용하는 관계의 논리적 범주에서 해방되기 위해서 삼위일체 신학은 이율배반적으로 표현되기에 이른다. 나지안주스의 그레고리는 "약간 역설적인 정식이기는 하지만 그들은 분명히 한 분이시며, 각기 별개의 존재로서 결합되어 있다"[14]고 말했다. 또 바실은 삼위일체가 수학적인 숫자들과 관련된 것이 아님을 나타내

---

12) Gregory of Nazianzus, *Orationes* 38 (*In Theophaniam*).

13) Gregory of Nazianzus, *Orationes* 40 (*In Sanctum Baptisma*).

14) Gregory of Nazianzus, *Orationes* 23.8 (*De Pace*).

려고 노력했다.[15] 그러므로 아포파시스의 움직임에는 카파도키아 교부들의 삼위일체 신학이 수반되며, 마지막 분석에서는 초월적 본질을 지닌 인격적 하나님의 신비에게 주어진 개념들을 제거한다.

이제 디오니시우스의 아포파시스를 하나의 신학으로 간주할 수 있는지에 대해 다루려 한다. 즉 그것이 인간이 알 수 있는 것들을 초월하여 위격들의 삼위에게로 이동하는지, 또는 그것이 부정의 방법을 통해서 이것을 초월하여 초위격적 통일체인 초본질적 정체성을 향해 갈 수 있는지를 알아보려 한다. 그럴 경우, 『신비신학』의 저자는 플라톤주의의 도전적 복귀에 사용된 손쉬운 도구였다. 그는 플라톤주의를 플로티누스주의 형태로 기독교 신학의 핵심에 도입했다.

디오니시우스의 신비신학과 『에네아드』(*Ennead*) 제6권에서 묘사된 바 플로티누스의 아포파시스에는 공통점이 많다. 신비한 합일에 이르는 길에서 동일하게 점진적으로 부정의 방법이 추구된다. 여기에서 나는 지금까지 나에 대해 제기된 비난—즉 내가 플로티누스와 디오니시우스의 부정이 지닌 신비 요소, 즉 합일의 방법과 관련하여 그들의 차이점을 어느 정도 경화시켰다는 비난—이 타당한 것임을 인정하려 한다.[16] 디오니시우스의 합일의 방법은 통일체이신 분—"모든 것을 초월하시는 분"과 합일하기 위해서 우리가 벗어나야 하는 모든 타자성과 반대되는 분—에 대한 개념의 지배를 받는다.[17] 그러나 우리가 연합하려는 분에 대한 개념이 인간적 주체들의 신비적 상승이 열망하는 통일체(Unity)의 개념을 능가하지는 못한다.

---

15) Basil the Great, *On the Holy Spirit* 18.

16) Maurice de Gandillac, *La Sagesse de Plotin* (Paris, 1952), xvii n. 3.

17) Pseudo-Dionysius the Areopagite, *De Mystica Theologia* 1.1.

디오니시우스의 아포파시스가 지닌 신비적이고 합일적인 면을 그 변증적 구조에서 분리하는 것은 어려운 일이다. 그럼에도 불구하고 우리는 "위-디오니시우스의 아포파시스가 과연 삼위일체 신학의 절박한 사정에 어느 정도 충실하게 남아 있는가?"라는 질문에 답하기 위해서 마지막 양상, 즉 *via remotionis*의 지적인 면만을 조사하려 한다.

『신비신학』은 부정의 방법에 관한 저술이다. 그것은 디오니시우스가 신 지식에 관한 자신의 모든 저술들에 부여한 방식 중에서 우선적인 위치를 차지한다. 이러한 저술들 중에서 그는 두 개의 알려져 있는 않은 글을 인용한다. 혹자는 이것들이 유실되었느냐고, 아니면 하나의 허구에 불과한 것이냐고 질문할 것이다. 그것들은 『신명론』(*Divine Names*)과 함께 긍정적 신학 연구서에 속한다. 이 세 저술 중에서 가장 방대한 것은 『상징신학』(*Symbolic Theology*)이었을 것이다. 그 책은 감각적인 상징들을 하나님께 적용하는 것에 대해 조사하고 성경적 신인동형론을 해석한 책이라고 추측된다. 『상징신학』보다 먼저 저술된 『신명론』은 더 간명하다. 왜냐하면 그것은 선, 존재, 생명, 지혜, 능력 등 이해할 수 있는 하나님의 속성들을 대상으로 하는데, 그러한 속성들은 감각적인 상징들보다 수적으로 적기 때문이다. 마지막으로 세 저술들 중에서 첫 번째 책으로서 긍정의 신학으로 분류되는 가장 간략한 저서의 제목은 *On Hypotyposes*, 또는 『신학 개요』(*Outlines of Theology*)이다. 이 저술에서 디오니시우스는 "우리는 하나님의 탁월한 본성이 어떤 의미에서 하나라고 불리며 어떤 의미에서 셋이라고 불리는지, 그 안에서 무엇을 부성이나 부자관계라고 부를 수 있으며, 성령에 대해서 말할 때에 신학이 의미하는 것은 무엇인지 등을 보여주는 긍정의 신학의 주요한 주장들을 칭송해 왔다"[18]고 말한다. 만일 *Theological Hypotyposes*라는 책이 존재했다면, 그 책은 삼위일체의 특성들을 목표로 했을 것이다. 왜냐하면 다음의 저술들은 주로 삼위의 공통된 본성과 관련된 속성들의 연구서들이기 때문이다. 『신비신학』은 간략하다는 점에 있어서 *Theological Hypotyposes*를 능가하며, 무지(unknowing)에 의해서만 알 수 있는 분을 침묵에 의해 찬양하기 위해서 모든 말과 생각의 중지를 지향한다. 그러므로 삼위일체 신학의 경계는 초월적인 것(부정의 방법은 우리로 하여금 점차 이 초월적인 것을 향해 올라가게 한다) 안에서 재발견되기보다는 아포파시스에 의해서 파괴되어야 하는 듯이 보인다.

실제로, 디오니시우스의 신비신학에서 부정의 상승은 인식 가능한 속성들을 열거한 후에 신적 위격들의 특성들과 관계들에서 멈추는 것이 아니다. 신성(Divinity)은 부자관계도 아니고 부성도 아니며, 우리가 이해할 수 있는 어떤 것도 아니다.[19] 그러나 디오니시우스의 아포파시스의 초삼위일체적 결과들에 대해 성급하게 결론을 내리려 해서는 안 된다. 그렇게 하는 것은 부정과 긍정의 게임을 지배하는 논리를 오해하는 것일 것이다. 우리는 그것을, 반대되는 것들을 비교하지 않는 지적 훈련-참된 초월성, 비기독교인들은 상상할 수 없는 초월성에 대한 설교에 적합한 훈련-이라고 정의할 수 있다.[20] 이것은 중기 플라톤주의에서 개략적으로 발견할 수 있는 탁월한 방법이 아니다. 토마스 아퀴나스는 확인된 의미를 하나님께 다시 적용하기 위해서 디오니시우스의 아포파시스로 하여금 중기 플라톤

---

18) Ibid., 5.
19) Ibid.
20) Ibid., 1.5.

주의를 통과하게 하려 했으며, 단지 하나님을 의미하는 인간적 방식만을 부인했다. 디오니시우스의 부정들은 긍정들을 극복하고 승리한다. 그리고 만일 『신명들』의 저자가 "초(超)-"라는 최상급을 사용하는 것을 허락한다면, 그 명칭들은 본질적으로 초월적인 본성을 의미하는 것이 아니라 그 명칭들이 모든 피조물에 참여 및 초월자와 연합이라는 범위에서 "발현"(πρόοδοι)이나 "덕들"(δυνάμες)을 의미한다. 따라서 신학에서 부정과 긍정을 대조시키지 않는 것은 차이점들을 극복하는 초월적 본성의 통일이라는 사상을 함축한다. 따라서 『신명론』의 차원에서는 부정이 긍정보다 탁월하다는 원리가 증명된다. 신학의 초월적 하나님은 그의 경륜 안에서 더욱더 내재적이 된다. 그런데 디오니시우스가 플라톤주의화한 위대한 카파도키아 교부들의 표현에 의하면 하나님의 경륜에 의해서 "에너지들이 우리에게 내려오신다." 그러나 초본질에 대해 말하기 위해서는 부정의 신학에 의해서 경륜적 현시들을 초월하며 삼위일체의 신학에 들어가야 하는데, 디오니시우스의 신지식 구도에 따르면 그것은 긍정의 신학의 절정이다.

디오니시우스의 삼위일체론적 저술에 관한 전집에서 발견되는 몇 개의 정보를 통해서, 아포파시스의 이용을 관장하는 비대립의 규칙이 위격들의 삼위일체를 원시적이고 초위격적인 통일체로 축소시키려는 모든 시도를 배제한다고 확인할 수 있다. 디오니시우스는 『신명론』 중 "유일자"라는 명칭을 다룬 마지막 장에서 "초월하신 신은 통일체요 삼위일체로서 알려진다. 사실 통일체로서든 삼위일체로서든 우리는 그분을 알 수 없다."[21]고 말한다. 두 용어는 대립된 상태에서는 부정되므로, 구분에 의해서 동일시하

---

21) Pseudo-Dionysius the Areopagite, *De Divinis Nominibus* 13.3.

는 일종의 공관(公觀)을 통해서 함께 이해되어야 한다. 디오니시우스는 계속해서 다음과 같이 말한다: "모든 진리 안에서 [초월적인 것] 연합된 것 이상의 상태로 존재하는 것 및 신적 생산력을 찬양하기 위해서, 우리는 믿음으로 모든 명칭들을 초월하는 분이시며 존재하는 모든 것을 초본질적으로 초월하는 분께 통일체라는 명사와 삼위일체라는 명사를 부여한다."[22] 신적 생산력이라는 원리는 초통일성과 동일한 차원에서 주장된다. 이것은 διακρίσεις들이 ἕνωσις에 예속되는 바 외부를 향한 발현에 대한 언급들과는 달리 삼위일체가 통일체에 예속됨이 없이 본성과 위격들이 구분된다고 주장한다.

디오니시우스는 이 저술의 앞 부분에서 파르메니데스(Parmenides)의 첫 번째 가정의 부정적 결론을 거의 문자 그대로 재현한 후에, 사람이 어떻게 이 근본적인 불가지성에 직면하여 신의 명칭들에 대해 말할 수 있느냐고 묻는다.[23] 그 다음에는 자신의 삼위론적 저술을 언급하면서 다음과 같이 덧붙인다: "내가 Hypotyposes에서 말한 바와 같이, 알 수 없는 분, 초본질적인 분, 선 자체, 스스로 있는 자−triadic Henad(혹은 Unitrinity)[24]−은 말로나 생각으로 획득될 수 없다." 그러므로 기독교인들만이 믿을 수 있는 참된 초월성은 "Unitrinity"의 것인데, 이 모순적인 용어는 『신비신학』의 목적인 유일자와 삼위의 "공관"을 표현해야만 한다.

대립된 관계라는 개념을 통해서는 신학(θεολογία)의 초월적 삼위일체에 도달할 수 없다. 철학자들의 하나님이 살아 계신 하나님이 아니라면, 마

---

22) Ibid.

23) Ibid., 1.5; Plato, *Parmenides* 142a.

24) τὴν τριαδικὴν ἑνάδα ; de Gandillac, *Sagesse*, 73에서는 이 용어를 Unitrinity라고 번역했다.

지막 단계를 거치지 않는 한 신학자들의 하나님은 불완전한 하나님이라는 것을 우리는 잊어서는 안 된다. 이러한 이유 때문에 우리는 『신비신학』의 아포파시스에서 부인하는 부성이나 부자관계라는 용어-이것은 대조하지 않는다는 원리에 의해서 부인되는데, 이 원리가 디오니시우스의 신지식의 최고 단계를 지배한다-에 대해 살펴보았다. 인간의 논리로서는 대조가 불가능하다는 것을 발견하게 되는 경우에, 위격적인 하나님의 신비를 설명하기 위해서 성부와 성자를 어떻게 대조할 수 있는가? 어떻게 삼위를 대조할 수 있겠는가? 우리는 각기 절대적인 독립된 정체성을 지닌 삼위를 대조시킬 수 없으므로, 산술적인 숫자들의 사용과 대조의 논리는 동일 본질의 삼위일체라는 측면에 머물러야 한다. 두 개의 상대적인 용어들의 대립의 원리를 초월하는 것인 바 삼위체는 이위체를 배제하지 않는가? 실제로 그것은 우리에게 두 개의 대립체의 차이보다 더 근본적인 차이점, 즉 절대적인 차이점을 제안해 주는데, 그것은 신적 위격들 고유의 특성인 바 "구분에 의해서 연합되며, 연합에 의해서 구분될"[25] 때에만 위격적일 수 있다. 여기에서 그 전집의 저자는 삼위일체 문제를 다룬 카파도키아 교부들의 방식을 의지하는 듯하다.[26]

나지안주스의 그레고리는 이위체를 능가하며 삼위체에서 휴식하기 위해서 움직이는 단일체라는 상징을 사용하여 삼위를 대조시키지 않는 원리를 만들었다.[27] 디오니시우스는 자신의 신지식의 종착점에서 신비적일 수

---

25) Pseudo-Dionysius the Areopagite, *De Divinis Nominibus* 2.4.

26) Ceslas Péra, "Denys le Mystique et la Théomachia," *Revue des Sciences Philosophiques et théologiques* 25 (1936): 47-50.

27) Gregory of Nazianzus, *Orationes* 23.8, 29.2.

밖에 없는 신학 고유의 목표인 바 그와 동일한 삼위일체적 개념들의 지류, 즉 위격적 비대립의 원리, 즉 초월자이신 삼위일체 하나님의 불가지성을 발견한다.

부정의 방법과 삼위일체 신학에 대한 연구를 끝맺으면서, 여기에서 간단히 고찰한 두 가지 경우에서 아포파시스가 대단히 상이한 특성을 갖는다고 말할 수 있다. 알렉산드리아의 클레멘트의 아포파시스는 전능자이신 성부의 초월성에 의해 결정되므로 삼위일체 신학을 하나님의 섭리의 우주론적 함의들로부터 해방시키지 못한다. 알렉산드리아의 교사가 표현하지 못했던 것이 후일 "미지의 유능한 사람"에 의해서 성취되었는데, 이 사람은 카파도키아 교부들을 따라 부정의 방법에서 다루는 미지의 하나님을 기독교의 초월적 존재인 Unitrinity와 동일시함으로써 플라톤주의 전승의 삼위 체계에 최종의 일격을 가했다.

『신비신학』의 아포파시스는 초월적 유일자의 절대적인 정체성의 원리에 의해 결정되는 것이 아니다. 삼위일체 교리에 적용된 긍정의 변증과 비대립의 부정들은 타자(他者)와 대립하는 일자(一者)를 초월하게 만든다. 『신비신학』의 저자는 그 저서의 첫머리에서 비인격적인 단일체가 아니라 초본질적이며 신적인 삼위체 이상의 존재에게 호소한다. 여기에서 호소하는 것은, 기독교 계시의 하나님, 초월적인 것들과 내재적인 것들 사이의 대립을 초월하시는 하나님을 찾는 신학자는 모든 긍정과 부정을 초월하므로 "무지(unknowing)까지도" 초월하고서 삼위 하나님과의 합일의 길을 향해야 한다는 것이다.

10
정교회 삼위일체 신학에서 성령의 발현

블라디미르 로스키

서방 기독교인들은 기독교계의 근본적인 분열이 16세기 종교개혁 때에 가톨릭 교도들과 개신교도들 사이에서 발생했다고 생각하는 반면, 정교회의 의식은 1054년에 *"filioque"*라는 용어 사용과 관련하여 논쟁이 발생하여 서방에서는 그것을 받아들이고 동방에서는 그것을 정통 삼위일체설을 위협하는 후대의 삽입구로 간주하여 거부한 데 따른 보다 심각하고 근본적인 분열에 의해서 좌우된다. 정교회에서 주장하는 바 니케아 신조에 기록되어 있듯이 성령은 성부로부터만 발현하는가, 아니면 성부로부터와 "성자로부터"(*filioque*) 발현하는가? 로스키가 이 논문의 첫 문장에서 언급한 것처럼, 이 문제는 "동방과 서방이 분열하게 된 유일한 교리적 근거"이다.

성령의 발현이라는 문제는 동방교회와 서방교회가 분열하게 된 유일한 교리적 근거였다. 역사적으로 "성자로부터"(filioque)라는 용어와 관련된 최초의 교리적 논쟁에 동반되거나 그 이후에 벌어진 유사한 논쟁들의 교리적 중요성은 어느 정도 원래의 문제에 의존한다. 이것은 삼위일체의 신비의 중요성 및 기독교의 가르침 전체에서 그것이 차지하는 위치를 참작할 때에 쉽게 이해할 수 있다. 그리스인들과 라틴인들 사이의 논쟁은 원칙적으로 성령의 문제에 관한 싸움이었다. 만일 그보나 나중에 벌어진 상호 고백적인 논쟁에서 다른 문제들이 제기되어 우선적인 지위를 차지했다면, 그것은 주로 신학자들의 사상이 작용하는 교리적 차원이 중세 시대의 차원과 같지 않았다는 사실 때문일 것이다. 교회론적 문제들이 현대 기독교 사상의 주된 관심사들을 크게 결정한다. 이것은 당연한 현상이다. 그러나 일부 현대 정교회 신학자들에게서(그리고 특히 비잔티움에게 감사하지 않는 러시아인들) 감지되는 바 과거의 성령론 논쟁을 과소평가하거나 무시하는 경향은, 너무나 쉽게 자기들의 교부들을 거부하는 이러한 신학자들에게 교리적 감각과 살아 있는 전승에 대한 존경심이 결여되어 있음을 암시해 준다.

당면한 문제들을 충족시키기 위해서는 과거에 교회가 인정했던 진리들을 재평가해야 한다. 그러나 이러한 재평가는 결코 평가절하가 아니다. 그것은 다른 시대, 다른 역사적 상황에서 말해진 것의 가치를 재서술하는 것이다. 하나의 교리가 처음 요구되었을 때의 상황에 대해서 알려주며 교리가 지닌 역사적인 함의들을 진술하는 것이 역사가의 의무이다. 그러나 교리적 가치 기준 자체를 판단하는 것은 역사가의 의무가 아니다. 이것을 기억하지 않는다면, 역사 신학은 세속 학문의 방법들에 의해서 새로운 전승의 표준을 세우려 하는 배후 세력이나 평신도 세력이 될 위험이 있다. 이것은 학자들의 황제교황주의(Caesaropapism)로서, 만일 교회가 전승을 성령 안에 있는 계시의 살아 있는 실체로 여기지 않는다면 이것은 교회 위에 그 권위를 강요하는 데 성공할 것이다.

따라서 예를 들어 러시아의 유명한 신학자요 신학사가인 볼로토프는 교황무오설에 반대한 독일 신학자들(Old Catholics)과 대화하는 자리에서 교부들의 본문에 대한 분석을 토대로 하여 "아들로부터"라는 용어는 교리적 화해의 길에서 절대 장애(*impedimentum dirimens*)가 되지 않는다고 선언할 수 있다고 생각했다.[1] 볼로토프에 의하면, 그 문제는 성령 발현의 교리를 두 개의 상이한 정식–아들을 통하여–으로 표현하는 두 개의 데[올로구메나(theologoumena)와 관련된 것이었다. 볼로토프는 훌륭한 신학자이기 때문에 양측의 교리가 동일한 것이라고 결론을 내리지는 않았다. 그러나 그에게는 두 개의 상이한 삼위일체론(triadology) 안에서 이 두 개의 정식이 차지하는 참된 위치를 감지하는 교리적 감각이 결여되어 있었다. 그는 "아들을 통하여"가 마치 성령의 위격적 발현의 교리를 표현하는 두 개의 정식이라도 되는 듯이, 이 둘을 서로 대립되는 것으로 취급하는 실수를 범하기도 했다. 성령 발현에 관한 정식으로서 충돌을 일으키고 삼위일체 신학 내의 차이점을 드러낸 것은 *Patre Filioque*(아버지와 아들로부터)와 "오직 아버지로부터"였다.[2] 성령의 위격적 발현 안에서의 아들의 중재라는 의미에서 해

---

1) V. Bolotov, "Thesen über das Filioque (von Einem Russischen Theologe)," *Revue Internationale de Théologie* (published at Berne by the Old Catholics) 6 (1898): 681-712.

2) 볼로토프는 차이점들의 근본적인 특성을 암암리에 인식했음이 분명하다. 왜냐하면 그는 솔직하게 성령의 발현 안에서의 성자의 중개의 인과적 특성을 부인했기 때문이다.

석된 "아들을 통하여"라는 정식은 13세기에 연합을 지지하는 사람들이 자기들의 삼위론이 "성자로부터"를 반대하는 사람들의 삼위론과 같지 않다는 이유에서 채택한 일치의 정식이었다. 볼로토프는 그리스인들을 라틴화하는 데 적당한 "아들을 통하여"라는 해석을 채택함으로써 두 가지 삼위론 사이의 교리적 차이를 최소화했다. 이런 까닭에 그는 두 개의 용납할 수 있는 "신학적 의견들"에 대해 저술할 수 있었다.

여기에서 우리가 해야 할 일은 역사가로서의 일이 이니다. 우리는 두 개의 다른 정식들의 기원에 관한 문제들을 일단 뒤로 미루어야 할 것이다. 또 필리오케(filioque)에 대해서 톨레도에서 처음으로 나타났던 정교회의 해석을 받아들여야 할 것이다.[3] 우리는 구두의 정식들을 다루는 것이 아니라 두 개의 확립된 신학적 교리들을 다루고 있다. 우리는 성령이 하나의 단일한 원리에서부터 발현하듯이 아버지와 아들로부터 영원한 위격으로 발현한다는 교리에 직면했을 때에 옹호해야 하는 정교회 삼위일체 신학의 개요를 나타내려 한다. 우리는 "오직 아버지로부터"와 "아들을 통하여"라는 정식들에 대한 일반적인 신학적 원리들을 제시하려 한다. 우리는 과거의 논쟁에 대해서 상세히 다루지 않을 것이다. 우리의 유일한 목표는 정교회의 삼위일체론을 보다 잘 이해할 수 있도록 돕는 데 있다.

---

3) 이러한 정식들에 대한 교리적 이해를 위해서 6,7세기에 개최된 스페인 공의회들의 *filioquism*을 연구해보는 것이 매우 중요할 것이다. 여기에서 역사 신학에 대한 공평한 작업이 진정으로 교회에 유익할 것이다.

성령에 대한 묘사의 부정확성

로마 가톨릭 신학자들과 정교회 신학자들은 모두 어떤 익명성이 성삼위일체의 제3위의 특징을 이룬다고 인정한다. "성부"와 "성자"라는 명사는 대단히 분명한 위격적 구분들을 지칭하며, 교환하여 사용될 수 없으며, 어떤 경우에도 두 위격들의 공통된 본성을 언급하지 못한다. 반면에 "성령"이라는 명사는 그러한 이점을 소유하지 못한다. 실제로 우리는 하나님을 영이라고 말하는데, 그것은 삼위의 다른 위격들과 동일하게 지닌 공통된 본성을 의미한다. 우리는 하나님이 거룩하다고 말한다: 미사 전문(典文)에서 "거룩하시다"를 세 번 반복하여 노래하는 것은 거룩한 삼위가 하나님의 거룩을 공통적으로 소유하고 계심을 암시한다. "성령"이라는 용어만을 따로 생각해보면, 그것은 하나의 위격적인 구분이 아니라 삼위의 공통된 본성에 적용될 수도 있을 것이다. 그런 의미에서, 토마스 아퀴나스가 삼위일체의 제3위는 자기 자신의 이름을 소유하지 않으며 또 "성령"이라는 이름은 성경의 용법을 토대로 하여 부여된 것이라고 한 것은 옳은 말이다.[4]

우리가 성령의 기원을 정의하기 위해서 성령의 "발현"(procession)과 성자의 발생(generation)을 구별할 때에 동일한 어려움에 직면한다. "발현"이라는 용어가 제3위격만을 나타내는 용어라고 간주될 수는 없다. 그것은 성자에게도 적용할 수 있는 일반적인 용어이다. 라틴 신학에서는 이중 발현(*duae processiones*)에 대해서도 언급한다. 삼위일체의 신비를 다루는 그러한 추상적인 방법이 과연 어느 정도 정당한 것인지에 대한 질문은 잠시 뒤로 미루도록 하자. 우리가 지금 강조하는 것은 "발현"이라는 용어가 "발생"이라는

---
4) Thomas Aquinas, *Summa Theologica* 1, q. 36, a. 1.

용어만큼 정확한 용어가 아니라는 점이다. "발생"은 신적 부권(Fatherhood)과 자권(Sonhood)의 신비한 특성을 보존하고 있으면서도 두 위격 간의 명확한 관계를 진술한다. 그런데 "발현"이라는 용어는 그렇지 못하다. 이것은 우리로 하여금 부정적으로 제시된 위격적 기원을 갖는 익명의 위격의 신비를 대면하게 하는 불명확한 표현이다. 그것은 성자의 발생과는 다른 것이다.[5] 만일 우리가 이 표현들을 긍정적으로 다루려 한다면, 우리는 제3위의 위격적 특성의 상징보다는 그의 섭리의 상징을 발견하게 될 것이다. 즉 성화를 이루시는 신적인 힘, 또는 신적 영의 발현을 발견하게 된다. 우리는 다음과 같은 역설적인 결론에 이른다: 성령에 대해 우리가 알고 있는 모든 것은 그의 섭리를 언급하며, 또 동일본질의 삼위의 말할 수 없는 다양성을 찬양할 때에 우리가 알지 못하는 모든 것은 그의 위격을 찬양하게 만든다.

 4세기에 삼위일체의 문제는 기독론적 맥락에서 검토되었으며, 로고스의 본성과 관련하여 제기되었다. 호모우시오스(ὁμοούσιος)라는 용어는 세 위격들의 다양성을 가정하면서 모든 성자종속설에 맞서 공통된 본성의 통일성을 강조함으로써 삼위일체 내에서의 정체성을 표현하려 했다. 9세기에, 라틴인들과 그리스인들 사이에 벌어진 성령론 논쟁에서는 성령의 위격(본질)과 관련된 질문이 제기되었다. 논쟁의 쌍방에서는 세 위격들의 본성적인 동등함을 지닌다고 가정하면서도 삼위일체 내의 위격적인 다양성을 표현하려 했다. 한편에서는 본성적인 동등성에서부터 출발하여 호모우시오스라는 용어에 기초를 두고서 위격적 다양성을 제시하려 했다. 다

---

5) Gregory of Nazianzus, *Orationes* 20.11, 31.8, in *Patrologia Graeca* (PG), ed. J. P. Migne, 162 vols. (Paris, 1857-66), 35.1077C, 36.141B.

른 측에서는 동일본질을 고려하지만 οὐσία와 ὑπόστασις의 삼위일체론적 모순을 더 크게 의식하고서 하나의 새로운 사벨리우스주의가 발생할 위험에 대적하기 위한 안전장치로서 성부의 독재(monarchy)를 강조했다.[6] 성령의 위격적 발현에 대한 두 가지 교리–*Patre Filioque tanquam ab uno principio*와 ἐκ μόου τοῦ Πατρός–는 삼위일체 내의 위격적 다양성의 문제에 대한 두 가지 상이한 해결책, 즉 두 개의 상이한 삼위일체론을 대변한다. 우리는 이 삼위일체론들의 윤곽을 간단히 살펴보아야 한다.

삼위일체에 대한 라틴 개념과 그리스의 개념

라틴 신학은 성령의 위격적 특성은 불명확하며 특징이 알려지지 않고 있다는 사실에서부터 출발하며, 성령의 기원의 방식에 대한 긍정적인 결론을 내리려 한다. "성령"(Holy Spirit)이라는 용어는 어떤 의미에서 성부와 성자와 공유되는 용어이므로(두 분 모두 거룩하시며[holy] 두 분 모두 영이시다[spirit]), 그것은 성부와 성자가 공통적으로 소유하고 있는 것을 고려하여 성부와 성자와 관련된 위격을 의미해야 한다.[7] 당면한 문제가 제3위의 기원 방식으로 채택된 "발현"일 때에도, "발현"–이 용어는 본질적으로 발생과 구분되는 기원 방식을 의미하는 것이 아니다–이라는 용어는 성부와 성자 두 분과 구분된 제3위를 위한 기초 역할을 하는 성부와 성자에 대한 관

---

6) 이 표현은 *Photius Mystagogia* 9 (PG 102.289B): καὶ ἀναβλαστήσει πάλιν ἡμῖνὀ Σαβέλλιος, μᾶλλον δέ τι τέρας ἕτερον ἡμισαβέλλειον에서 유래된 것이다.

7) Thomas Aquinas, *Summa Theologica* 1, q. 36, a. 1, with a reference to Augustine, *De Trinitate* 1.11.

계를 의미해야 한다. "대립의 관계"[8]는 두 용어 사이에만 성립될 수 있으므로, 삼위가 하나의 통일체를 나타내는 한, 성령은 성부와 성자로부터 발현해야 한다. 이것이 성령이 발아(spiration)의 원리로서 성부와 성자에게서 발현한다고 말하는 정식의 의미이다.[9]

이러한 추론 과정의 논리적 명확성을 부인할 수 없다. 이 과정에서는 위격적 다양성의 기초를 대립의 관계들이라는 원리에 두려 한다. 토마스 아퀴나스가 만든 이 삼위론적 원리는 성령의 쌍방으로부터(*ab utroque*) 발현의 교리가 받아들여지는 순간을 피할 수 없다. 그것은 다음과 같은 조건들을 전제로 한다:

(1) 관계들은 위격들의 기초이며,[10] 이 위격들은 상호 대립에 의해서 자신을 정의한다. 제1위는 제2위와 대립하며, 제1위와 제2위는 함께 제3위와 대립한다. (2) 두 위격들이 또 하나의 대립 관계를 야기한다는 점에서 이 두 위격들은 하나의 비인격적 통일체를 나타낸다. (3) 일반적으로 삼위일체의 각 위의 기원은 비인격적인 것이며, 그 실제의 토대는 하나의 본질 안에 있는데, 그 본질은 내적인 관계들에 의해서 분화된다. 이 삼위일체론의 일반적인 특성은 위격적인 삼위일체보다 본성적인 통일성이 우월하다고, 즉 위격들보다 본질이 존재론적으로 우월하다고 묘사하는 데 있을 것이다.

---

8) 토마스는 우리가 여기에서 "대립의 관계"라고 부른 것을 의미하기 위해서 *Relativa Oppositio, Oppositio Relationis*(이것은 본질을 언급한 것이다), *Relatio*(or *respectus*) *ad suum oppositum*, 그리고 *relationes oppositae* 등의 표현을 사용한다. 이 표현을 사용하는 것은 결코 토마스의 사상을 잘못 전하는 것이 아니다. 왜냐하면 관계에 대한 그의 정의 안에 대립이라는 사상이 함축되어 있기 때문이다.

9) Thomas Aquinas, *Summa Theologica* 1, q. 36, a. 2, 4.

10) 토마스는 이에서 더 앞으로 나아간다. 그는 삼위일체의 삼위를 관계들이라고 본다(*persona est relatio* [*Summa theologica* 1, q. 40, a.2]).

위격적인 구분의 표식보다는 신적 섭리를 지칭하는 성령의 신비한 이름을 대면할 때에 정교회에서는 결코 성령의 위격적 다양성을 정의하기를 거부하는 태도를 취하지 않는다. 오히려 그러한 다양성, 보다 일반적으로 말해서 세 위격들의 다양성이 절대적인 것으로 제시되기 때문에, 성부와 성자를 하나의 원리로 간주하면서 성령을 성부와 성자에게 대립시키는 입장을 취하는 기원의 관계를 받아들이지 않는다. 만일 그것을 받아들인다면, 삼위일체 내의 위격적 다양성은 결국 상대화될 것이다. 성령은 하나의 위격이기 때문에, 동일한 본성 안에 있는 그 둘의 통일성만을 나타낼 것이다. 여기에서 세 가지 용어들 사이의 대립의 논리적인 불가능성, 이 삼위일체론 체계의 명확성이 극도로 피상적인 것으로 드러난다. 이러한 방침을 따르면, 우리는 세 위격들을 본질과 혼동함이 없이 각 위로부터 구분하는 방식에 이르지 못한다. 실제로 분명하게든지 암시적으로든지 위격적 다양성의 기초로서 본성적 정체성과 대조되는 상대적 기초를 취함으로써 본질이 위격들보다 우월하다는 것을 인정하지 않는다면, 세 위격의 절대적인 다양성의 기초를 그들의 대립 관계 위에 둘 수 없다.[11] 그러나 그것이 정확하게 정교회 신학에서 받아들일 수 없는 것은 아니다.

정교회에서는 성령의 쌍방으로부터(*ab utroque*)의 발현이라는 교리에 맞

---

11) T. de Régnon은 "성자로부터"와 관련된 고찰들이 그리스 교부들의 풍부한 저술들 안에서는 발달되지 않은 이유를 묻는다: "이것은 그러한 고찰들이 삼위일체에 대한 그들의 개념 안에서는 발생하지 않았다는 증거가 아닌가?" 그는 그 질문에 대한 답변으로 하나의 의미심장한 공언을 한다: "사실 이 모든 것들("성자로부터"와 관련된 고찰)은 개념들의 순위에 있어서 본성이 위격보다 우선하며, 위격은 본성의 개화임을 나타낸다"(*Etudes de Théologie Positive sur la Sainte Trinité* [Paris, 1892], 1.309). 그는 또 다음과 같이 기록하기도 했다: "라틴 철학은 먼저 본성 자체를 직시한 다음에 그것을 표현한다. 그리스 철학은 먼저 표현하고, 그 다음에 본성을 발견하기 위해서 그것을 통과한다. 라틴 철학은 인격을 일종의 본성의 형태로 보며, 그리스 철학에서는 본성을 위격의 내용이라고 본다."(p. 433).

서, 성부로부터만 발현한다고 확신해 왔다. 이 정식은 그 표현상으로는 진기한 것처럼 보이지만 교리적 의미는 신적 위격들의 유일한 원천이신 성부의 독재에 대한 전통적 가르침을 확인하는 것에 불과하다. 성령이 성부에게서만 발현한다는 이 정식이 삼위일체의 제2위와 제3위의 대립 관계를 전혀 용납지 않는다는 반론을 제기할 수도 있을 것이다. 그러나 이런 반론을 제기하는 사람들은 정교회 삼위일체론에서는 대립의 관계의 원리가 받아들여지지 못한다는 사실, 즉 정교회 신학에서는 "기원의 관계들"(relations of origin)이라는 표현이 *filioque*를 지지하는 사람들의 경우와는 다른 의미를 지닌다는 사실을 간과하고 있다.

우리가 성령의 성부로부터만의 영원한 발현이 성부만의 독생자이신 성자의 발생과는 무어라 표현할 수 없는 방법으로 구분된다고 말할 때에는, 성자와 성령의 대립 관계를 세우려는 시도가 전혀 이루어지지 않는다. 그것은 발현을 말로 표현할 수 없기 때문만이 아니라(성자의 발생 역시 그에 못지 않게 말로 표현할 수 없다)[12] 삼위일체 내에서의 기원의 관계들-부자관계, 발현-을 마치 위격들의 절대적인 다양성을 규정하는 것인 듯이 위격들을 위한 기초로 간주할 수 없기 때문이기도 하다.[13] 성령의 발현이 성자의 발생과는 절대적으로 다른 관계라고 말할 때에, 우리는 성자와 성령의 기원의 공유(共有)가 결코 그들 사이의 절대적인 다양성에 영향을 주지 못한다는 것을 확인하기 위해서 그 공통의 근원과의 차이(기원의 방식에 있어서의 차이)를 지적한다.[14]

---

12) John of Damascus, *De Fide Orthodoxa* 1.8 (PG 94. 820-24A).

13) Gregory of Nazianzus, *Orationes* 20.11, 31.8 (PG 35.1077C, 36.141B).

14) 보다 정확하게 말하자면 "생존의 방식"이다. 이 표현은 Basil the Great, *De Spiritu Sancto* 18 (PG

여기에서 그 관계들은 단지 삼위의 위격적 다양성을 표현하는 역할만 할 뿐이라고 말할 수도 있을 것이다. 즉 그것들은 다양성의 기초가 아니다. 삼위들 서로에 대한 상이한 관계들을 결정하는 것은 세 위격들의 절대적 다양성이다. 이것은 역으로는 성립되지 않는다. 여기에서 다른 존재들과는 절대적으로 상이한 하나의 인격적 존재를 정의할 수 없다는 사실에 직면하여 우리의 생각은 정지된다. 성부-출발점이 없이 존재하시는 분-는 성자나 성령이 아니라는 것, 잉태된 성자는 성령도 아니고 성부도 아니라는 것, "성부로부터 발현하는" 성령은 성부도 아니고 성자도 아니라는 것을 선포하기 위해서는 부정적인 접근 방식을 채택해야만 한다.[15] 여기에서 우리는 대립의 관계들에 대해서 말할 수 없으며, 다양성의 관계들에 대해서만 말할 수 있다.[16] 여기에서 긍정적인 접근 방식을 따르며, 무어라고 표현할 수 없는 위격들의 다양성의 상징들보다는 그 기원의 관계들을 나타낸다는 것은 곧 이 위격적인 다양성의 절대적인 특성을 억제하는 것이다. 즉 삼위일체를 상대화하는 것, 어떤 의미에서 비인격화하는 것이다.

"성자로부터"의 발현을 지지하는 삼위일체론에서 사용되는 긍정적 접근방식이 본질과 위격들 사이의 근본적인 모순을 억제하는 한, 그것은 삼

32.152B); John of Damascus, *De Fide Orthodoxa* 1.8, 10(PG 94.828D, 837C)에서 발견된다. 이것은 George of Cyprus, *Apologia*(PG 142.254A et passim)에서 많이 사용되었다.

15) "잉태되지 않음, 잉태됨, 발현"은 성부, 성자, 그리고 성령이라고 부르는 분의 특징들이다. 그것들은 하나의 본성과 신성 안에 있는 세 개의 위격들의 구분을 보호해 준다. 성부는 한 분뿐이므로 성자는 성부가 아니다. 그러나 성자는 존재에 있어서 성부와 같다. 성령은 하나님으로부터 발현하지만 성자가 아니다. 왜냐하면 독생자는 한 분뿐이기 때문이다. 그러나 성령은 존재에 있어서 성자와 같다. 삼위는 신성 안에서 한 분이며, 그 한 분은 위격에 있어서 셋이다. 그러므로 우리는 사벨리우스나 다른 사람들의 이단을 피해야 한다(Gregory of Nazianzus, *Orationes* 30.9[PG 36.141D-44A]).

16) 에베소의 마가(Mark of Ephesus)는 위격들의 다양성이라는 원리를 확인하면서 위격들의 대립이라는 토마스의 원리를 비판한다(*Capita Syllogistica Contra Latinos* 24[PG 161.189-93]).

위일체의 교리를 어느 정도 합리화한다. 우리는 종교적 철학의 차원으로 내려가기 위해서는 신학의 고지들을 버려야 한다는 인상을 받는다. 반면에, 우리로 하여금 절대적 동일성의 원시적 모순과 하나님 안에서의 절대적 다양성을 직면하게 해주는 부정의 접근 방식에서는 이 모순을 감추려 하지 않고 오히려 적절하게 표현함으로써, 삼위일체의 신비에 의해 우리가 사유의 철학적 양식을 초월하며, 진리는 우리로 하여금 우리의 이해 방식을 변경함에 의해서 인간의 한계들로부터 해방되게 만들어 준다. 전자의 접근 방식에서 믿음이 계시를 철학의 차원으로 옮겨 놓음으로써 이해를 추구한다면, 후자의 접근 방식에서는 계시의 신비들에 대해 더욱 더 개방적이 됨으로써 변화되기 위해서 이해가 신앙의 실체들을 추구한다. 삼위일체의 교리는 모든 신학적 사유의 근본원리이며 그리스 교부들이 신학(θεολογία)이라고 불리는 영역에 속하므로, 비록 첫눈에는 중요치 않게 보이지만 이 절정의 요점 안에 있는 분기(分岐)가 결정적으로 중요하다는 것을 이해할 수 있다. 삼위일체에 대한 두 가지 개념의 차이가 신학적 사유의 모든 특성을 결정짓는다. 따라서 모호한 말을 사용하지 않고서는 신학이라는 동일한 명사를 신적 실체들을 다루는 이 두 가지 상이한 방식에 적용하기가 어렵게 된다.

성자와 성령의 원인이 되시는 성부

만일 하나님 안에 있는 위격적 다양성이 스스로를 다른 원리에서 추론되거나 다른 사상에 기초를 두어서는 안 되는 하나의 원시의 사실로서 제시된다면, 그것은 삼위의 본질적인 동일성이 존재론적으로 위격적 다양성보다 나중에 생긴 것이라는 의미가 아니다. 정교회의 삼위일체론은 성자로부터의 발현을 주장하는 것(Filioquism)에 대한 강한 반발이 아니다. 그것은 반대편 극단으로 흐르지 않는다. 이미 말한 바와 같이, 삼위의 기원에 관련된 관계들은 삼위의 위격적 다양성을 의미하지만, 그에 못지 않게 그들의 본질적 동일성도 지적한다. 성자와 성령이 성부와 구분되므로 우리는 세 위격을 공경한다. 그들이 성부와 하나이므로, 우리는 그들의 동일본질성을 믿는다고 고백한다.[17] 그러므로 성부의 독재(monarchy)는 한쪽으로 치우침이 없이 본성과 위격들 사이에서 완전한 평형 상태를 유지한다.[18] 비위격적인 본질은 없으며, 비동일본질의 위격들도 없다. 우리는 하나의 본성과 세 위격을 동시에 인식해야 한다. 위격들의 기원은 성부의 위격에게 돌려지므로, 그것은 결코 비위격적인 것이 아니다. 그러나 그들이 동일한 본질에서 발현했다는 사실을 떠나서는 "구분되지 않는 구분 안에 계신 하나님"을 생각할 수 없다.[19] 그렇지 않다면 우리는 세 분의 신적 개체들, 신격이라는 추상적인 개념에 의해 묶인 세 분의 하나님을 소유하게 될 것이다. 반면에 세 위격들이 하나의 공통된 본질을 소유한다는 점에서 동일본질이란 삼위의 비위격적 동일성이므로, 성부의 독재를 떠나서는 세 위격들의 통일체를 생각할 수 없다. 성부는 공통된 하나의 본질을 소유하는 원리이시다. 만일 그렇지 않다면, 여러 관계들에 의해 차별화된 하나의 단

---

17) "하나님은 한 분이시며, 신은 한 분이시며 우리가 믿는 분으로부터 삼위가 발현하며 한 분을 언급한다. …그러므로 우리가 제1원인인 신성을 볼 때에, 유일자가 우리에게 나타난다. 그러나 우리가 신성을 지닌 삼위, 무한하시며 동등한 영광을 가지고 제1원인에게서 나오시는 분을 바라볼 때에 우리는 삼위를 경모한다"(Gregory of Nazianzus, *Orationes* 31.14[PG 36.148D-49A]).

18) 포티우스(Photius)는 삼위일체를 천칭에 비유한다. 그 천칭에서 바늘은 성부를 나타내며, 두 개의 고대는 성자와 성령을 나타낸다(*Amphilichia* q. 181 [PG 101.896]).

19) Gregory of Nazianzus, *Orationes* 31.14 (PG 36.148D).

순한 본질에 관심을 가져야 할 것이다.[20]

그리스인들이 라틴인들의 반(半) 사벨리우스주의를 피하기 위해서 성부의 독재를 강조하기 때문에 성자 종속설에 빠진 것이 아니냐는 질문이 있을 수 있다. 그리스 교부들의 문헌에서 우리는 종종 성부의 위격에 적용된 인과관계를 발견하기 때문에, 그러한 질문이 발생할 가능성은 한층 더 커진다. 성부는 성자와 성령이라는 위격들의 원인, 또는 "원천이 되는 신격"이라고 불린다. 때때로 그는 단순하게 정관사를 붙여서 "하나님" 혹은 "하나님 자신"이라고 불린다.

여기에서 앞에서 정교회 사상의 특징인 부정적 접근-근본적으로 철학적 용어들을 하나님에게 적용하는 것의 가치를 변화시키는 접근-에 대해 다루었던 것을 상기할 필요가 있다. "원인"이라는 상징뿐만 아니라 "생산"(production) "발현"(procession) "기원"(origin) 등의 용어들도 무엇으로 되어가는 모든 것, 어떤 과정을 거치는 모든 것, 출발점을 갖는 모든 것과 관련이 없는 하나의 실체를 표현하는 데 부적합한 것으로 간주해야 한다. 기원과 관련된 관계들(relations of origin)이 대립의 관계들과는 다른 것을 의미하듯이, 인과관계는 성자와 성령의 기원을 결정하는 위격적 통일성을 표현하려고 애쓰는 불완전한 상징에 불과하다. 삼위일체 안에는 시간적으로 앞섬이나 나중이 존재하지 않으므로 이 특이한 원인은 그가 만들어낸 결과들보다 시간적으로 우선하지 않는다. 또 그는 자기가 만들어낸 결과들보다 우월하지도 않은데, 이는 완전한 원인이 열등한 결과들을 만들어낼 수

---

20) 삼위 안에 있는 하나의 본성은 하나님이시다; 그러나 그 연합은 아버지이다. 나머지 둘은 그분에게서 발현하며 그분을 가리키는데, 결코 그분과 혼동되지 않으며, 시간이나 의지나 힘의 구분이 없이 그분과 공통으로 소유하는 모든 것을 소유한다(Gregory of Nazianzus, *Orationes* 42 [PG 36.476B]).

는 없기 때문이다. 그러므로 그는 자기가 만들어낸 결과들과 자신과의 동등성의 원인이다.[21] 영원히 성자를 잉태하시며, 영원히 성령으로 하여금 발현하게 하시는 성부의 위격이 소유하는 인과관계라는 사상은 성부의 독재와 동일한 사상을 표현한다: 즉 성부는 삼위의 통일성에 관계되는 위격적인 원리, 그들이 공동으로 소유하는 동일한 내용, 즉 동일한 본질의 원천이시다.

"신격-원천"(Godhead-Source)과 "신격의 원천"(source of Godhead)이라는 표현은 신적 본질이 성부의 위격에 예속된다는 것을 의미하는 것이 아니라, 성부의 위격이 동일한 본질의 공동 소유의 기초임을 의미한다. 성부의 위격은 신격의 유일한 위격이 아니므로, 본질과 동일시되어서는 안 된다. 어떤 의미에서 성부는 성자와 성령과 함께 신적 본질을 공동으로 소유한다고, 그리고 만일 그가 하나의 단일체에 불과하다면 그는 신적 위격이 아닐 것이라고 말할 수도 있다. 만일 그렇다면 그는 신적 본질과 동일시될 것이다. 여기에서 알렉산드리아의 키릴이 "성부"(Father)라는 명사가 하나님(God)이라는 명사보다 우월할 것으로 간주했음을 상기하는 것이 유익할 것이다. 그가 그렇게 한 이유는 "하나님"이라는 명사는 상이한 본성을 지닌 존재들과의 관계들을 고려하여 신에게 주어지기 때문이다.[22]

만일 때로 성부가 단순히 하나님이라고 불린다 해도, 우리는 정교회 저자들에게서 동일본질이 성자와 성령이 성부의 본질에 참여하는 것이라고

---

21) "그는 사소하고 무가치한 것들의 기원일 것이다. 또는 만일 그가 신성의 기원이 아니거나 성자와 성령 안에서 관조되는 선의 기원이 아니라면 '기원'라는 용어는 무가치하게 사용될 것이다. 전자 안에서는 말씀이신 성자, 후자 안에서는 분리됨이 없이 발현하는 성령이시다"(Grogory of Nazianzus, *Orationes* 2.39 [PG 35.445]).

22) Cyril of Alexandria, *Thesaurus*, assertio 5 (PG 75.65, 68).

취급한 표현을 발견하지 못한다.[23] 각 위는 각기 다른 위의 본성에 참여함에 의해서가 아니라 본성에 의해서 하나님이시다.

성부는 자신이 본질이 아니기 때문에, 즉 자기 자신을 위해서 자신의 본질을 소유하는 것이 아니기 때문에 다른 위격들의 원인이시다. 인과관계라는 상징이 표현하고자 하는 것은, 하나의 본질에 불과한 것이 아니라 하나의 위격이신 성부는 바로 그 사실에 의해서 동일본질을 소유하는 다른 위격들, 즉 성부와 동일한 본질을 소유하시는 다른 위격들의 원인이라는 사상이다.

단일체요, 이위일체를 초월하는 삼위일체이신 하나님

인과관계란 성부는 다른 위격들의 원인이라는 점에서 하나님-위격이라는 개념-만일 성자와 성령이 성부와 동일한 본성을 소유하지 않는다면 성부는 완전하고 절대적인 위격이 될 수 없다는 개념을 표현한다. 이것은 삼위일체의 각 위격은 공통된 본질이 아니라는 점에서 나머지 두 위격의 원인으로 간주될 수 있다는 개념으로 이어질 수도 있다. 이것은 위격들의 새로운 상대화와 매한가지로서 그것들을 세 가지 다양성을 표현하는 전통적이고 상호 교환 가능한 상징들로 변형시킨다. 로마 가톨릭 신학에서는 성령의 쌍방으로부터의(*ab utroque*) 발현에 대한 신앙을 고백함에 의해서, 즉 비위격적인 상대주의에 빠짐으로써 이 위격적 상대주의를 피하는데, 그

---

23) 그러한 개념은 오리겐의 저술들(예를 들면 *Commentary on John* 2.2[PG 14.109])에서 발견된다. 이 주제에 관해 참고할 수 있는 훌륭한 저서는 Th. Lieske, *Theologie der Logosmystik bei Origen* (Münster, 1938)이다.

것은 하나의 단순한 본질의 통일체 안에 있는 세 위격들의 기초로 간주된다. 정교회 신학에서는 본질과 위격의 최초의 모순을 출발점으로 삼으며, 인과관계가 성부에게만 속하는 것으로 간주함으로써 위격적인 상대주의를 피한다. 그러므로 성부의 독재는 우리로 하여금 나머지 두 위격을 성부로부터 구분할 수 있게 해주면서도 삼위일체의 통일성의 확고한 원리인 성부에게 그들을 연결시켜 주는 역행할 수 없는 관계를 세운다. 삼위 안에는 동일한 하나의 본성의 통일성만 있는 것이 아니라 동일한 하나의 본성을 지닌 삼위들의 통일성도 있다. 나지안주스의 그레고리는 이것을 다음과 같이 훌륭하게 표현한다: "각 위는 본질상 전적으로 하나님이다. 성부가 하나님이듯이 성자도 하나님이며, 성자가 하나님이듯이 성령도 하나님이시만, 각 위는 자기 나름의 특성들을 그대로 보존한다. 삼위는 모두 함께 하나님으로 간주된다. 그리고 각 위는 동일본질 때문에 하나님이며, 삼위들은 독재 때문에 하나님이다."[24]

고백자 막시무스에 따르면, 하나님은 "동등하게 단일체이면서 삼위일체이다."[25] 그분은 단순히 하나이면서 셋인 것은 아니다; 그분은 하나이면서 셋이요 셋이면서 하나이다. 여기에서 우리는 분량을 의미하는 숫자에 대해 논하는 것이 아니다. 절대적인 다양성들은 덧셈의 주제가 될 수 없다. 즉 그것들은 공통된 대립조차 갖지 않는다. 만일 한 위격적인 하나님이 하나의 단일체일 수 없다면(만일 그가 하나의 단일한 위격 이상의 존재여야 한다면), 그는 이위일체일 수도 없다. 이위일체는 두 관계들의 대립이며, 그런 의미에서 그것은 절대적인 다양성을 의미하지 못한다. 하나님을 삼위일

---

24) Gregory of Nazianzus, *Orationes* 40.41 (*In Sanctum Baptisma*) (PG 36.417B).

25) Maximus the Confessor, *Capita Theoligica et Oeconomica* 2.13 (PG 90.1125A).

체라고 말할 때에, 우리는 일련의 셀 수 있는 숫자들이나 셀 수 없는 숫자들에서 벗어난다.[26] 성령의 발현은 이위일체를 넘어서는 무한한 이주인데, 그것은 위격들의 절대적인 다양성(상대적인 다양성과 대립되는 것)을 신성하게 한다. 이위일체를 초월하여 나아가는 것은 일련의 무한히 많은 위격들이 아니라, 제3위의 발현의 무한성이다. 삼위일체(Triad)는 살아 계신 계시의 하나님을 지칭하기에 충분하다.[27] 만일 하나님이 삼위일체와 동등한 단일체라면, 그에게는 이위일체가 자리할 곳이 없을 것이다. 그러므로 성부와 성자 사이에 필요한 듯이 보이는 바 이위일체를 만들어내는 대립관계는 인위적인 것으로서 불법적인 추상화의 결과이다. 삼위일체와 관련하여, 우리는 한 분 하나님이나 삼위의 현존 안에 있으나, 이위의 현존 안에는 있지 않다.

성령의 쌍방으로부터의(ab utroque) 발현은 이위일체를 초월하는 발현이 아니며, 그보다는 이위일체가 단일체 안에 재흡수되는 것을 의미한다. 그것은 단일체가 발달하여 이위일체가 되며 다시 그 단순성으로 복귀하는 것과 관련된 논증이다.[28] 한편, 성령의 성부로부터만의 발현은 삼위의 통일성의 구체적인 원리인 성부의 독재를 강조함에 의해서 원시의 통일성으로 복귀함이 없이, 즉 하나님께서 본질의 단순성으로 후퇴할 필요가 없이

---

26) 바실이 이 사상을 훌륭히 표현한 듯하다: "우리는 점진적으로 통일체를 다원체로 증가시키면서 추가하는 방식에 의해서 '하나, 둘, 셋' 또는 '첫째, 둘째, 셋째'라고 세지 않는다. 하나님은 '나는 처음이요 마지막이라'고 말씀하신다(사 44:6). 그리고 우리는 결코 제2의 하나님에 대해서 들어본 적이 없다. 우리는 '하나님의 하나님'을 예배하면서 위격들의 구분에 대한 신앙을 고백하며 또 독재를 고수한다(De Spiritu Sancto 18 [PG 32.149B])."

27) Gregory of Nazianzus, Orationes 23.10 (De pace 3) (PG 35.1161); Orationes 45 (In Sanctum Pascha) (PG 36.628C).

28) 성령은 성부와 성자의 호혜적인 사랑이라는 개념은 "성부와 성자로부터"의 발현을 지지하는 삼위론의 특징이다.

이위일체를 넘어서 나아간다. 이런 까닭에 성령이 성부에게서만 발현한다는 이론에서 우리는 "셋으로 이루어진 통일체"(Tri-Unity)의 신비에 직면한다. 우리는 여기서 하나의 단순하며 자체적으로 폐쇄된 본질, 철학의 신을 기독교 계시의 하나님으로 가장하기 위해서 대립의 관계들을 덧붙인 본질을 소유하지 않는다. 우리는 "단순한 삼위일체"를 말하는데, 정교회 찬송의 특성인[29] 이 모순적인 표현은 세 위격들의 절대적 다양성이 결코 상대화하지 못하는 단순성을 가리킨다.

원시(原始)의 실재인 삼위일체

우리가 단일체일 수 없는 위격적인 하나님에 대해서 말할 때, 그리고 나지안주스의 그레고리의 저서에 담겨 있는 유명한 플로티누스적인 구절을 염두에 두고서 이위일체 및 그것을 구성하는 두 개의 대립된 관계들을 초월하여 나아가는 것이 삼위일체라고 말할 때,[30] 그것은 결코 삼위일체 교리를 위한 도덕적인 토대(예를 들면 사랑이 자신의 풍성함을 나누어 주려 한다는 사상), 또는 신플라톤주의 개념인 *bonum diffusivum*을 의미하는 것이 아니다. 만일 성부가 성자와 성령과 함께 하나의 본질을 공유한다면, 그렇게 공유하면서도 나누어지지 않는다면, 그것은 결코 하나의 의지적인 행위가 아니며 내적 필요에 따른 행위도 아니다. 보다 일반적으로 말해서, 그것은

---

29) Andrew of Crete, *Great Canon of Repentance*, odes 3, 6, 7.

30) "단일체는 그 풍성함 때문에 움직인다. 신은 물질과 형태를 초월하기 때문에 이위일체도 초월된다. 삼위일체 안에서 완전히 성취된다. 단자는 이위일체의 복합적 특성을 초월하며, 그리하여 신은 억제되거나 무한으로 확대되지 않는 상태에 머물지 않는다"(Gregory of Nazianzus, *Orationes* 23.8 [De pace 3] [PG 35.1160C]; see also *Orationes* 29.2 [*Theologica* 3] [PG 36.76B]).

본질상의 행위가 아니라 삼위일체적 생존의 영원한 방식이다. 그것은 그 자체가 아닌 어떤 개념에 토대를 둘 수 없는 원시적인 실재이다. 왜냐하면 삼위일체는 하나님께서 자신을 나타내며 자신을 알리는 방편이 되는 모든 특성—선, 지혜, 사랑, 능력, 무한성—보다 선행한다.

로마 가톨릭 신학에서는 삼위일체의 기원과 관련된 관계들을 개념적인 행위로 제시하며 지적인 양태(*per modum intellectus*)와 의지적인 양태(*per modum voluntatis*)라는 이중 발현에 대해 말하는데, 정교회의 관점에서 볼 때 그것은 용납할 수 없는 잘못이다. 사실, 하나님의 외적인 속성들—지혜, 의지, 또는 사랑—은 세 위격들 사이의 관계를 지칭하기 위해서 삼위일체의 내면에 삽입된다. 이러한 사상의 흐름은 우리에게 위격들의 삼위일체—자신의 본질적인 내용을 의식하며(말씀의 발생) 자신을 앎으로써 자신을 사랑하는 (성령의 발현) 개체성—보다는 하나의 신적인 개체성을 제공한다. 여기에서 우리는 성경의 신인동형론과는 전혀 공통점이 없는 철학적 신인동형론을 대면하게 된다. 성경적인 신현현(神顯現)들은 세계사 안에 인간의 모습으로 나타난 신과 그 행위들을 우리에게 보여주면서 동시에 우리로 하여금 그의 알 수 없는 존재의 신비를 대면하게 해 준다. 기독교인들은 그분을 본질상 접근할 수 없는 빛 가운데 거하시면서 다스리시는 분, 성부와 성자와 성령의 삼위 안에 계신 독특한 분으로 여겨 경모하고 그분께 기원한다.

우리가 볼 때에 삼위일체는 "기이한 불"이 결코 삽입될 수 없는 신적 존재의 처소인 지극히 거룩한 곳, *Deus Absconditus*이시다. 신학의 전문 용어들—οὐσία, ὑπόστασις, 동일본질(consubstantiality), 기원의 관계들(relations of orgin), 인과관계(causality), 독재(monarchy)—이 다른 출발점에서 파생된 삼위일체론적 추론들과 혼동함이 없이 삼위일체 하나님의 신비를 분명하게 제공하는 한, 신학은 전승에 충실할 것이다. 정교회에서는 성령이 성부에게서만 위격적으로 발현한다는 교리를 옹호함으로써 단순한 삼위일체 신앙을 고백한다. 이 삼위일체 내에서 기원의 관계들은 단일체가 아니라 셋으로 이루어진 통일체(Tri-Unity)이신 성부에 의해 대표되는 삼위의 통일체를 지적하면서 동시에 그들의 절대적인 다양성을 나타낸다. 이것은, 만일 하나님이 철학자들이 말하는 단순한 본질이 아니라 진실로 살아 계신 계시의 하나님이시라면, 그분은 삼위일체 하나님일 수밖에 없음을 의미한다. 이것은 추론의 과정에 기초를 둘 수 없는 하나의 원시적 진리이다. 왜냐하면 모든 추론, 모든 진리, 모든 생각은 시간적으로 모든 존재와 지식의 기초이신 삼위일체보다 나중의 것으로 증명되기 때문이다.

지금까지 살펴본 대로, 모든 삼위일체론은 성령의 발현에 관한 문제에 의존하고 있다:

(1) 만일 성령이 성부로부터만 발현한다면, 이 발현은 우리로 하여금 세 위격들의 절대적인 차이에 대면하게 하며, 모든 대립의 관계들을 배제한다. 만일 그가 성부와 성자에게서 발현한다면, 절대적인 차이의 상징들 대신에 기원의 관계들이 삼위의 결정 요소들이 되는데, 그것은 하나의 비인격적 원리에서 방사된다.

(2) 만일 성령이 성부로부터만 발현한다면, 이 발현은 숫자의 법칙과는 관계가 없는 삼위일체를 우리에게 제공할 것이다. 왜냐하면 그것은 종합이나 일련의 새로운 숫자들에 의해서가 아니라 제3위라고 부르는 절대적으로 새로운 상이체에 의해서 대립된 관계들을 지닌 이위일체를 초월하기 때문이다. 만일 성령이 두 곳으로부터 발현한다면, 우리는 대립의 관계들과 숫자의 법칙(이 법칙이 삼위의 차이를 위한 토대가 될 경우에는 삼위를 서로 혼

동하거나 그들의 공통된 본성을 혼동하게 된다)을 따르는 상대화된 삼위일체를 얻게 될 것이다.

(3) 만일 성령이 동일본질의 위격들의 원인이신 성부로부터만 발현한다면 우리는 단순한 삼위일체를 발견하게 되는데, 거기에서는 성부의 독재가 삼위의 통일성을 표현하면서 동시에 그들의 위격적 차이를 결정한다. 위격들과 본질(οὐσία) 사이의 균형이 보호된다. 만일 성령이 하나의 단일원리로서 성부와 성자에게서 발현한다면, 본질적 통일성이 위격적 차이보다 우선하게 되며, 삼위들은 상호 대립에 의해 서로 구분 짓는 본질의 관계들이 된다. 그것은 더 이상 단순한 삼위일체가 아니라 본질의 절대적인 단순성으로서, 원시적 삼위일체(Tri-Unity)만이 기초가 될 수 있는 지점에서 하나의 존재론적 기초로 취급된다.

본질과 에너지

"성부와 성자로부터의" 발현의 교리에 의해서, 철학자들과 학자들의 신이 살아 계신 하나님의 중심에 들어와 숨어 계신 하나님, 어둠 속에 숨기시는 하나님(*Deus absconditus, qui posuit tenebras latibulum suum*)의 자리를 차지한다. 그리고 성부와 성자와 성령의 알 수 없는 본질이 적극적으로 수정된다. 그것은 자연신학의 대상이 된다. 즉 우리는 데카르트의 신이나 라이브니츠의 신, 볼테르의 신, 그리고 18세기 비기독교화된 이신론자들의 신이 될 수도 있는 일반적인 하나님에 도달한다. 신학 지침서들은 하나님의 존재에 대한 증명에서부터 시작하여 그의 본질의 단순성에서, 피조물들에게서 발견되는 완전한 것들을 이 탁월하게 단순한 본질에게 속하는 것으로 간주하는 방식을 연역해낸다. 그것들은 그의 속성에서부터 시작하여 그가 할 수 있는 것이나 할 수 없는 것에 대한 논의, 그가 자가당착함이 없이 자신의 본질적인 완전함에 머물러 있을 수 있는지에 대한 논의로 나아간다. 마지막으로, 본질의 계시들에 대한 부분(이것이 그 단순성을 완전히 폐지하지는 않는다)은 철학자들의 신과 계시의 하나님 사이의 연약한 다리 역할을 한다.

성령이 성부로부터만 발현한다는 교리에 의하면, 철학자들의 신은 "스랍천사들이 보지 못하도록 숨겨져 있으며 연합하여 하나의 주권자요 하나님이 되시는 세 거룩하신 분들을 통해서 영화롭게 되시는 지극히 거룩한 곳"에서 영원히 추방된다.[31] 삼위일체의 말로 표현할 수 없는 본질은 결코 수정할 수 없다. 만일 우리가 단순한 하나님에 대해서 말할 때에, 이 자기모순적인 표현은 세 위격들의 차이점들 및 그들과 본질 사이의 차이점들로 인하여 셋으로 이루어진 통일체(Tri-Unity)의 구성 요소들 안에 어떤 구분을 도입한다는 것을 의미하는 것은 아니다. 성부의 독재라는 개념이 확고하게 남아 있는 곳에서는, 신앙에 의해 요구된 구분으로 인해 신성(Godhead) 안에 합성물이 도입될 수 없다. 하나님이 어떤 분이신지 알 수 없기 때문에, 정교회 신학에서는 하나님의 본질과 그의 에너지들, 성삼위일체의 접근할 수 없는 본성과 그 "본성적인 발현들"을 구분한다.[32]

삼위일체에 대해서 말할 때에, 우리는 항상 부족하고 결함이 있는 인간

---

31) Gregory of Nazianzus, *Orationes* 38.8 (*In Theophaniam*) (PG 36.320BC).

32) See the Acts of the Councils of Constantinople in 1341, 1347 and 1350, in *Sacrorum conciliorum Nova et Amplissima Collectio*, ed. G. D. Mansi, 31 vols. (Florence, 1759-98), 25.1147-50; 26.105-10, 127-212; Gregory Palamas, *Theophanes* (PG 150.909-60).

의 언어로 성부와 성자와 성령의 존재 방식, 살아 계신 계시의 하나님이시기 때문에 삼위일체일 수밖에 없으신 유일하신 하나님에 대한 신앙을 고백한다. 그분은 알 수 없는 것, 즉 성자의 성육신을 통해서 성령을 받은 모든 사람들에게 자신을 알리시는데, 성령은 성부로부터 나아와 성육하신 성자의 이름으로 세상에 보내진다.

성부와 성자와 성령의 이름을 제외한 모든 명사(심지어 "말씀"과 "보혜사"라는 명사까지도)는 삼위일체의 접근할 수 없는 본질 안에 있는 위격들의 특성을 지칭하는 데에 적합하지 못하다. 그것들은 하나님의 표면적인 특성, 그의 현현,[33] 또는 그의 섭리를 언급하는 명사이다. 삼위일체의 교리는 신학의 절정이며, 위격적 하나님의 존재의 원시적 신비 앞에서 우리의 생각은 잠잠해진다. 세 위격들을 지칭하는 명사와 삼위일체의 공통의 명사를 제외하고, 우리가 하나님에게 적용하는 무수히 많은 명사들(신학 교과서에서 하나님의 속성을 지칭할 때에 사용하는 명사들)은 접근할 수 없는 존재 안에 계신 하나님을 지칭하는 것이 아니라 "본질을 둘러싸고 있는 것" 안에 계신 하나님을 지칭한다.[34] 이것은 세 위격들의 공통된 내용의 영원한 광채이며, 이들은 자기의 교통할 수 없는 본성을 에너지로 계시한다. 본질 외의 신적 존재 양식을 지칭하는 이 비잔틴 신학의 전문 용어는 계시와 다른 새로운 철학적 개념을 소개하는 것이 아니다. 성경에서 "하나님의 영광"-접근할 수 없는 하나님의 존재를 둘러싸고 있으면서 본질상 하나님의 존

---

33) 그러므로 성자가 성부의 본성-삼위일체의 공통 본성-을 나타낸다는 점에서 요한복음 서문의 로고스는 성자를 의미한다. 이런 의미에서 로고스는 성령을 나타내는 역할도 소유한다: "그 안에 생명이 있었으니 이 생명은 사람들의 빛이라."

34) Gregory of Nazianzus, *Orationes* 38.7 (*In theophaniam*) (PG 36.317B).

재는 감추고 그분의 외부에서 그분을 알리는 무수히 많은 명사를 지닌 영광-이라고 말하는 것은 바로 에너지들을 구체적인 언어로 표현하는 것이다. 이것은 세 위격들의 영광이며, 세상이 존재하기 전에 성자가 소유했던 영광이다. 우리가 인간들과의 관계 속에서 신적 에너지(이 에너지들은 인간들에게 전해지고 주어지며, 인간들은 그것들을 전용한다)들에 대해 말할 때에, 이 피조된 것이 아닌 신적 실재는 은혜라고 불린다.

삼위일체의 공통된 본성의 외적 현시(顯示)

하나님의 현시적 에너지들(이것은 교통할 수 없는 본성 안에 있는 삼위일체의 신적 존재 양식을 의미한다)은 하나님의 통일성을 파괴하지 않는다. 그것들은 단순한 삼위일체를 폐지하지도 않는다. 동일본질의 위격인 성자와 성령의 원인이 되시는 성부의 독재 역시 삼위일체의 통일성의 외적 현시를 관장한다. 여기에서 성부가 동일본질의 세 위격들의 절대적인 다양성의 원리라는 점에서 성부의 위격에 적용된 인과관계라는 용어(이것은 성령이 성부로부터만 발현한다는 것을 의미하는 용어이다)는 성령 안에서 성자에 의해 이루어지는 성부의 계시, 혹은 현현과 분명히 구분되어야 한다. 인과관계라는 단어는 하나의 전문용어로서 결점들이 있지만, 그것이 나타내고자 하는 것을 꽤 잘 나타낸다. 즉 성부의 위격에서 발생하는 삼위의 위격적 구분, 즉 성부가 특이하게 본질이 아니라는 사실에 의해서 야기된 절대적인 다양성들 사이의 구분을 잘 나타낸다. 세르기우스 불가코프가 시도했던 바[35] 전

---

35) Sergius Burgakov, *Le Paraclet* (Paris: Aubier, 1946), 69-75.

통적으로 사용된 인과관계라는 용어 대신에 성부의 현시(manifestation)라는 용어를 사용하면 삼위일체의 본질적인 존재의 차원과 하나님의 본질적인 영광의 광채 안에 있는 존재의 차원을 혼동하게 된다.

만일 성부가 위격들의 위격적 원인이시라면, 바로 그 이유 때문에 그는 그들이 하나의 동일한 본성을 공통으로 소유하는 원리가 된다. 그런 의미에서 그는 삼위의 공통 신성의 원천이시다. 이 본성의 계시, 삼위의 알 수 없는 본질의 외적 현시는 세 위격들과는 관계가 없는 생소한 실체가 아니다. 성부로부터 오는 모든 에너지, 모든 현시는 성자 안에서 표현되며 성령 안에서 공포된다.[36] 이 발현-본성적이고 활력적인 현시-은 위격적 발현과 분명히 구분되어야 한다. 위격적 발현은 위격적이고 내면적인 것으로서 성부로부터만 이루어진다. 성부의 독재는 성령의 위격적 발현과 현시, 즉 성령 안에서 성자를 통해서 이루어지는 공통 신성의 본성적 발현을 통제한다.

만일 성령이라는 명사가 하나의 위격적 특성보다는 신적 섭리를 표현한다면, 그 이유는 그 세 번째 위격이 특히 현시의 위격이기 때문일 것이다. 즉 그분 안에서 우리가 삼위일체 하나님을 알 수 있기 때문일 것이다. 그의 위격은 그가 나타내는 신성의 풍성함에 의해서 우리에게 숨겨진다. 현시와 섭리의 차원에서의 성령의 이 위격적 케노시스(자기 비하) 때문에 그의 위격적 존재를 파악하기 어렵다.

이와 같은 본성적 현시의 차원은 성자에게 적용되는 로고스라는 명사에

---

36) 그러므로 모든 신의 명칭들은 공통된 본성을 지칭하기 때문에 삼위의 각 위에게 적용할 수 있지만, 신성을 나타내는 순서 안에서만 적용된다. 그 예로 다음을 참고하라: Gregory of Nyssa, *Adversus Macedonianos* 13 (PG 45.1317): "능력의 근원은 성부이시며, 능력은 성자이며, 능력의 영은 성령이다." Gregory of Nazianazus, *Orationes* 23.11 (PG 35.1164A): "참되신 분, 진리, 진리의 영."

의미를 부여한다. 나지안주스의 그레고리가 말한 바와 같이, 로고스는 "성부의 본성을 간결하게 선포한다."[37] 바실은 "자기 자신 안에서 성부를 완전하게 나타내며 자기의 영광의 광채를 발하는"[38] 성자에 대해 말했는데, 그역시 삼위일체의 현시적이고 활력적인 면에 관심을 가졌다. 마찬가지로 성자를 "하나님의 형상"이라고 부르고 성령을 "성자의 형상"이라고 부르는 표현을 담은 교부들의 글들은 삼위의 공통된 내용의 활력적인 현시를 언급한다.[39] 성자는 성부가 아니지만 그의 존재는 성부의 존재와 같으며, 성령은 성자가 아니지만 그의 존재는 성자와 같다.[40] 신적 현시의 질서 안에서, 위격들은 각기 위격적 다양성들을 나타내는 형상이 아니라 공통 본성을 나타내는 형상이다. 성부는 성자를 통해서 자신의 본성을 계시하며, 성자의 신성은 성령 안에서 나타난다. 이런 까닭에 신적 현시의 영역에서는 위격들의 질서를 세울 수 있는데, 엄격히 말해서 그것은 성부의 독재와 인과관계에도 불구하고 본질적으로 삼위일체적 존재에 귀속되는 것으로 간주되어서는 안 된다. 이것들은 성부에게 나머지 두 위격들에 대한 위격적 우선권을 부여해 주지 않는다. 왜냐하면 성자와 성령 역시 하나의 위격들이며, 성부도 위격이기 때문이다.

---

37) Gregory of Nazianzus, *Orationes* 30.20 (*Theologica* 4) (PG 36.129A).

38) Basil the Great, *Adversus Eunomium* 2.17 (PG 24.605B).

39) Cyril of Alexander, *Thesaurus*, assertio 33 (PG 75. 572); John of Damascus, *De Imaginibus* 3.18 (PG 94.1337D-40B); *De Fide Orthodoxa* 1.13 (PG 94.856B).

40) Gregory of Nazianzus, *Orationes* 31.9 (*Theologica* 5) (PG 36.144A).

성자를 통한 성령의 발현

삼위일체적 존재와 활동적인 광휘를 혼동하는 것, 위격적 인과관계와 본성적 현시를 혼동하는 일은 두 가지 상이하며 어떤 의미에서는 대립되는 방법으로 발생될 수 있다: (1) 삼위일체는 관념상의 행위들 안에 있는 신적 본성의 내적 계시로 이해될 수 있을 것이다. 즉 성부는 말씀 안에서 자신의 본성을 표현하며, 성부와 성자는 상호간의 사랑의 결속으로서 성령이 발현하게 만든다. 이것은 라틴 필리오키즘(Filioquism)의 삼위일체론이다. (2) 삼위일체는 공통 본성 안에서의 위격들의 내적 계시, 또는 "세-위격적 주체"의 계시로 이해될 수 있을 것이다. 이것은 러시아, 특히 불가코프의 삼위일체론의 주장이다. 두 가지 경우 모두, 본질과 위격들 사이의 균형상태가 파괴된다. 전자의 경우에는 본질이 선호되고, 후자의 경우에는 위격들이 선호되면서 삼위일체적 모순은 억제된다.

4세기의 위대한 공의회들이 분명하게 정의했던 바 삼위일체의 알 수 없는 본질과 그 활력적인 발현들 사이의 구분 덕분에 정교회 신학은 세-위격적 실존과 본질의 외부에서 공통적 현시 안에 있는 세 위격적 실존 사이의 차이를 확고하게 보존할 수 있었다. 성령은 위격적 실존 안에서 성부로부터만 발현하며, 이 표현하기 어려운 발현은 우리로 하여금 세 위격들의 절대적인 차이점, 즉 삼위일체에 대한 신앙을 고백할 수 있게 해 준다. 본성적 현시의 질서 안에서 성령은 말씀 다음에 성자를 통하여 성부에게서 발현하는데, 이 발현은 우리에게 삼위의 공통된 영광, 즉 신적 본성의 영원한 광채를 계시해 준다.

13세기 말경 리용 공의회 이후에 콘스탄티노플에서 논의가 진행되는 중에 성부로부터만 발현하는 성령의 위격적 실존과 성자를 통한 그의 영원한 광휘(εἰς ἀίδιον ἔκφανσιν) 사이의 구분이 형성되었음은 흥미로운 일이다.[41] 여기에서 교리적 연속을 감지할 수 있다: 성령이 성부로부터만 발현한다는 교리 옹호로 말미암아 "아들을 통하여"라는 구절의 의미를 결정해야 하게 되었다. 이것은 다시 본질과 에너지들을 구분하기 위한 길을 열어주었다. 이것은 교리적인 발달이라기보다는 포티우스로부터 키프러스의 조지와 그레고리 팔라마스에 이르기까지 여러 시기에 정교회 신자들이 옹호한 동일한 하나의 전승이다.

일부 정교회 논객들이 행해온 것처럼 "아들을 통한" 발현은 성령의 일시적 사명을 의미할 뿐이라고 하는 것은 정확한 말이 아니다. 성자와 성령의 일시적 사명에는 하나의 새로운 요소, 즉 의지의 요소가 포함된다. 우리가 알고 있는 대로 이 의지는 오직 삼위일체의 공동 의지일 수밖에 없다. 일시적 사역은 섭리 안, 즉 피조된 존재에게 주어진 계시 안에서의 신적 현시에 해당하는 특별한 경우이다. 일반적으로 시간 안에서의 신의 섭리는 영원한 현시를 표현한다. 그러나 영원한 현시가 반드시 피조물과의 관계에 있어야 하는 것은 아니다. 피조물들의 존재와는 상관 없이, 삼위일체는 그 영광의 광채 안에서 현시된다. 영원 전부터 성부는 "영광의 아버지"(엡 1:17)이시고, 말씀은 "그 영광의 광채"이시고(히 1:3), 성령은 "영광의 영"(벧전 4:14)이시다.

때로 어휘의 부족 때문에 어느 저자가 암시하는 것이 성령의 위격적 발현인지, 아니면 현시의 발현인지 인식하기 어려울 경우가 있다(비록 상이한 것을 언급하지만 이 둘 모두 영원한 것이다). 교부들은 심지어 성령의 위격적

---

41) See the expression εἰς ἀίδιον ἔκφανσιν in the works of George of Cyprus. *Expositio Fidei* (PG 142.241A); *Confessio* (PG 142.250); *Apologia* (PG 142.266-67); *De Processione Spiritus Sancti* (PG 142.290C, 300B).

특성을 정의할 때나 그의 위격을 나머지 두 위격과 구분할 때에도 성령의 위격적 실존을 언급하는 표현과 성령 안에 있는 신적 본성의 영원한 현시를 언급하는 표현들을 동시에 사용하곤 했다. 그럼에도 불구하고, 그들은 서로 상이한 위격적 존재의 방식과 현시의 방식을 잘 구분했다. 그 증거로 다음과 같은 바실의 글을 들 수 있다:

"성부로부터 성자가 나아오며, 성자를 통해서 만물이 존재하며, 성령은 성자와 더불어 알려진다. 그러므로 누구도 성령의 조명을 받지 않고서는 성자에 대해 생각할 수 없다. 그러므로 한 편으로 피조물에게 분배된 모든 선한 것의 원천이신 성령은 성자와 연결되어 있으며, 반드시 성자와 함께 생각되어지는 반면, 그의 존재는 성부에게 의존하는 바, 이는 그가 성부로부터 발현하기 때문이다. 그러므로 그의 위격적 동등성의 특징적인 표식은 성자의 뒤를 이어 그와 더불어 나타내져야 하며, 성부로부터의 발현 안에서 존속해야 한다."[42]

그 외에도 성령 안에서의 신성의 영원한 현시 및 그의 위격적 실존에 관심을 나타낸 글들이 많이 있다.[43] 바로 이러한 본문들을 토대로 하여 라틴화된 그리스인들은 두 가지 상이한 삼위일체론을 통일시키기 위해서 "성자를 통한" 성령의 위격적 발현을 옹호하려 했다.

---

42) Basil the Great, *Epistolae* 38.4(PG 32.329C-32A). See also two passages in Gregory of Nyssa, *Advursus Eunomium* 1 (PG 45.369A, 416C).

43) 예를 들어, 타라시우스의 종교회의의 결정에 등장하는 성령론에 관한 정식은 제7차 에큐메니컬 공의회에서 낭독되었다. 그런데 거기에서는 존재의 차원과 영원한 현시의 차원에 주의를 기울이지 않았다(*Collectio*, ed. Mansi, 12.1122).

화해의 조건

성령의 위격적 실존과 그의 위격 안에 있는 신적 본성의 영원한 현시 사이의 차이점 때문에 카롤링 시대에 신학적으로 거칠고 무식한 서방 기독교인들이 어떤 어려움에 직면했을지는 상상하기 어렵지 않다. 9세기 이전에 스페인을 비롯한 여러 곳에서 최초의 "성부와 성자로부터"의 발현을 주장하는 정식들이 표현하고자 했던 것은 영원한 현시의 진리였다고 가정할 수 있을 것이다. 비록 어거스틴의 "성부와 성자로부터의 발현설"(filioquism)에서의 문제는 더 난해하고 『삼위일체론』(De Trinitate)에 대한 신학적 분석-정교회에서는 아직까지 이 일에 착수하지 않고 있다-이 필요하기는 하지만, 어거스틴의 "성부와 성자로부터" 발현설 역시 동일한 의미로 해석할 수 있을 것이다. 성령이 단일한 원리에서 나아오듯이 성부와 성자로부터 발현한다는 교리(filioquism)는 스콜라 시대에 분명하고 명확한 형태에 도달했다. 리용 공의회와 플로렌스 공의회 이후, 성령의 발현에 대한 라틴 교회의 정식을 신성의 영원한 현시라는 의미로 해석할 수 없게 되었다. 동시에 로마 가톨릭 신학자들은 삼위일체의 활력적인 현시가 신적 단순성의 진리에 모순되지 않는다고 인정할 수 없게 되었다. 또 삼위일체의 에너지들이라는 개념이 설 자리가 없게 되었다. 피조된 결과들, 즉 창조 행위와 유사한 의지의 행위들 외에는 아무것도 신적 본질을 벗어나서 존재하는 것으로 인정되지 않았다. 서방 신학자들은 영광과 성화의 은혜가 지닌 피조된 특성을 인정해야만 했고, 신화(神化)의 개념을 부인해야만 했다. 그렇게 하는 중에 그들은 자기들의 삼위일체론의 전제들을 시종일관 견지했다.

오랫동안 교리적으로 고립된 상태에 머물러 있는 서방 사람들이 비잔틴 신학을 어리석은 고안물이라고 간주하던 태도를 버리며 그것이 전승-그것은 초대 시대의 교부들에게서는 덜 명백한 형태로 발견된다-의 진리들을 표현하는 것이라고 인정할 때에 화해가 가능할 것이며, "성자로부터"(*filioque*)는 절대 장애(*impedimentum dirimens*)가 되지 않을 것이다. 그렇게 될 때에, 이해를 추구하는 믿음이 계시를 완전히 받아들일 수 있을 정도로 이해가 될 수 있는 신학이 성경의 의미를 획득하는 것은 그리 부조리한 일이 아님을 인식할 수 있을 것이다. 그리스 철학자들은 이미 오래 전에 성경의 거룩한 말씀을 어리석은 것으로 간주했었다. 그리스인들은 교회의 아들들이 되면서 자기들이 고집하던 태도를 버렸다. 그렇기 때문에 그들은 기독교 믿음에 불멸의 신학적 무기고를 제공할 수 있었다. 라틴 사람들 역시 신학적으로 자신의 태도만을 고집하지 않기를 바란다. 그렇게 되면 우리는 영원한 영광의 빛 안에 거하시면서 다스리시는 성삼위일체에 대한 보편 신앙을 고백하게 될 것이다.

⑪ 신의 성품에 참여하는 자

크리스토포로스 스타프로포울로스

1929년 그리스에서 태어난 크리스토포로스 스타프로포울로스(Christoforos Stavropoulos)는 아테네 대학에서 신학 학위를 받았다. 사제로 서임된 후, 그는 9년 동안 왕립 그리스 해군에서 복무했고, 두 곳의 해군 학교에서 종교 교사로 봉사했다. 그는 두 교구에서 봉사한 후에 벨지움의 루뱅 가톨릭 대학에서 소요리문답과 목회 신학 분야에서 박사 과정을 마쳤다.

다음은 『신의 성품에 참여하는 자들』(*Partakers of Divine Nature*)이라는 짧은 책의 일부이다. 그 책에서는 개신교도들에게는 생소하지만 정교회신앙의 특징적인 주제, 즉 사람들은 신화(神化) 혹은 테오시스(*theosis*)의 소명을 받았다는 내용을 다루고 있다. 스타프로포울로스는 이 중요한 교리가 의미하는 것과 의미하지 않는 것을 개관하고, 그 성경적 기초를 제공하며, 사람이 어떻게 테오시스를 획득하는지를 설명한다.

우리의 소명

우리 자신의 소명에 관심을 가져 본 적이 있는가? 우리의 일상적인 일이 아니라 신적 소명에 관심을 가져본 적이 있는가? 여기에서 말하는 것은 우리의 본성적이고 육체적인 목적들이 아니라 영적 소명이다. 보다 더 중요한 것은 무엇인가? 영적 소명 의식이 우리 영혼의 깊은 곳에 도달했는가? 그것이 우리의 존재 자체에 들어갔는가? 생명의 주, 유일하게 참되신 우리 아버지, 하나님 자신께서 친히 우리에게 주신 소명으로 말미암아 우리의 가슴이 뜨거워졌는가?

하나님께서 친히 말씀하시는 성경 안에서, 우리는 우리를 향한 특별한 소명에 대해 읽는다. 하나님께서는 인간들에게 분명하고 직접적으로 말씀하신다: "내가 말하기를 너희는 신들이며 다 지존자의 아들들이라 하였으나"(시 82:6; 요 10:34). 우리는 그 음성을 듣고 있는가? 이 소명의 의미를 이해하고 있는가? 우리가 실제로 여행길에 있다는 것, 즉 신화(*theosis*)를 향한 길을 걸어가고 있다는 것을 인정하는가? 인간들은 모두 신화를 성취하라는 이 특이한 소명을 가지고 있다. 다시 말해서 우리는 각기 하나의 신, 하나님을 닮은 자, 즉 하나님과 연합해야 할 운명을 지니고 있다. 사도 베드로는 삶의 목적을 "신의 성품에 참여하는 자"가 되는 것이라고 분명하게 묘사한다(벧후 1:4). 삶의 목적은 우리가 하나님의 성품, 그리스도의 생명에 참여하는 자가 되는 것, 하나님의 은혜와 에너지를 전해 받는 자가 되는 것, 하나님을 닮은 자, 참된 신들이 되는 것이다. 대 바실의 말에 의하면, 인간은 하나의 신이 되라는 명령을 받은 피조물이다. 나지안주스의 그레고리는 "그는 하나님이 되라는 명령을 받았다"고 말한다.¹ 신신학자 시므온은 하나님은 신들과만 연합하신다고 말했다.

신화(*theosis*)! 이 심오한 단어가 의미하는 바는 무엇인가? 그것은 인간이 하나님의 영역으로 고양되는 것, 하나님의 영역으로 올라가는 것을 의미한다. 그것은 인간적인 것과 신적인 것의 연합을 의미한다. 그것이 본질적으로 신화의 의미이다. 그러므로 인간적 성품은 영화(靈化)를 향해 움직여야 하며, 그 과정에서 물질주의는 파괴되고 붕괴되어야 한다. 인간 영혼이 현재의 둔함에서 벗어나 빛나는 영성으로 변화되기 위해서 영혼은 연마되어야 한다. 그것이 신적인 것과 인간적인 것이 하나의 실체가 되는 방식이다. 우리는 하나님의 모습으로 변화된다. 그러나 이 연합은 절대적인 것이 아니라 상대적인 것이다. 왜냐하면 그것은 우리의 본질의 변화가 아니기 때문이다. 그것은 본성적이고 윤리적인 것이며, 은혜와 조화를 이룬다. 그것은 하늘나라의 무한한 행복이신 하나님과 전인(全人)의 연합이며, 인간의 본성은 신의 성품의 생성물이 된다. 그것은 원래의 아름다움으로 재형성되며, 새로운 생명으로 재탄생한다. 그것은 신적 양자됨을 통해서 재창조된다. 시나이의 아나스타시우스(Anastasius of Sinai)는 신화를 훌륭하게 정의했다:

"신화는 우리의 본성이 열등한 것으로 쇠퇴하는 것이 아니고 우리의 인간적 성품의 본질적인 변화도 아니다. 그것은 보다 선한 것으로의 고양이다. 그것은 하나님께서 사람들의 구원을 위해 행하신 계획, 하나님에 의한 엄청난 차원의 자발적인 겸양이다. 하나님에게 속하는 것은 원래 자신의

---

1) Gregory of Nazianzus, *Funeral Oration for St. Basil, in Patrologia Graeca*(PG), ed. J. P. Migne, 162 vols. (Paris, 1857-66), 36.560A.

본성이 변화됨이 없이 보다 큰 영광으로 고양되어졌던 것이다."[2]

신화와 관련된 성구

구약성경의 첫 번째 책인 창세기에서 우리는 인류의 신적 혈통 및 하나님과 인류의 관계에 대한 언급을 발견한다.

> "하나님이 이르시되 우리의 형상을 따라 우리의 모양대로 우리가 사람을 만들고…하나님이 자기 형상 곧 하나님의 형상대로 사람을 창조하시되"(창 1:26-27).

인간은 창조주의 형상과 모양으로 지음을 받았다. 하나님과의 이 관계는 진실로 감명적이다. 인류는 하나님의 형상으로 지음을 받았으며, 각각의 인간은 하나님을 닮으라는 소명을 받고 있다. 우리는 죄에 빠지기 전에만 아니라 죄에 빠진 후에도 신화되라는 부름을 받고 있다. 인류가 죄로 말미암아 타락한 후, 이 목적의 실현이 이스라엘 백성들 안에서 목격되기 시작했다. 이스라엘은 하나님의 선민으로 선택된 민족이었다. 이 신적 양자됨은 집단적인 특성을 지닌다. 후일, 그것은 경건한 다윗과 솔로몬, 그리고 그들 이전에 죽어야만 하는 인간이었음에도 불구하고 "신들" 또는 "하나님의 아들들"이라고 불린 사사들에게서 개인적인 특성을 취했다. 이 신적 양자됨은 바로 모든 사람들에게 신적인 인간이 되라는 소명, 즉 신화

---

2) Anastasius of Sinai, *Concerning the Word* (PG 89.77BC).

의 소명이다. 구약성경에는 남자들과 여자들이 하나님의 아들들과 딸들로 여겨지며, 하나님과 연합하라는 신화의 소명을 지닌 가르침이 가득하다.

신약성경은 아주 특별하고 훌륭하게 인간의 신화에 대해서 가르친다. 하나님께서 친히 인간이 되셔서 인간의 본성을 취하시고, 자신의 본성과 연합하심으로써 그 본성을 거룩하게 하시고 하나님의 보좌로 들어올리신다는 사실은 아타나시우스가 주장한 진리를 지극히 유창하게 선포한다: "하나님은 우리가 신이 되게 하시기 위해서 인간이 되셨다."[3] 하나님의 아들께서는 거듭 우리에게 신화되라고 말씀하신다. 그는 반복해서 "너희 원수를 사랑하라…이같이 한즉 하늘에 계신 너희 아버지의 아들이 되리라"(마 5:44-45)고 말씀하신다.

바울은 갈라디아서에 이 주제에 대해 분명히 기록한다: "때가 차매 하나님이 그 아들을 보내사 여자에게서 나게 하시고 율법 아래에 나게 하신 것은 율법 아래에 있는 자들을 속량하시고 우리로 아들의 명분을 얻게 하려 하심이라 너희가 아들이므로 하나님이 그 아들의 영을 우리 마음 가운데 보내사 아빠 아버지라 부르게 하셨느니라 그러므로 네가 이후로는 종이 아니요 아들이니 아들이면 하나님으로 말미암아 유업을 받을 자니라"(갈 4:4-7). 하나님은 우리의 아버지이시다. 우리는 그의 자녀요, 예수 그리스도로 말미암아 그의 유업을 이을 자이다. 이것이 우리의 소명, 즉 테오시스이다. 신약성경에서 테오시스의 의미는 사람의 양자됨, 하나님의 썩지 않음에 참여하는 것, 그리고 말로 표현할 수 없는 영광과 축복 안에서 신의 성품과 섞이는 것이다. 아타나시우스는 신적 양자됨과 테오시스와 관

---

3) Athanasius of Sinai, *Concerning the Incarnation of the Word* 54 (PG 25.192B).

련된 모든 상황을 다음과 같이 요약한다: "하나님은 아담을 신으로 만들기 위해서 인간이 되신다."

하나님은 자신의 형상으로 인간을 지으셨다

테오시스가 우리의 본래의 특별한 소명이라는 사실은 인간이 "하나님의 형상으로" 지음을 받았다는 것의 의미를 통해서 분명해진다. 하나님은 자신의 형상으로 인간을 지으셨다. "하나님의 형상으로"란 무엇을 의미하는가? 동방교회의 교부들은 이 질문에 대해 각기 다른 차원의 대답을 제시하는데, 각 대답은 나머지 질문을 보완해 준다. 때때로 교부들은 하나님의 형상의 특성을 인간의 훌륭한 직무, 즉 물질계에 대한 인간의 우월성과 권위에 귀속시킨다. 때때로 교부들은 인간 본성의 영적인 면, 영혼, 또는 우리 본성이 지닌 다스리는 특성 안에서 하나님의 형상을 본다. 그들은 지성이나 인간의 자발적 결정 능력과 같이 우리가 내적으로 자유로운 결정을 내리는 근거가 되며 우리의 행동의 주된 원인이 되는 특성인 정신 안에서 하나님의 형상을 보기도 했다. 때로 인간 안에 있는 하나님의 형상은 영혼의 단순성, 불멸성, 영혼 안의 성령의 임재에 의한 하나님과의 참된 교제의 가능성 등 영혼의 특성들 중 하나와 비교되기도 한다.[4]

어떤 교부들은 영혼이 하나님의 형상으로 지음을 받았을 뿐만 아니라 인간의 몸도 하나님의 형상 안에 참여한다고 주장한다. 그레고리 팔라마스의 가르침에서 우리는 다음과 같은 글을 대한다: "우리는 인간을 단순히

---

4) Vladimir Lossky, *The Mystical Theology of the Eastern Church* (Crestwood, N.Y.: St. Vladimir's Seminary Press, 1976), 115.

영이라거나 육이라고 부를 수 없다. 그 둘이 합하여 하나님 자신의 형상으로 지음을 받았다고 말해진다."[5] 성경에서 형상에 대해 말하는 것은 인간의 전인에 대해 말하는 것이 된다. 그러므로 일반적으로 하나님의 형상이란 우리의 복합적인 인간 본성 중 어느 특수한 요소(몸 또는 영혼)를 언급하는 것이 아니라, 완전한 인간 본성 전체를 언급한다. 닛사의 그레고리는 다음과 같이 말한다: "이런 까닭에 인간이 하나님의 형상으로 지음을 받았다는 포괄적인 표현 안에는 모든 것이 포함된다. 그것은 인간의 본성이 모든 선에 참여하는 자가 되도록 인간의 본성을 지으셨다는 것과 같은 말이다."[6]

그러므로 물질과 영으로 지음을 받은 인간들은 하나님의 모든 선한 것에 참여하라는 부름을 받고 있다. 하나님은 각 사람 안에 하나님의 형상으로 만들며 그의 모양을 향해 이끌어주는 씨앗이 될 선물들을 뿌리신다. 우리의 소명은 테오시스(신화)이다. 신화는 우리의 인간적 본성이 단계적으로 영화됨을 통해서 점진적으로 이루어진다. 이런 방식으로 우리는 하나님의 썩지 않음을 성취하며, 하나님을 볼 수 있게 된다. 낙원에 살았던 최초의 인간들의 삶은 기쁨의 삶이었으며, 그 삶은 하나님의 형상을 완전히 실현함을 통해서 무제한적으로 성취되어야 했다. 다마스커스의 존은 다음과 같이 말한다:

"최초의 인간은 자신의 몸을 가지고 대단히 신적이고 아름다운 곳에서 살았다. 그러나 그의 영혼을 가지고서는 한층 더 높고 아름다운 곳에 거주했다. 그곳에서는 하나님이 그의 거처요 거주자가 되셨으며, 그를 둘러싼

---

5) Gregory Palamas, *Prosopopoied* (PG 150.1361C).

6) Gregory of Nyssa, *Concerning the Creation of Man* (PG 44.184B).

아름다운 동산이 되셨다. 그는 하나님의 은혜로 완전히 싸여 있었으며, 일종의 천사로서 자신의 유일하게 맛좋은 열매를 맛보듯이 하나님을 보며 살았다."[7]

타락 이후의 테오시스

인간은 자유의지에 의해 범죄했다. 그의 죄는 근본적으로 불순종, 하나님의 명령을 범한 데 있었다. 아담은 하나님의 명령을 무시했다. 그는 유일하고 영원한 은인이신 하나님 앞에서 감사하지 않는 자세를 취했다. 그는 하나님의 길이 아니라 마귀의 길을 택했다. 이러한 배반의 직접적인 결과는 타락, 즉 살아 계신 하나님으로부터의 분리였다. 인간은 하나님의 선물을 상실했다. 인간의 본성은 일그러졌고, 사망이 임했으며, 우리는 마귀의 독재에 예속되었다. 그리하여 인간들은 자기에게 부어지는 하나님의 은혜를 가로막게 되었다. 우리 안에 있는 하나님의 형상은 흐려졌고, 하나님과의 연합의 가능성이 불가능하게 되었다. 우리는 신화의 가능성과 인간적 특성을 부인하게 되었다. 하나님의 모양을 닮게 되리라는 잠재력은 사라지고 불가능해졌다.

그러나 만일 아담이 그의 소명에 응답하지 않았다 해도, 그리고 그가 하나님과 연합하는 데 성공하지 못했다 해도, 또 그의 죄가 그를 살아 계신 하나님으로부터 구분하고 분리시켰다 해도, 그것은 인류의 신화를 위한 하나님의 계획이 파괴되었음을 의미하지 않는다. 타락에도 불구하고 신

---

7) John of Damascus, *Concerning Paradise* (PG 94.916BC).

화의 가능성은 여전히 존재한다. 어떤 세력, 어떤 죄도 인류를 향한 하나님의 사랑을 정복할 수는 없다. 인간의 죄에도 불구하고 인류를 향한 하나님의 사랑은 견고하게 존재한다. 그것은 인간이 홀로 죄를 생각해 낸 것이 아니기 때문이다. 인간은 죄를 고안해 내지 않았다. 그는 속임수와 죄의 아비인 마귀에게 미혹되었던 것이다. 하나님의 자비는 인류가 마귀의 책략 때문에 범죄하고 하나님의 명령에 불순종했다는 사실을 간과하지 않으신다. 인간은 죄의 근원이 아니라, 죄를 실천한 자이다.

인간이 영일 뿐만 아니라 육이기도 하다는 사실은 그들이 하나님에게로 돌아갈 수 있는 가능성을 제공하는 또 하나의 이유가 된다. 만일 사람들이 영에 불과하며 영으로서 범죄했다면, 영은 변화될 수 없으므로 그들은 대속을 받지 못할 것이며 변화되지 못한 상태로 남아 있을 것이다. 그러나 인간은 육을 소유한 존재이다. 그들은 복합적인 존재이기 때문에 변화되고 변형될 수 있다. 즉 그들에게는 방향을 전환하여 자신의 근원으로 복귀할 수 있는 능력이 있다. 몸과 영을 포함하고 있는 인간 본성 전체 안에 존재하는 바 첫 창조 때 주어진 하나님의 형상은 첫 범죄에 의해서 완전히 파괴된 것이 아니라 흐려지고 약해졌다. 이것이 인류가 재창조되어 신화의 길로 복귀할 수 있는 토대이다. 이 재창조는 오로지 신적 로고스의 성육신과 더불어 실현될 것이었다. "이레니우스와 아타나시우스가 표현한 대로 '첫 사람 아담의 소명은 두 번째 아담인 그리스도에 의해 성취되었다. 인간이 신이 될 수 있기 위해서 하나님께서 인간이 되셨다'는 말은 모든 세대의 교부들과 신학자들이 되풀이 하는 말이다."[8]

---

8) Lossky, *Mystical Theology*, 133-34.

그러므로 성육하신 말씀의 사역은 또다시 인간이 삶의 궁극적인 목적인 테오시스를 성취할 수 있는 길을 열어준다. 신의 성육신은 우리를 다시 성부에게로 이끌어주며, 우리의 삶 안에서 하나님의 모양을 실현할 수 있는 잠재력을 제공해 준다. 성육신-십자가 처형-부활-승천은 우리를 하나님으로부터 분리하는 틈을 이어준다. 그 틈은 곧 사망이요 죄요 타락한 본성이다. 우리의 타락한 본성이 만들어내는 틈은 신적 말씀의 성육신에 의해서 채워진다. 우리의 범죄로 말미암아 만들어진 틈은 그의 십자가 처형에 의해서 채워진다. 그리고 세 번째 틈인 사망은 그의 부활에 의해서 채워진다. "맨 나중에 멸망 받을 원수는 사망이니라"(고전 15:26). 그리스도는 거룩한 승천을 통해서 지상과 천국을 연합하며, 둘을 하나로 연합한다. 그는 둘을 하나로 만드셨다(엡 2:14을 보라).

하나님과 우리의 연합, 성육하시고 십자가에 달리시고 부활하시고 승천하신 하나님에 의해서 우리에게 객관적으로 주어지는 신화는 성령 안에서만 실현될 수 있다. 우리는 오직 성령과 함께 대속과 신화를 받고 맛볼 수 있다. 오직 성령 안에서만 신이 되는 지점에 도달할 수 있다. 즉 하나님의 모양을 닮을 수 있다. 하나님의 말씀이신 성자께서 우리에게 제공하신 것을 우리에게 전달해 주는 분은 오직 성령뿐이다. 우리의 소명은 오직 하나, 성령 안에서 우리 주 예수 그리스도를 통한 신화이다.

신화시키시는 하나님의 영

인간의 신화, 은혜에 의한 하나님과의 완전한 연합은 장차 죽은 자들이 부활한 후에 완전하게 실현될 것이다. 그러나 사람들을 신화시키는 이 연합은 현세에서 시작되어 더욱더 진정한 것이 될 수 있다. 우리의 타락하고 연약해진 본성이 조금씩 변화되어 영생에 적합하게 되어야 한다.

하나님께서는 교회 안에서 이 좋은 것을 우리에게 주셨다. 하나님은 교회 안에서 우리 모두에게 목표를 달성하기 위해 필요한 모든 수단과 객관적인 조건들을 주셨다. 한편, 거기에 필요한 주관적인 조건들은 우리가 만들어야만 한다. 우리의 신화 작업, 하나님과의 연합은 기계적인 방식으로 우리에게 전해지는 것이 아니다. 우리의 연약해진 본성이 마술적으로 변화되지는 않을 것이다. 변화는 우리의 노력과 결합되어 이루어질 것이다. 하나님과 우리의 연합이 지닌 이 주관적인 측면은 우리가 반드시 걸어야 할 신화의 길을 제공해 준다. 이 길은 바로 그리스도 안에 있는 삶이다. 그리스도 안에 있는 삶의 참 목적은 성령을 받는 것이다.

성령은 교회의 위대한 거주자이시다. 그곳에서 성령은 성화시키고 신화시키는 능력을 발휘하신다. 우리의 신화 사역, 우리 주 예수 그리스도께서 객관적으로 성취하신 사역은 성령에 의해서 완성되며, 모든 신실한 기독교인의 삶에 적합하게 된다. 성령은 성화의 본질적이고 주된 출발점이시다. 교회의 교부들은 인간의 신화를 성령의 사역으로 간주할 수 있다고 가르친다. 성부에게서 발현하는 성령이 우리를 신화시킨다. 성령은 그리스도의 신비한 몸인 교회와 주님을 조화시키는 하나의 신적 결속이다. 신자들로 하여금 그리스도들이 되게 함으로써 교회를 만드시는 분은 성령이다. 우리가 그리스도의 신비한 몸에 연합하는 것 및 우리의 신화는 그리스도의 성육신만의 사역이 아니다. 그것들은 창조자인 성령의 사역이기도 하다. 성령은 그의 신령한 은사들을 가지고 교회를 만드시는 분이다.

신자들은 성령을 통해서 신의 성품에 참여하는 자가 된다. 그들은 새 생명을 소유하며 썩어짐을 벗어버린다. 그들은 원래의 성품이 지닌 아름다움으로 돌아간다. 그들은 하나님과 협동하는 자요 하나님의 자녀가 된다. 그들은 하나님의 형상을 입으며, 그리스도의 빛을 반영하고 썩지 않는 것을 유업으로 받는다. 그러므로 성령의 역할은 마무리하는 역할이다. 성부 하나님은 만세 전부터 구원과 신화의 사역을 생각하셨으며, 때가 되어 성자 안에서 그것을 실현하셨다. 성령은 이 사역을 완성하고 완전케 하시고 사람들에게 적용시키신다. 성령은 교회 안에서 신비하게 신자들을 성화시키고 그리스도와 연합시킴으로써 주님의 신비한 몸을 만들고 또 생명을 부여하신다. 이 신비한 몸인 교회 안에서 성령의 성화시키는 에너지가 빛을 발한다. 이 신적 에너지들과 성령의 다양한 은혜, 그리고 성령께서 신자의 영혼에게 신비하게 전해주시는 은사 등은 모두 하나님을 닮은 인간의 새로운 성품을 만들고 구체화해 준다. 결국 성령은 재생산하고, 새롭게 하고, 신생을 이루는 능력을 소유한다. 바실은 "미래에 대한 예지, 신비들에 대한 이해, 감추어진 것들에 대한 지식, 은혜의 분배, 거룩한 생활 방식, 천사들과의 연합, 끝없는 행복, 하나님 안에 거하는 것, 하나님의 모양, 그리고 모든 것 중에서 가장 고귀한 것인 바 하나님이 되는 것 등이 성령으로부터 비롯된다"고 기록한다. 이와 같은 성령의 재생산적 능력이 곧 신적 은혜라고 알려진 것이다. 그것은 사람들에게 와서 사람들을 만나 주되, 결코 강요하지 않는다. 그것은 그들을 영적인 방법으로 튼튼하게 해주어 신화의 길을 걷게 해 준다. 그러나 사람들이 강압을 받지 않고 기꺼이 신적 은혜를 받아들여야 한다. 개개인이 하나님과 연합하는 복된 길을 걸어가기 위해서는 각기 신적 은혜와 자유로이 협력해야 한다.

신적 은혜와 자유의지

신화(Theosis). 하나님과의 연합. 성령을 받음. 어떻게 해야 우리가 이것을 현실화할 수 있는가? 그곳에 이르는 길은 무엇인가? 그 대답은 오직 하나, 기독교적 삶이다. 기독교적 삶은 성례전 및 순수하고 거룩한 동기에서 그리스도의 이름으로 행해지는 덕행인 거룩한 사역들과 더불어 존재한다.

이 점에 특별한 주의를 기울일 필요가 있다. 왜냐하면 많은 기독교인들은 선행과 덕행이 우리를 구원하며 하나님과 연합시켜 준다고 믿고 있기 때문이다. 그러나 우리의 기독교적 삶의 목적, 우리의 노력과 분투의 목적은 선행이나 덕행이 아니다. 왜냐하면 그것들 자체는 우리에게 신화를 부여해 주지 못하기 때문이다. 기독교적 삶의 참 목적은 성령을 우리 자신의 것으로 받아들이는 것이며, 그렇게 되면 성령은 우리의 존재를 신화시키신다. 기도, 금식 등 모든 기독교적 수행과 훈련들은 선한 것이지만, 그것들 자체는 기독교적 삶의 목적을 반영하지 못한다. 그것들은 그 목적 성취에 필요한 수단에 불과하다. 금식, 철야, 기도, 구제 등 그리스도의 이름으로 행해지는 선행들은 우리로 하여금 항상 동일한 목적-성령을 받아 우리 자신의 것으로 삼는 것, 즉 신화-에 도달하도록 도와주는 수단이다. 예수 그리스도의 이름으로 행해지는 선행만이 우리에게 성령의 열매들을 줄 수 있다. 예수의 이름으로 행해진 것이 아닌 선행(비기독교인이나 그리스도로부터 분리된 독립된 선이 있다고 가정하는 기독교인들이 행하는 선)은 우리가 내세에 상급을 받는 일에 도움이 되지 못한다. 또 그것들은 현세에서 우리에게 하나님의 은혜를 제공하지도 못한다. 기독교인들을 위한 독립된 선이란 존재하지 않는다. 목적을 위한 수단이 되며 우리를 하나님과 연합시키는 데 도움이 되는 행위, 그리고 우리를 인도하여 하나님의 은혜를 개인적으로 받아들이게 하는 행위는 선한 것이다. 다시 한 번 이 점에 주의를 기울여 보자. 모든 기독교인에게는 덕행, 선행, 기독교적 노력이 필요하다. 그러나 그것들 자체가 목표는 아니다. 그것들은 수단, 또는 기독교적 삶의 외적 표현이다. 목적은 오직 하나, 즉 성령의 은혜를 받아 우리 자신의 것으로 삼는 것이다.

그런데 여기에 하나의 문제가 있다. 우리는 언제 성령을 받는가? 우리가 먼저 선행을 하고 고결하게 된 다음에 상급으로 성령을 받는가? 아니면 먼저 성령이 우리에게 임하셔서 우리로 하여금 고결한 사람이 되도록 감동하시는가? 신학자들은 이 문제에 많은 시간을 보내왔다. 왜냐하면 그것이 은혜와 자발적 결정 능력(또는 자유의지)이라는 주제의 핵심이기 때문이다. 자발적 결정 능력은 인간으로 하여금 자유로운 선택을 하게 해주는 능력이요 행위이다. 은혜는 인간에게 주어진 성령의 신령한 은사이다.

동방 정교회의 전승과 가르침에 따르면, 은혜와 인간의 자유는 공동으로 표현되며 서로 분리하여 이해될 수 없다. 그것들은 두 개의 분리된 요소로 존재하지 않는다. 사람이 내면적으로 자유로이 기독교적 삶과 선을 위한 결정을 내리는 순간, 하나님의 은혜가 임하여 그를 강건하게 해 준다. 이 은혜가 주어지는 순간, 그는 자유로운 선택을 한다. 닛사의 그레고리는 다음과 같이 말한다: "구원을 피하여 도망하는 사람에게는 하나님의 은혜가 임하지 못한다. 또 은혜를 받지 못한 영혼들을 참된 삶의 차원으로 들어올려 줄 수 있는 자체적인 능력을 지닌 인간의 덕이란 존재하지 않는다. …그러나 의로운 행위와 성령의 은혜가 동시에 영혼에 임할 때에, 그

것들은 영혼을 복된 삶으로 채울 수 있다."⁹

결국, 은혜는 인간 의지에 따른 덕행에 대한 상급이 아니며, 역으로 자유의지에 따른 덕행들의 원인도 아니다. 여기에서 문제는 덕이나 협력에 관한 것이 아니다. 우리가 논의하고 있는 것은 두 개의 의지, 즉 하나님의 은혜인 신적 의지와 우리의 자발적 결정 능력인 인간적 의지의 협력에 관한 것이다. 우리의 자유의지의 협력이 있기 때문에 우리 안에서 신적 은혜가 증가할 수 있다. 그것은 인간의 인격을 점유하며 선을 구체화하기 위해서 그 인격을 강건하게 해 준다. 각 사람이 자유로이 하나님의 은혜의 선물을 받는 데 비례하여 그만큼 더 기독교적 삶은 은혜로 충만하고 완전해지며, 기독교적 선행이 증가하고 덕이 진보한다. 이것은 기독교인이 신화의 길을 걸어가면서 은혜로 말미암아 힘을 얻어 점점 선행과 덕행을 증가시킨다는 의미이다.

이것을 잘 이해해야 한다. 각 사람은 하나님의 은혜의 도움을 받아 자신의 삶에서 구원 사역을 실현하는데, 그 은혜는 자유로 받아들여야 한다. 반죽이 발효되려면 효모가 골고루 섞여야 하듯이, 은혜도 마치 하나의 본질처럼 각 사람과 하나가 되어 그를 하나님을 향해 고양시켜 준다. 고백자 막시무스는 이 주제에 관한 교회의 가르침을 고전적이고 경구적인 방식으로 표현한다: "하나님은 인류를 사랑하시어 자기를 낮추심으로써 자신의 목적과 자발적인 마음을 분명히 나타내시고, 상승의 길을 걷는 사람들을 은혜로 거룩하게 하신다."¹⁰

우리는 하나님과 우리를 연합시키는 사역 안에서 하나님의 은혜가 지니

---

9) Gregory of Nyssa, *Peri tou Kata Theon Skopou* (PG 46.289C).

10) Maximus the Confessor, *Pros Georgion Presbyteron* (PG 91.57A).

는 절대적인 가치를 본다. 신화라는 과업에서 우리의 자유의지 및 각 사람이 하나님의 은혜와 협력하는 일 역시 절대적이다.

그러므로 각 사람이 하나님과의 일치의 길을 걸으며 신화되려면 완전히, 전심으로, 자유로이 하나님께 응답해야 한다. 실질적으로 하나님을 의지해야 한다. 진실로 하나님을 받아들이고 세상을 부인해야 한다. 세상이란 악한 정욕들을 말한다. 악한 정욕과 욕망은 하나님에게서 벗어나는 길이다. 세상은 인간 영의 방황이다. 그것은 우리 영혼 본성의 반역이다. 세상을 부인하는 것은 영혼이 자신에게로 복귀하는 것, 자아를 모아들이는 것, 우리의 영적 실존의 회복인데, 그것은 다시 하나님과의 연합으로 복귀한다. 이런 까닭에 열심, 불, 뜨거움 등이 필요하다. 기독교인은 죽을 때까지 쉬지 말고 날마다 "불 속의 불이요, 열기 속의 열기요, 사려깊음 안의 사려깊음이요, 소원 안의 소원"(존 클리마쿠스)이신 하나님을 향해야 한다.

이 모든 것은 우리 마음에 주의를 기울여야 할 필요성을 강조한다. 우리의 마음은 불의의 작업장이기도 하고 의의 작업장이기도 하다. 우리 마음은 모든 죄를 담고 있는 그릇이다. 그러나 동시에 "그곳에서 하나님이 발견되고, 천사들이 발견되고 생명과 그 나라가 발견되며, 빛과 사도들이 발견되고, 은혜의 보화들이 발견된다"(이집트의 마카리우스). 마음에서 솟아나는 모든 동기와 소원과 표현들을 정복할 때에, 은혜가 우리의 모든 지체와 모든 생각 안에서 다스리게 된다. 왜냐하면 영혼의 정신과 생각들이 마음 안에서 발견되기 때문이다. 하나님의 은혜는 마음을 통과할 때에 인간 본성 전체를 꿰뚫는다. 결국, 우리 마음에 성령의 은혜가 임해야 하며, 성령이 우리 마음의 수호자가 되어야 한다. 그러나 우리 인간들도 결단과 열심을 발휘해야 한다. 우리의 열심이 줄어들거나 결단이 약해질 때에, 은혜는 활동하지 않는다. 우리는 신화에 이르는 삶의 길을 여행하는 동안에 끊임없이 잠들지 말고 깨어 있으라는 복음적 명령을 실천해야 한다.[11]

그러나 이 모든 것을 이론만을 통해서는 구체화할 수 없다는 것, 즉 단지 그것들에 대해 생각하고 연구함으로써는 구체화할 수 없다는 사실을 강조해야 한다. 행동이 있어야 한다. 막시무스는 말하기를 행동이 없는 이론, 즉 행위에 기초를 두지 않은 이론은 환상에 불과하다고 했다. 우리의 행동이 이론의 감화를 받지 않은 것일 경우, 우리의 행동에 대해서도 동일한 말을 할 수 있다. 즉 그러한 행동은 마치 조상(彫像)처럼 판에 박은 것이요 활력이 없는 것이다.

신화, 하나님과 우리의 연합에 이르는 길은 다음과 같은 짧은 표현에서 찾아 볼 수 있다: 하나님의 은혜와 인간의 자유, 이론과 행동, 열심과 결단, 세상을 버리고 하나님께 돌아가는 것, 신화의 수단이 되는 선행, 따뜻한 마음과 졸지 않는 눈이 필요하다. 그럴 때에만 길이 열리며, 우리는 그 길을 걸을 수 있다. 하나님의 은혜가 우리와 동행하며 우리를 강건하게 해 줄 것이다. 거룩한 신비의식들(성례전)은 지극히 거룩한 성령의 은혜를 우리에게 전해 준다. 그의 성화시키고 신화시키는 에너지는 교회의 거룩한 의식들, 특히 세례, 회개, 거룩한 성찬식 안에서 구체화된다. 그것은 기도와 사랑으로 성취되고 완성된다.

---

11) Lossky, *Mystical Theology*, 200-204.

제4부

선교 신학: 정교회와 서방교회

정교회 전통에서의 선교 명령

알렉산더 슈메만

알렉산더 슈메만(Alexander Schmemann, 1921-83)은 에스토니아에서 태어났다. 그는 처음에는 프랑스의 파리 대학에서, 그 다음에는 성 세르기우스 정교회 신학연구소에서 교육을 받았다. 1945년에 졸업한 그는 6년 동안 세르기우스 신학연구소에서 강의를 했다. 1951년에 그는 미국으로 건너가 성 블라디미르 정교회 신학교에서 교회사 및 전례신학 교수로 활동했으며, 후일 학장으로 임명되었다(1962-83). 슈메만은 콜럼비아 대학의 슬라브어과 부교수로 활동하기도 했다. 그의 많은 저서들 중에서 가장 잘 알려진 것으로는 『성찬예배신학 입문』(*Introduction to Liturgical Theology*)와 『동방 정교회의 역사적인 길』(*Historical Road of Eastern Orthodoxy*)이 있다.

다음에 수록된 두 개의 논문은 연대적으로 오래 전의 것이기는 하지만, 동방 정교회가 서방의 가톨릭 교회나 개신교에 대해 지니는 관계라는 중요한 문제를 다루고 있다. 첫 번째 논문은 지상에 있는 그리스도의 참된 교회로서의 정교회의 정체성 및 선교의 개념을 다루고 있으며, 두 번째 논문은 서방의 신앙고백들(특히 에큐메니컬 집단들 안에서 표현되고 있다)과 정교회의 역사적으로 부동적인 관계, 그리고 동방과 서방의 교제와 참된 치료를 위해서 충족되어야 하는 조건들을 간단하게 다루고 있다.

최근에 이르기까지 서방에서는 동방 정교회를 비선교적인 교회로 간주했었다. 지난 수세기 동안 서방 기독교계의 특성이었던 선교 운동은 정적(靜的)인 동방의 기독교를 회피했다는 것이 일반적인 견해였다. 그러나 오늘날 이 견해는 그 설득력을 상실한 듯이 보인다. 새로운 역사적 연구에 따르면, 비록 서방의 선교 업적과는 다르지만 동방교회의 선교 분야에서의 업적 역시 분명히 중요하고 감명적이다.[1] 본 장의 목적은 정교회의 선교 확대를 역사적으로나 정책적으로 개관하는 데 있는 것이 아니다. 그보다는 정교회 전통에서의 선교 명령, 다시 말하자면 선교 분야와 정교회의 믿음과 삶과 영적인 견해 사이의 관계를 이해하고 분석하는 것이 훨씬 더 중요한 일이다.

선교 신학은 언제나 교회의 존재 전체의 결실이지, 특별한 선교의 소명을 받은 사람들의 전유물이 아니다. 그러나 정교회의 경우에는 근본적인

---

1) Josef Glazik, *Die Russisch-Orthodoxe Heidenmission seit Peter dem Grossen: Ein missionsgeschichtlicher Versuch nach russischen Quellen und Darstellungen* (Münster: Aschendorff, 1954); idem, *Die Islammission der Russisch-Orthodoxen Kirche* (Münster: Aschendorff, 1959).

선교의 동기 부여에 영향을 미치는 특별한 욕구가 존재한다. 왜냐하면 정교회의 비선교적 특성이 정교회의 정수, 즉 "가장 거룩한 것들"-정교회의 성례전적, 성찬예배적, 신비적 분위기-에 의해 설명되거나, 혹은 거기에 원인이 있는 것으로 간주되는 경우가 흔하기 때문이다. 정교회 선교에 대한 연구를 통해서 전통적인 견해가 올바르게 잡혀가는 듯이 보이기는 하지만, 지금도 선교 사역을 정교회 역사 내의 중요치 않은 부수 현상, 즉 정교회의 전반적인 경향이나 추이와는 상관없이 발생한 것으로 설명하려는 유혹이 남아 있다. 이런 까닭에 신학적인 규명이 필요하다. 절대적으로 성찬예배와 성례전에 중심을 두는 교회, 주로 신비적이고 수덕적인 영성을 소유하는 교회가 진실로 선교적인 교회일 수 있는가? 만일 그렇다면, 그 신앙의 어느 곳에서 선교적 열심의 가장 심오한 동기 부여를 발견할 수 있는가? 이것은 "에큐메니컬"이란 반드시 "선교적"이라는 의미라고 생각하는 사람들이 정교회에게 명시적으로든 암시적으로든 제기하는 질문이다.

선교에 대한 정교회의 접근을 이해하는 데 있어서의 장애물

우리는 정교회의 교회론, 즉 정교회의 교리와 경험 안에서 하나의 대답을 이루는 기본적인 요소들을 발견한다. 그러나 그것들을 정식화하기는 쉽지 않다. 정교회는 종교개혁이나 역종교개혁에 비견할 만한 교회론적·교리적 위기에 직면한 적이 없음을 염두에 두어야 한다. 따라서 정교회는 그 삶과 교리의 전통적인 구조들에 대해 반성해야 할 이유가 없었다. 교리에 대해서 한 번도 의문이나 반론이 제기되지 않았으므로 교리를 신학적으로 상세히 설명하는 일도 없었다.

20세기에 시작된 서방교회와의 에큐메니컬한 만남(1925년 스톡홀름, 1927년 로잔)에서 처음으로 정교회 신자들은 자기들의 교회론적 신조를 진술할 것 및 그것을 일관성 있는 신학적 용어로 표현해 줄 것을 요구받았다. 이 때에 하나의 어려움이 등장했는데, 그것은 그 후로 줄곧 정교회가 에큐메니컬 운동에 참여한 데 따르는 주요한 어려움이 되었다. 대화를 하려면 그 대화에서 사용되는 용어가 일치되어야 한다. 그러나 정교회의 관점에서 보면, 최초로 분열을 심화시켰으며 그것을 치료하려는 모든 시도-1054년부터 1438-39년의 플로렌스 공의회까지-를 무력하게 만든 것은 신학적 이해의 균열, 즉 서방교회가 신학적으로 동방교회를 멀리했기 때문이었다. 그러므로 에큐메니컬한 만남에서 정교회는 수세기 동안 영적·신학적으로 독립하여 발달되어온 기독교 세계, 동방교회와는 근본적으로 상이한 정신과 사상을 소유한 기독교 세계를 대면하게 된 것이다. 정교회에게 제기된 질문들은 서방교회의 용어로 공식화되었고, 특히 서방의 경험과 발달상에 의해서 조절되었다. 정교회의 답변들은 서방의 방식에 의해 분류되었고, 서방교회에는 친숙하지만 동방교회에는 거의 적합치 않는 범주들로 변형되었다. 비록 여러 해 동안의 접촉과 대화를 통해서 개선되기는 했지만, 이러한 상황은 지금도 결코 완전히 극복되지 않고 있다. 또 보편적인 언어 역시 아직 회복되지 않았다. 이 모든 현상은 기본적인 교리적 차이들과 더불어 에큐메니컬 운동 참여에 있어서 정교회가 느끼는 고민을 설명해 주며, 일치뿐만 아니라 하나의 단순한 이해에 이르는 데 있어서 실질적인 장애물이 된다. 선교에 대한 정교회의 접근 방식을 파악하려는 사람은 이것을 반드시 기억해야 한다.

정교회 교리와 교회의 경험

정교회 신자들에게 친숙한 정식인 "지상천국"(Heaven on earth)은 정교회의 기본적인 경험을 꽤 잘 표현해 준다. 교회는 우선적으로 하나님께서 지으시고 주신 실체, 그리스도의 새 생명이 임재하는 곳, 성령의 영원한 새 시대(eon)의 현시이다. 정교회 신자는 교회를 하나님의 선물에 대한 인간의 응답으로 보기 이전에 하나님의 선물로 본다. 우리는 교회를 하나의 종말론적 실재로 볼 수 있다. 왜냐하면 교회의 본질적인 기능은 이 세상에서 종말(eschaton), 즉 구원과 구속의 궁극적인 실체를 나타내고 실현하는 것이기 때문이다. 교회 안에, 그리고 교회를 통해서 하나님의 나라는 이미 임재하고 있으며, 사람들에게 전해진다. 그리고 동방 정교회 신앙의 교회론적 전제주의-개신교도들은 이것을 종종 오해하고 잘못 해석한다-의 근간이 되는 것은 법적인 중재의 이론이 아니라 하나님께서 주신 종말론적인 교회의 충만이다.

교회는 은혜의 수단, 하나님 나라의 성례전이다. 그러므로 교회의 구조-성직 위계 구조, 성례전 구조, 성찬예배 구조-는 교회로 하여금 그리스도의 몸, 성령의 전으로서의 기능을 성취하는 것, 교회 자체의 본질인 은혜를 실현하는 것이다. 이러한 교회의 구조들을 벗어난 곳에서는 하나님께서 주신 교회의 충만, 또는 충만으로서의 교회(이것은 정교회 교회론의 본질적인 측면이다)는 나타나지 않는다. 보이는 교회와 보이지 않는 교회 사이에는 전혀 분리나 구분이 존재하지 않는다. 보이는 교회는 보이지 않는 교회의 표현이요 구현이며, 그 실체를 보여주는 성례전적 상징이다. 여기에서 성찬의 교회론적인 중심적 의의가 부여되는데, 성찬은 모든 것을 포용하는 교회의 성례이다. 성찬 안에서 "교회는 본연의 교회가 되며" 그리스도의 몸으로서, 즉 신적 파루시아(parousia; 그리스도 및 그의 나라의 임재와 전달)의 기능을 성취한다. 실질적으로 정교회의 교회론은 성찬의 교회론이다. 성찬 안에서 교회는 이 세상으로부터 저 세상으로의 이동, 종말로의 이동을 성취하며, 주님의 승천 및 그의 메시야적 향연에 참여하며, 그 나라의 기쁨과 평화를 맛본다. "당신은 우리를 천국으로 데려가시며 당신의 나라를 우리에게 주시기까지 쉬지 않고 일하십니다…"(존 크리소스톰의 성찬예배 기도문 일부). 그러므로 교회의 삶 전체의 뿌리는 성찬에 있으며, "스쳐 지나가는 형상을 소유한" 이 세상에서 이루어지는 성찬의 충만의 결실이다. 이것은 실제로 교회의 사명이다.

교회는 하나님의 은사에 대한 인간의 응답, 즉 인간이 그 은사를 받아들이고 적절하게 사용하는 것이기도 하다. 만일 교회의 질서가 그 은사의 종말론적 충만에 의해 형성되고 조절되며 그 은사의 성례전적 상징이 된다면, 기독교 공동체의 목적은 그 은사를 받아들이며 성장하여 충만에 이르는 것이 될 것이다. 교회는 충만이며, 또한 사랑과 믿음과 지식과 교제 안에서의 성장이다. 이 반응에는 두 가지 측면이 있는데, 그 둘은 서로의 조건이 되며 함께 기독교적 삶과 행위의 동력이 되므로 서로에게서 분리될 수 없다.

반응으로서의 교회의 첫 번째 측면은 하나님 중심(God-Centered)이다. 그것은 기독교인 개개인과 기독교 공동체 모두가 성화되는 것, 거룩 안에서 성장하는 것이다. 즉 정교회의 마지막 위대한 성인 중의 한 사람인 사로프의 세라핌(1833년 사망)이 정의한 기독교적 삶의 궁극적인 목표, "성령을 얻는 것"이다. 그것은 우리 안에 있는 옛 아담이 서서히 새 아담으로 변화되는 것, 죄 가운데서 상실했던 원래의 아름다움을 회복하는 것, 다볼 산에서 비쳤던 바 창조된 빛이 아닌 빛의 조명이다. 그것은 우주에 있는 마귀의 세력들에 대한 점진적인 승리, 우리로 하여금 그 나라와 영원한 삶에 참여하는 자로 만들어주는 기쁨과 평화이다. 정교회의 영적 전통에서는 항상 기독교적 삶의 신비한 본성을 하나님 안에서 그리스도와 함께 감추인 삶이라고 강조해 왔다. 교회가 로마제국으로부터 공식적인 인정을 받고 이 세상에서의 지위를 부여받은 후, 4세기에 시작된 수도원운동은 초기 기독교 종말론의 새로운 표현, 기독교 신앙이 내세의 삶에 속하는 것이라고 보는 주장, 이 세상에는 영원한 집이 없다는 부정이었다.

반응으로서의 교회의 두 번째 측면은 인간 중심, 또는 세상 중심이다. 그것은 시간과 공간과 역사 안에서의 교회, 즉 이 세상에서의 교회에는 하나의 특별한 사명, 즉 "그의 안에 거하는 자는 그가 행하시는 대로 자기도 행할지니라"(요일 2:6)를 소유한다고 이해하는 것이다. 교회는 충만이며 그의 집은 천국에 있다. 그러나 이 충만이 구원과 대속으로서 세상에 주어진다. 교회의 종말론적 본질은 세상을 부정하는 것이 아니라 그것을 하나님의 사랑의 대상으로 인정하고 받아들이는 것이다. 달리 표현하자면, 교회의 내세성은 이 세상을 향한 하나님의 사랑의 상징이요 실체로서 세상을 향한 교회의 선교 조건이다. 그러므로 교회는 자기 중심적 공동체가 아니라 선교 공동체로서 세상으로부터의 구원이 아니라 세상의 구원을 목적으로 한다. 정교회의 경험과 신앙 안에서, 교회-선교를 가능하게 해주는 것은 교회-성례전이다.

선교 명령

이제 우리는 정교회의 경험 안에 함축되어 있는 바 선교 명령의 다양한 측면을 보다 정밀하게 공식화할 수 있다. 선교 명령은 은사와 충만으로서의 교회의 본질적인 표현, 이 세상의 시간과 공간에 투사된 교회의 표현이다. 만일 교회에 아무것도 추가할 수 없다면(교회의 충만은 그리스도 자신의 충만이다), 이 충만의 표명과 전달이 이 세대 교회의 삶이 된다. 오순절날 교회의 충만이 단번에 영구적으로 실현되었을 때 교회의 시대, 구원사의 마지막 중요한 시대가 시작되었다. 존재론적으로 이 시대의 유일한 새로움 및 유일한 구세론적 내용은 엄밀하게 말해서 선교이다. 즉 종말의 선포와 전달인데, 그것은 이미 교회의 일부가 되어 있으며 교회의 존재 자체이다. 선교로서의 교회는 이 시대와 역사에 참된 의미와 의의를 부여해 준다. 그리고 선교는 교회 안에서의 인간적인 응답에 정당성을 부여해 주며, 그리스도의 사역의 진정한 동역자가 되게 해 준다.

충만으로서의 교회와 선교로서의 교회의 관계를 가장 잘 나타내 주는 것은 교회 성찬예배의 중심 행위이며 교회의 성례인 성찬이다. 성찬 의식 안에는 두 가지 보완적인 운동—상승의 운동과 복귀의 운동—이 있다. 성찬은 하나님의 보좌, 하나님의 나라를 향한 하나의 상승으로 시작된다. 제헌경(祭獻經)에는 "우리가 모든 세상 염려를 밀어두고" 그리스도 안에서 그리스도와 함께 천국으로 올라갈 준비를 하며, 그리스도 안에서 그의 성찬을 봉헌한다고 말한다. 하나님께서 우리의 성찬을 받으신다는 상징인 바 성찬의 떡과 포도주를 축성하는 데서 성취되는 이 첫 번째 운동은 이미 하나의 선교 행동이다. 성찬은 "만민을 위해 만민 때문에" 봉헌된다. 그것은 교회의 제사장 기능의 성취, 즉 모든 피조물을 하나님과 화해시키는 것, 온 세상을 하나님께 바치는 희생제사, 하나님 앞에서 온 세상을 위해 중보하는 것이다. 이 모든 것이 새로운 창조의 유일한 제사장이시며 신인이신 그리스도, "제물을 드리시는 분이며 제물이 되시는 분"이신 그리스도 안에서 이루어진다. 이것은 세상으로부터의 교회의 완전한 분리에 의해서(성찬식 기도에서 보제는 "문들아, 문들아!"라고 외친다), 천국으로 상승함에 의해서, 새로운 영원의 시대로 들어감에 의해서 성취된다.

주님의 나라에서 주님의 식탁에서 이 충만의 상태에 도달하여 그 절정에 이를 때, "우리가 참 빛을 보고 성령을 받을 때에" 두 번째 운동, 즉 세상으로의 복귀가 시작된다. 집례자는 제단을 떠나면서 "평화로이 떠납시다"라고 말하며 회중을 성전 밖으로 인도하는데, 이것은 궁극적인 최후의 명령이다. 성찬은 항상 마지막이며, 파로우시아(parousia)의 성례이다. 그러나 그것은 항상 출발점, 선교가 시작되는 출발점이 된다. "우리는 참 빛을 보고 영원한 생명을 누렸습니다." 이 생명, 이 빛은 우리로 하여금 이 세상에서 그리스도의 증인들이 되게 하기 위해서 주어진 것이다. 하나님 나라로의 상승이 없었다면 우리에게는 증언할 것이 전혀 없을 것이다. 그러나 이제 다시 하나님의 백성이요 그의 기업이 되었으므로 우리는 그리스도께서 원하시는 일을 할 수 있다: "너희는 이 모든 일의 증인이라"(눅 24:48). 교회를 현재의 상태로 변화시켜 주는 성찬은 또한 교회를 선교로 변화시켜 준다.

선교의 대상

선교의 목적, 대상은 무엇인가? 정교회에서 선교의 대상은 사람과 세상이라고 주저함 없이 대답한다. 세상으로부터 인위적으로 종교적인 고립을 하고 있는 사람이 대상이 아니며, 사람이 하나의 부품에 불과하게 되는 전체로서의 세상이 대상이 아니다. 선교에서는 사람이 우선적인 대상일 뿐만 아니라 근본적인 대상이다. 그러나 복음 전파에 대한 정교회의 사상에는 개인주의적이고 관념론적인 의미가 함축되어 있지 않다. 그리스도의 성례전인 교회는 개종자들의 종교적인 모임, 사람의 종교적 욕구를 충족시키기 위한 조직이 아니다. 그것은 새로운 삶이며, 따라서 인간의 존재 전체, 삶 전체를 대속한다. 그리고 인간의 삶 전체란 정확하게 말해서 인간이 속해 있으면서 생계를 유지하는 세상이다. 교회는 인간을 통해서 세상을 구원하고 대속한다. 한 사람이 하나님의 은사에 응답하여 그것을 받아들이고 그것에 의해서 살아갈 때마다 이 세상이 구원되고 구속된다고 말할 수 있다. 그러나 이것이 세상을 하나님의 나라로 변화시키거나 사회를 교회로 변화시키는 것은 아니다. 옛것과 새것 사이의 존재론적 심연은 변함없이 남아 있으며, 이 시대에는 메워지지 않는다. 그 나라는 아직 임하지 않았으며, 교회는 이 세상에 속한 것이 아니다. 그러나 이 나라는 이미 임재하여 있고, 교회는 이 세상 안에 성취되어 있다. 그것들은 선포로서만 현존하는 것이 아니라 그 자체의 실체 안에 현존한다. 그리고 그것들은 자체의 열매인 신적 아가페를 통해서 옛것에서부터 새것으로의 성례전적 변화를 수행한다. 그것들은 하나의 실질적인 행동, 이 세상에서의 진정한 행위를 가능하게 해 준다.

　이 모든 것은 교회의 선교에 우주적이고 역사적인 차원을 부여해 주는데, 그러한 차원은 정교회의 전통과 경험에서 아주 중요하다. 국사, 사회, 문화, 자연 등은 선교의 실질적인 대상일 뿐 교회의 내적 자유를 보존하는 것, 종교적 삶의 유지가 교회의 유일한 직무가 되는 중립적 환경이 아니다. 이러한 관점에서 정교회에 대해, 즉 전적으로 정교회 신앙의 표현이라고 간주되는 사회와 문화에의 참여, 교회의 내세성을 벗어나지 않으면서도 민족들 및 국가들과 동일시됨, 천상의 예루살렘과의 종말론적 교제 등에 대해 이야기하려면 책 한 권 전체를 할애해야 할 것이다. 물질의 성화, 또는 성례전적 이상의 우주적 측면에 대한 정교회의 사상을 적절하게 표현하려면 기나긴 신학적 분석이 필요할 것이다. 본 장에서는 단지 이 모든 것이 기독교 선교의 대상임을 말하는 데 그칠 뿐이다. 왜냐하면 이 모든 것은 성례전 안에서 취해지며 하나님께 봉헌되기 때문이다. 성육신의 세계 안에서는 어느 것도 중립의 상태에 머물지 못하며, 어느 것도 인자(人子)에게서 제거될 수 없다.

⑬ 정교회에서 진리의 중요성

알렉산더 슈메만

정교회의 에큐메니컬 운동 참여, 정확하게 말해서 세계교회협의회(WCC) 참여가 공식적인 보고서, 발표문, 통계 등에만 기초를 두고서 평가된다면, 그러한 평가가 지닌 긍정적이고 낙관적인 특성에 관해서는 전혀 의심이 없을 것이다. 공식적으로 이 참여는 스톡홀름과 로잔 대회에 이후로 꾸준히 증대되어오고 있으며, 현재 모든 정교회들이 사실상 세계 교회협의회에 합류하고 있다. 협의회에서의 정교회의 이미지와 위상은 정교회 성직자를 협의회의 5명의 의장 중 하나로 선발한 것에 의해서 상징된다. 이 상징은 정교회가 전체 에큐메니컬 운동에 참여하는 데 그치는 것이 아니라 실질적인 지도권을 소유하고 있으므로 그 운동의 지도적 세력의 하나가 될 것을 의미하는 듯하다. 공식적으로 정교회의 WCC 참여는 아무런 의심이나 질문을 제기하지 않는 확고한 전통이 된 듯하다.

그러나 이 공식적인 낙관주의는 실제의 상황에 일치하는 것인가? 이 질문에 대해서 나는 솔직히 부정적인 대답을 할 수밖에 없다. 이 짧은 논문에서 나는 먼저 WCC 내에서의 정교회의 공식적인 지위와 실제의 정교회 사이에 일치하지 않는 점이 있음을 보여주고, 그 다음에 이 불일치는 WCC에게 있어서 하나의 긴박한 문제가 되는데, 그것을 제때에 이해하지 못하면 조만간 커다란 위기가 초래될 것임을 보여주려 한다.

정교회 내에서의 에큐메니컬 발달상을 추적해온 사람이라면 모든 공식적인 선언들과 주장들과 행위에도 불구하고 정교회의 WCC 참여는 영원한 미결의 문제로 남아 있을 뿐만 아니라 뿌리 깊은 의심 내지는 관심의 부족이나 단순한 지방주의, 무기력한 보수주의 때문이라고 할 수 없는 적대감에 직면한다는 것을 부인하지 않을 것이다. 그러한 의심은 평신도들 사이에서만 아니라 성직자들과 신학자들 사이에도 널리 퍼져 있다. 정교회 지도층에서 인정한 공식적인 입장이 분명히 존재한다. 그러나 서방교회의 독자는 정교회 내의 "관료주의"를 단순하게 교회의 음성과 동일시할 수 없음을 염두에 두어야 한다. 여기에서 역사는 교회 전체가 받아들이지 않는 한 어떤 공식적인 선언도 구속력을 갖지 못한다는 것을 상기시켜 준다. 교회가 그러한 선언을 받아들이는 것이 어떻게 이루어지고 어떻게 표현되는지에 대해서 분명한 정의를 제시하는 것은 불가능하지 않으나 대단히 어려운 일이다. 예를 들어, 1438년에 플로렌스에서 조인된 로마 교회와의 연합과 1596년에 브레스트-리토프스크에서 조인된 연합은 공식적인 것이었다. 그러나 교회는 그것들을 받아들이지 않았으며, 그로 말미암아 오늘날 로마 가톨릭 교회와 우리의 관계를 어렵게 만드는 비극적인 오해가 증가하는 결과만 야기되었다.

오늘날, 내가 볼 때에 공식적인 지위는 위험하게도 일반 정교회 신자들의 감정이나 반응들로부터 단절되었다기보다는 정교회의 실체 자체, 즉 교회의 정책적 행위에 생명과 진정성을 부여해 줄 수 있는 영적이고 신학적이고 전례적인 경험 전체로부터 단절되어 있는 듯하다. 정교회의 WCC 참여는 정교회 신학자들의 효과적인 사역에도 불구하고 여전히 교회의 정책이라는 차원에 머물러 있다. 만일 참여라는 것이 우선적으로 진정한 개입과 책임의식, 확실한 소속감, 온갖 복합성과 성취와 어려움을 지닌 에큐메니컬 운동과 동일시하는 것을 의미한다면, 비록 정교회의 대표들은 참여하였지만 정교회 전체는 참여하지 않은 것임을 공적으로 인정해야 할 것이다. 정교회에서는 대표단을 파견하고 있지만 실질적으로 참여하고 있는 것은 아니다. 그 이유는 무엇일까?

동서 진영 간의 만남의 부족

에큐메니컬 운동은 본질상 하나의 만남, 대화, 기독교의 통일과 온전함을 모색하는 일에 협력하는 것이다. 그러나 그 만남은 어느 정도의 상호 이해에 기초를 둘 때에만, 그리고 비록 신랄한 논쟁의 수단이 되더라도 하나의 공용어에 기초를 둘 때에만 효력이 있고 의미 있는 것이 된다.

정교회의 비극은 처음부터 정교회와 서방교회 동역자들 사이에 그러한 공용어, 신학적인 연속성이 존재하지 않는 상태에서 에큐메니컬 운동에 참여한 데 있다. 따라서 진정한 의미에서의 만남이 없었다. 심지어 겉보기에는 성공한 듯한 정교회 신학자들과 교회일치주의자들의 참여도 인위적인 신학적 틀에 의해 제한되었는데, 그것은 악의가 있었기 때문이 아니라 초기 에큐메니컬 운동의 본질 때문이었다.

동방교회의 고립

최초의 에큐메니컬 운동의 실패를 설명하는 데 있어서 두 가지 사실이 중요하다. 하나는 정교회가 서방교회로부터 고립되었다는 것이고, 나머지 하나는 에큐메니컬 운동이 지닌 특별히 서방적인 특성과 풍조이다.

수세기 동안 동방 정교회는 서방교회의 삶에 참여하지 않았으며 그 안에서 아무런 역할도 하지 않았고, 또 그 일부로 간주되지도 않았다는 사실을 인식하지 않고서는 에큐메니컬 운동에서 정교회가 차지하는 특별한 위치를 이해할 수 없다. 이것은 서방의 영성사와 신학사에서 발생한 중요한 사건들-종교개혁과 역종교개혁 등 서방 기독교계의 종교적 상황과 신학적 경향을 형성하고 영향을 준 사건들-이 정교회에는 그다지 영향을 주지 않았으며, 정교회의 역사와 삶에서는 중요한 사건들이 되지 못한다는 것을 의미한다. 정교회는 한 편으로는 서방교회와 그 종교적 활기로부터 고립되어 있었으며, 다른 한 편으로는 정교회 자신의 외적인 생존 조건-터키의 지배와 그로 말미암은 여러 가지 결과-들로 말미암아 일종의 방어적 부동성을 취하게 되었다. 따라서 근본적으로 정교회의 구조, 영성 성찬 예배 등의 전통은 변화되지 않고 보존되었다. 유일한 예외는 정교회 신학이 다소 깊이 서방화되었다는 것이지만, 그것은 그 규칙을 확인해 주는 예외였다. 신학의 서방화는 전통적인 원천들과 방법들로부터 벗어났기 때문에 교회의 삶에 중요한 영향을 주지 못했으며 실질적으로 받아들여지지 않았다.

동방 정교회의 고립, 그리고 서방교회의 분열 이전에 공식화되고 받아들여진 전승과 동방교회와의 진정한 일치는 에큐메니컬 운동에서 정교회가 처음에 보인 태도와 반응에 영향을 주고, 그 후 정교회 계속적인 참여 상황을 결정한 기본적인 전제조건들을 설명해 준다. 그것들이 지니는 함축된 의미들을 이해하는 것은 에큐메니컬 운동의 장래에 관심을 갖는 모든 사람들에게 중요한 일이다.

이러한 전제들 중 첫 번째 것은 에큐메니컬 운동이 지향하는 방향에 관심을 둔다. 서방 기독교의 역사적 배경 때문에 서방에서는 일치와 분열과 재연합이라는 에큐메니컬 운동의 중심적 문제가 주로 가톨릭-개신교라는 이분법에 의해 공식화된다면, 동방교회의 입장에서 근본적인 대립은 두 개의 영적이고 신학적인 흐름으로 이해되는 동방교회와 서방교회 사이의 대립이다. 정교회의 입장에서 볼 때, 이 대립이 에큐메니컬 운동의 근본 틀을 결정해야 했다. 정교회가 자체의 과거에 있었던 사건으로 기억하는 유일한 분열은 서방 세계 전체로부터의 분열이다. 콘스탄티노플과 로마가 운명적인 결별을 하던 때에(1054) 로마는 제도적으로나 신학적으로 서방 기독교계 전체를 대표했으며, 서방교회는 동방교회와의 교제를 전반적으로 파괴했기 때문이다. 정교회의 관점에 따르면, 이것은 공동의 전승으로부터의 최초의 이탈에 기인하는데, 이 사건은 서방교회의 눈을 멀게 하여 분열되지 않은 교회의 가르침들과는 다른 교리들을 받아들이게 만들었다. 정교회에서 볼 때, 종교개혁은 서방교회의 정교회 신앙의 왜곡을 더욱 심화시킨 서방교회 내의 위기, 서방교회의 상태와 조건 때문에 발생한 서방교회 특유의 사건으로 이해된다. 그러므로 에큐메니컬 운동과 관련한 정교회의 최초의 질문, 정교회의 관점에서 본 에큐메니컬 운동의 출발점은, "동방교회와 서방교회 사이에서 어떤 일이 발생했으며, 언제 어떻게 이러한 분열이 시작되었으며 그 실질적인 범위와 내용은 무엇인가?"였다. 원래의 기독교계에서 분열된 양 진영이 공통의 역사를 소유하지 못하게 된 시점의 역사에 대한 재평가가 이루어져야 했다. 에큐메니컬 운동이 유효하고 의미 있는 운동이 되기 위해서는 분열되기 전의 보편 교회에게 있어 최초의 결정적인 비극이었던 사건을 우선적으로 조사해야 했다.

두 번째 전제조건은 첫 번째 전제조건의 논리적인 결과이다. 그것은 에큐메니컬 만남과 대화에서의 언급의 기본 조건과 관련된다. 정교회의 관점에서 보면 유일하고 실질적인 공용어, 즉 그러한 대화에서 다룰 수 있는 일련의 언급들은 과거에 모든 기독교인들이 교회의 공통되고 보편적인 가르침으로 받아들였던 전승에 의해서 공급되어야 했다. 그런데 그 전승은 엄밀하게 말해서 정교회 신앙이 대변하는 것이었다. 여기에서 또다시 서방의 분열 때에도 동방교회의 전승-교부들, 에큐메니컬 공의회들, 그리고 예배의 규칙(*lex orandi*)-은 여전히 공동의 기초를 형성했으며, 기독교 신앙에 관한 동방교회의 표현으로서가 아니라 동방적인 것이기는 하지만 교회의 보편 전승으로 생각되었음을 기억해야 한다. 그러므로(만일 동방교회의 에큐메니컬 운동에 대한 생각이 그러하다면), 에큐메니컬한 만남에 공통된 언급의 틀, 근본적인 문제를 명시할 수 있는 가능성을 제공한다. 신랄한 서방교회의 논쟁이나 좌절들과는 상관없이, 동방교회는 모든 사람이 동방교회의 영적·신학적 발달의 출발점을 발견할 수 있는 하나의 공통된 유산으로서 제3의 자료(*tertium datum*)를 제공했다.

여기에서 세 번째 전제조건이 등장한다. 즉 정교회의 관점에서 유일하게 적절한 에큐메니컬 방법은, 피할 수 없는 논리적 결론으로서 진리를 받아들이고 오류를 거부하면서 전체적이고 직접적인 교리적 대면을 하는 것이다. 정교회는 역사적으로 오직 두 개의 범주-올바른 신앙(정통주의)과 이단-만 인정했을 뿐, 그 둘 사이의 절충의 가능성을 인정하지 않았다. 이단은 지적인 왜곡이 아니라 구원 자체를 위협하는 결함이 있는 믿음으로 여겨졌다. 따라서 정교회의 견해와 경험에서 볼 때, 에큐메니컬 운동의 목표가 되어야 하는 것은 일치가 아니라 진리였다. 왜냐하면 이 경험 안에서 일치는 진리의 자연적인 결과요 열매요 축복에 불과한 것이기 때문이었다.

에큐메니컬 운동에서 서방교회가 지향한 방향

정교회가 에큐메니컬 운동에 참여했을 때에 이러한 전제조건들은 하나도 받아들여지거나 이해되지 않았다. 이것은 에큐메니컬 운동이 처음부터 서방의 종교적·신학적 문제들의 지배를 크게 받고 있었음을 의미한다.

만일 정교회가 에큐메니컬 현상을 원래의 기독교 세계에서 나누어진 두 진영으로 간주되는 동방교회와 서방교회의 만남으로 이해한다면, 나누어진 반쪽의 고통은 가톨릭 교회와 개신교를 포함한 서방 세계에게는 전혀 생소한 것일 것이다. 정교회의 오랜 고립 및 정교회 역사의 드라마틱한 동력들은 서방교회 안에서 일종의 자족감을 야기시켰는데, 그로 말미암아 수십 년 전에만 해도 서방교회의 선교적 개종 대상이었던 동방교회인들에게는 기회가 주어지지 않았다. 서방 기독교인들에게 있어서 항존하는 심각한 비극은 동방으로부터의 소외가 아니라 종교개혁과 역종교개혁이라는 위기로 인해 자체의 종교적 일치가 붕괴된 것이었다.

초기의 보편적 전승을 하나의 공통된 유산으로, 그리고 에큐메니컬한 만남을 위해 가능한 공통의 근거로 간주한 정교회의 사상은 무시되었다.

그 이유는 서방에서 또 하나의 전승이 발달했기 때문이다. 즉 전승의 개념이 근본적으로 변화되는, 논쟁적으로 방어적이고 공격적인 신학이 발달했기 때문이다. 정교회의 입장에서 볼 때 전승은 교회의 살아 있는 경험으로서 그 경험이 공식화되고 정의되기 전부터 존재하던 것이었다. 그러나 서방에서는 점차 전승을 거의 사법적인 권위의 범주로 전락시켰으므로, 내용이 아니라 전승의 존재 자체가 에큐메니컬 운동의 문젯거리요 우선적으로 해야 할 일이 되었다.

마지막으로, 에큐메니컬 운동의 공식적인 목적은 오직 진리가 되어야 한다는 정교회의 중심적인 주장, 즉 진리가 일치의 내용과 형태가 되어야 한다는 주장 역시 오해되고 실질적으로 무시되었다. 왜냐하면 서방의 경험에서 볼 때 진리는 하나의 형식적인 권위로 이해되며, 따라서 오류와 대립되는 것이 아니라 자유와 대립되는 것으로 이해되기 때문이었다. 여기에서 "정통"(orthodoxy)과 이단이라는 범주는 정교회가 생각하는 것과 대단히 다른 의미를 지닌다. 정교회의 이해에서 에큐메니컬 운동이 진리와 이단 사이의 궁극적인 선택에 초점을 둔다면, 서방교회의 이해는 모든 선택이 서로를 풍성하게 하고 보완해 주는 하나의 종합으로 통합되어야 한다는 것이었다. 이단이라는 단어는 오늘날 에큐메니컬 운동에서 사용하는 어휘에 등장하지 않으며, 하나의 가능성으로조차 존재하지 않는다.

WCC 내에서 정교회의 잘못된 지위

신학적 차원

앞에서 간략하게 분석해본 최초의 오해는 근본적으로 WCC 내에서 정교회의 위치를 실추시키는 결과를 낳는다. 그것은 신학적으로나 제도적으로 잘못된 것이며, 이 사실은 에큐메니컬 운동에서 정교회가 끊임없이 겪는 고뇌, 정교회의 의식 안에서 일으키는 의심과 불안 등을 설명해 준다.

신학적 차원에서 정교회는 자신의 통찰을 에큐메니컬 운동에 반영하지 못했기 때문에 에큐메니컬 운동과 관련한 정교회의 전제조건들은 가톨릭-개신교라는 이분법에 의거하여 그 운동의 형성을 받아들여야 했으며, 실제로 받아들였다. 이것은 정교회가 서방의 두 대립적인 견해 중 하나와 자신을 동일시해야만 했다는 것을 의미할 뿐만 아니라 서방의 전형적인 신학적이지만, 진정한 정교회 전승과는 근본적으로 다른 이분법적 형태들-말씀과 성례, 수직적인 것과 수평적인 것, 권위와 자유 등-을 자신의 것으로 만들어야만 했음을 의미한다. 로마 가톨릭 교회가 참여하지 않는 동안, 개신교의 극우 진영에서는 정교회에게 에큐메니컬적으로 용납할 수 있는 가톨릭 교회의 역할을 맡겼다. 극소수를 제외한 모든 정교회 신학자들과 대표들이 이 역할을 쉽게 받아들인 것이 비극이었다. 그들은 서방의 난국 및 그릇된 이분법들을 극복하는 데 기여했어야 함에도 불구하고, 무의식 중에 서방의 논쟁의 한 부분에 참여했던 것이다.

아마 여기에서 장기간에 걸친 정교회 신학의 서방화가 부정적인 결과를 만들어낸 듯하다. 정교회는 성직 위계적이고, 성례전적이고, 전통적이고, 수평적이고, 교의적이고, 보편적인 교회이다. 로마 가톨릭 교도들은 이 모든 특성들을 확인하고 방어하며, 개신교도들은 이 모든 것을 부정하고 비판하는데, 두 가지 태도 모두 동방교회의 접근 방식과 일치하지 않는다. 정교회 신앙을 단순하게 사도적 승계, 일곱 가지 성례, 3단계의 성직 위계제도 등의 교리로 축소할 수는 없다. 그러한 교리들이 분명하게 정의된 형태로 존재하는지도 의심스럽다. 이러한 용어들 중 다수는 서방교회로부터 직접 차용한 것으로서, 동방교회의 전체적인 전승에 비추어 평가되어야 한다. 그러나 정교회 신앙은 에큐메니컬 대화에서 항상 이런 질문, 또는 저런 질문에 관한 하나의 "견해"로서 제시되고 대변되었을 뿐, 전체적으로 정교회의 외적 형태들에게 생명의 의미를 부여하는 살아 있는 영적 실체로서 제시되고 대변된 적은 한 번도 없다. 그리고 이 견해 자체는 대체로 이미 받아들여진 신학적 틀을 집행할 뿐인 기존 서방교회의 범주와 동일시되었다. 모든 주요한 에큐메니컬 회의의 보고서에 첨부된 "정교회의 독립된 성명서"는 정교회 대표들이 거의 항상 느끼고 있던 바 자신의 지위가 잘못되어 있다는 느낌을 잘 표현한다.

제도적인 차원

WCC 내에서의 정교회의 위상이 잘못되었음은 제도적인 차원에서 가장 명백해진다. 서방교회의 종교적 상황 때문에, 협의회의 구조는 교파적인 원칙에 기초를 두고 있었다. "교회"에 관한 공통된 정의를 발견하지 못했기 때문에, 어느 정도 조직적인 자치권을 지닌 집단은 모두 "교회"로 받아들여야만 했다. 이 원칙은 에큐메니컬 운동에 대한 개신교의 견해를 잘 반영해 주지만, 근본적으로 로마 교회와 정교회의 견해와는 일치하지 않는 것이다. 여기에서의 문제는 위상의 문제가 아니라(중요성에 있어서 정교회는 소 종파와 동등하게 간주되었다), 에큐메니컬한 진리와 실체에 관한 문제이다. 개신교 교파들 사이의 분열은 근본적으로 정교회와 개신교, 또는 정교회와 로마 가톨릭 교회의 분열과는 상이한 것이다. 전자의 경우에는 기본적인 의견의 일치 안에서의 불일치이며, 후자의 경우에는 상호교제가 불가능하기 때문에 분명하게 된 근본적인 불일치 안에서의 부분적인 일치이다.

에큐메니컬 운동의 실체는 셋—가톨릭 교회, 개신교, 정교회—이지만 에큐메니컬 운동의 제도적인 형태 안에서 표현되지는 않는다. 여기에서도 WCC의 개신교 측 책임자들을 나무랄 수는 없다. 왜냐하면 개신교 진영에서는 나름대로 WCC의 구조 안에서 에큐메니컬한 기본적인 긴장들을 통합하려고 노력해 왔기 때문이다. 그 책임은 정교회 측에 있다고 보아야 한다. 왜냐하면 그들은 교파적인 원칙을 받아들여 그것을 자신에게 적용함으로써 또다시 자신의 에큐메니컬한 사명과 기능을 저버렸기 때문이다. 다시 말해서 그들은 완전히 반대되는 교회의 경험, 나름대로 통일된 교회를 대변하기 때문이다. 그러나 이것은 정교회 스스로가 참된 교회라는 주장을 판에 박은 듯이 되풀이함에 의해서 이루어지는 것이 아니라 에큐메니컬 운동 안에서 정교회는 본질상 항상 개신교 전체와 공존하면서도 대립하는 반쪽으로 존재한다는 단순한 사실을 강력하게 주장함에 의해서 성취될 수 있다.

이 실질적인 대립이 WCC의 구조 안에 표현되지 않는 한, 정교회 자신이나 개신교 측에서 볼 때에 WCC 내에서의 정교회의 위치는 앞으로도 잘못되고 혼동될 것이다.

이러한 논평이 너무 신랄하고 실망스러울지는 모르지만, 나는 이 논평이 에큐메니컬 운동의 장래 및 정교회의 참여에 대한 진정한 염려에서 비롯된 것이라고 이해되기를 바란다. 나는 우리가 진리의 순간에 도달했으며 명백성과 책임의식이 크게 요구된다고 본다. 에큐메니컬 운동의 만남 안에서 이제까지 우리는 많은 것을 얻었으며, 앞으로 가능성이 많을 것으로 기대된다. 우리에게는 그러한 기대를 저버릴 권리가 없다.

색인

ㄱ

감독직의 승계 150
강도들의 공의회(449) 175
개신교: 마리아 숭배의 부재 94, 97 ; 성경의 권위 145-146, 161
거룩한 지혜의 교회 14
경륜과 신학 225
계시록 108, 118-119
고대 교회의 성경해석 146 ; 성경해석의 목적 158
고대 교회의 해석 146
고백자 막시무스 35, 83, 129, 141, 208, 261, 291, 293
공덕 39, 99-100
교리적 발달 132, 210-215, 273
교리적 정의 126, 128, 130-132, 193, 198, 208, 211, 214
교부 시대 129, 134, 144, 212
교부들의 합의 184, 188
교사로서의 교부들 182
교회 건축 20, 87 ; 이콘에서의 건물 88
교회: 슬라브 교회 18-19 ; 성경의 해석자 166-167, 182
교회의 권위 127, 169, 209 ; 교회의 일치 172-173
교회의 보편성 173
교회론 129, 137, 299, 301-302
교회의 비판적 정신 205
교회의 종말론적 특성 301, 303, 307
구전 전승 119, 160, 164, 203, 206, 208
귀신들 109
그레고리 1세 217
그레고리 2세 48
그레고리 딕스 172
그레고리 팔라마스 56, 84, 124, 273, 282
그리스 철학 134
그리스도: 그리스도와의 연합인 성찬식 34, 37 ; 성찬에의 실질적 임재 33, 36-38 ; 새 아담 50, 52, 63, 285, 302 ; 그리스도와의 연합 34-36, 98, 287-288
금욕자 마가 46
금욕적 경험과 이콘들 78, 80
기도: 마리아에게 드리는 기도 97 ; 성인에게 드리는 기도 86
기도와 이콘 81, 84
기도할 때에 동쪽을 향함 162, 195
기독교의 토착화 133
기록되지 않은 전승 144, 162, 192-193
기록되지 않은 전승인 찬송(바실) 162, 193

기름부음 33
기원 248-255, 257-259, 264-265

ㄴ

나지안주스의 그레고리 54, 80, 210, 213, 236, 242, 261, 263, 271
니케아 신조 164, 183, 245
니콜라스 모토필로프 56, 71, 74, 79
니콜라이 아파나시에프 137
닛사의 그레고리 51, 53, 77, 283, 290

ㄷ

다른 위격들의 원인인 성부 254, 258, 260, 266
다마스커스의 존 35, 72-73, 236, 283
다양성: 위격들의 절대적 다양성 253, 254-255, 262-263, 269
단선율 성가 19
단일의지론 215
단일체 230-231, 242, 243, 259-263, 265
대 바실 31, 54, 119, 122-123, 160-166, 168, 192-196, 199, 201, 213, 226, 236, 271, 274, 278, 288
대립의 관계 241, 252-255, 258, 262-263, 265 ; 기원의 관계 253-255, 258, 264-265

데네프 189
데살로니가의 시므온 72
도그마: 정교회의 도그마 162, 164, 192-193 ; 도그마와 케리그마 164, 192
도로테우스 82
도시테우스 31
동서방교회의 분리 116, 246
동서방교회의 화해의 조건 275-276
동서방교회의 분열 116, 245-246, 312
동서방의 고립 138, 312, 315
동일본질 208-209, 211, 224, 227, 250-251, 259-261, 264, 269
동정녀 탄생 94-95
두 의지의 협력 291
디오니시우스 전집 208, 228
떡과 포도주 36-37, 304

ㄹ

라도네츠의 세르가우스 87
『러시아 주요 연대기』 12, 14
레렝의 빈센트 144, 183, 188, 208
레오 3세(황제) 48
로렌조 스쿠폴리 141
루파누스 164
리용 공의회 272, 275

ㅁ

마르시온 146, 168
마리아 13, 47, 67, 71, 85, 94-102, 105-106, 132, 202-204
만과 17
만성절 100
모세 74, 76, 92, 230, 232-233
몬타누스주의 146, 172
몽소승천 132
미국의 신학 138-141

ㅂ

바울 46, 55, 58, 63, 64, 70, 85, 89, 92, 129, 138, 162, 206, 208-209, 211, 228-229, 233, 281
반응으로서의 교회 302-303
발라암수도원 117
베노이트 프루체 161
변증신학 130, 135, 238, 243
변화 15, 24, 36-37, 46, 52-56, 62, 66, 77-78, 80, 82-87, 92, 97, 109, 159, 173, 177, 180, 189, 194-195, 200, 218, 256, 258, 279-280, 285, 287, 302, 305-306, 312, 316
보수적 태도의 위험성 205, 216
본질과 신적 에너지들 266-267, 272-273
볼로토프 175, 247-248
부정의 신학 7, 223-225, 228-229, 232, 240

부활절 논쟁 179
분석(아포파시스의 제3단계) 231
분열 15, 30, 78, 116, 133, 177, 180, 245-246, 300, 312-314, 319
불가고프 세르가우스 93, 137, 269
블라디미르 공 7, 12, 14-15, 115, 143, 297
블라디미르 로스키 69, 137, 187
블라디미르 솔로바에프 136
비대립 240, 243
비밀 엄수 훈련 163, 194

ㅅ

사도들과 교부들 128, 141, 181
사도직 승계 125
사로프의 세라핌 56, 71, 79, 87, 104, 302
사망의 정복 286
삼위의 동일본질 227, 250, 259, 269
삼위일체 신학과 아포파시스 228
삼위일체의 공동본성의 현시 269-271
상징적 해석 122
신신학자 시므온 52, 57, 69, 75, 79, 138, 279
서품식 28-29, 40
선교 명령 298, 304
선행 289-291, 293
성경과 전승의 분리 202
성경에 대한 비판적 접근 123-124
성경의 의도 156, 167

성경의 통일성 146-147
성경해석자인 교회 166
성경의 충분성 177, 190, 198
성례전 12, 28-33, 86, 120, 123, 125, 166, 179, 193, 195, 289, 293, 299-303, 306-307, 317
성례전의 효력 29
성령의 표현 53
성령의 신비 138, 253
성령의 발현 246-247, 249, 254, 262, 264-265, 270, 275
성령이 신화에서 하는 역할 286-289
성모무흠 수태설 96
성무일과 17, 118
성부의 묘사 불가능성 49
성부의 독재 227, 251, 254, 257-258, 261-262, 266-267, 269-271
성부의 초월성 233, 235-236, 246, 269-270
성부의 위격 234, 259
성부의 불가지성 235
성부의 심연 233-234, 236
이콘 7, 14, 43-47, 50, 58-75, 78-92, 97, 104, 106, 132, 196, 198, 207, 217-218, 224
이콘의 영적 내용 61
이콘의 의미 63, 80, 84
이콘의 역사적 실체 65, 70
이콘 내의 조화 78, 85
이콘 숭배 104, 132
이콘에 등장하는 동물들 86-88
이콘에서의 성인들의 자세 85

이콘에서의 의복 표현 85, 88
이콘의 사실주의 78
이콘의 색깔 70, 72-75, 78, 84, 90, 217
성유물 22, 68, 94, 98, 103-104
성유식 28-29, 41-42
성인 시성 68, 103-104
성인들 13, 39, 57, 66-77, 85-88, 92, 98-109, 120, 123-124, 128, 138, 206-207, 218 ; 성인 숭배 98-99, 102-103, 107, 109 ; 성인들의 자유 100
성인들의 영화 74, 99, 103 ; 마라아의 영화 97
"성자로부터" 245-246, 248, 252-253, 255, 262, 266, 275-276
성자의 발생 250, 254
성찬식 19, 24, 27-29, 34, 37, 80, 162, 293
성찬에서의 복귀 운동 304-305
성찬에서의 상승 운동 304
성찬예배 7, 12-19, 22-25, 30, 34, 38, 43-44, 73, 91, 103, 118-120, 132, 159-163, 180, 191, 198, 207, 301, 304
성화 14, 21-23, 28, 31, 33, 35, 40, 44, 60-61, 63-64, 68, 70-73, 76, 84-86, 91-92, 95-96, 106, 138, 203, 212, 250, 275, 287-288, 293, 302
세계교회협의회 40, 309, 318
WCC 내에서의 정교회의 잘못된 위상 318
세라피온 154, 157
세례 17, 28, 30-33, 37-39, 41-42, 49, 51, 55, 105, 109-110, 124, 148, 150, 157, 159-161, 164, 178,

195, 293
세례 때의 신앙고백 150, 161, 164
세례 요한 105-106
세례의 필요성 32
세상을 부인함 292
정교회 선교의 대상인 세상 305-306
셀레스틴 교황 7, 159
켈수스 231
소조멘 164
수도원운동 123, 303
수태고지 95
수호천사 108
순교자 105
『스트로마타』(클레멘트) 230
스페인 공의회 248
슬라브 교회 18-19
시각 69, 81, 91, 196, 203
『신명론』 238, 240
『신비신학』(위-디오니시우스) 236-239, 241-243
신비의식들 163-164, 193, 230, 293
신앙의 규칙 147, 150, 152-153, 155, 159, 165, 167-168, 208, 215-216
신약성경 40, 59, 108, 118, 121-122, 131-132, 157, 160, 193, 204, 208, 210, 224, 281
신인(神人)의 형상 47
신적 계시인 이콘 44, 87
신조들: 전례의 부산물로서의 신조 159 ; 구전 전승으로서의 신조 119, 160, 164,
206
신조의 기원 183
신학의 원천인 성경 119-126
신화 7, 34-36, 46, 53-56, 58, 60, 69, 83, 86-87, 98-99, 122, 202, 206, 275, 277-281, 283-293
심판 38, 81, 85, 97, 99, 101-102
십자가 상징 162, 195

ㅇ

아나스타시우스 279
아담 50, 52-53, 55, 63, 88, 282, 284-285, 302
새 아담이신 그리스도 50, 63, 302
아리우스주의 124, 129, 154-156
아퀴타니아의 프로스퍼 159
아타나시우스 7, 39, 54, 129, 153-158, 160, 166, 209, 236, 281, 285
아토스 25
아토스의 니코데모스 141
아포파시스 224, 228-240, 242-243
악령 108
안토니 77-78, 81
알렉산더 슈메만 6, 115, 137, 297, 309
알렉산드리아의 클레멘트 228-236, 243
알렉산드리아의 키릴 259
알렉세이 코미아코프 127, 189
알렙포의 바울 19
알바누스 231-232

얌블리코스 155
어거스틴 54, 144, 164, 169, 178, 184, 275
에바그리오스 123, 141
에베소 공의회 129, 176, 180
에베소의 마크 129
에큐메니컬 공의회 20, 36, 43, 48, 53, 56, 58-60, 62, 91, 129-130, 132, 173, 175-176, 180, 182, 185, 191, 215, 274, 314
에큐메니컬 운동 115, 300, 309, 311-320
에큐메니컬 운동의 서방 지향성 315-316
에피파니우스 87
역종교개혁 189, 299, 312, 315
연도 24-25
영감 16-17, 121, 138, 157, 165, 204, 215, 217
영원한 현시 273-275
영적 분별 165
영적 조명 74
영지자 233-234
영지주의 125, 146, 148, 156, 212
예루살렘의 키릴 34
예배의 규칙 158-160, 314
예배의 형태 17
오리겐 141. 167-168, 177, 179, 183-184, 197, 206, 209, 225, 260
오리겐주의 134
오순절 40, 49, 71, 96, 120, 140, 195, 202-203, 213, 304
오직 성경 119
외경 119, 206-207

요한 뮐러 189
우연한 사건인 공의회들 174
원죄 31, 53, 96, 101, 159
위-디오니시우스 57, 76, 208, 226, 228-229, 236-242
위격들: 삼위의 동일본질 277, 250 ; 삼위의 절대적 다양성 253-254, 261-263, 265
위서 208
유비 71, 149
유서 깊음 145
유아세례 38
은둔자 테오판 104
은혜와 자유의지 289
은혜의 방편인 성례전 39
음악 16, 19
이그나티우스 로욜라 141
이그나티우스(안디옥) 34, 125, 197, 199
이단 정교회의 견해 315 ; 이단자들과 성경 146-147, 149, 167
이데아 54, 232-233
이레나우스 125-126, 144, 148-152, 154, 160, 166, 168, 177, 179-181, 184, 285
이브즈 콩가르 176
이사야(사부) 81
이삭(시리아인) 87-88
이코노스타시스 14, 21-24, 97, 106
이위일체, 단일체이면서 삼위일체인 하나님 260, 262-263
이집트의 마카리우스 76, 82, 124, 292

이해를 추구하는 믿음 276
이혼 41
잉태되지 않은 하나님 233-235

ㅈ

자연신학 118, 266
자유: 인간의 자유 126, 290, 293 ; 성인들의 자유 100 ; 정교회 신학자들의 자유 126, 136 ; 하나님의 자녀들의 자유 86, 201
자유의지와 은혜 289
저녁기도 17
전능하신 성부 235, 243
전문적인 교권주의의 결여 136
전승: 신학의 원천 121-126 ; 전승과 전승들 132, 203 ; 고대 교회에서의 전승 158 ; 성경의 진정한 해석이 되는 전승 145 ; 성문화되지 않은 전승 165, 195 ; 진리의 구두 전달 191-192
전승의 비판적 역할 205-206
전승의 수직선 195, 201, 203
전통주의의 위험 206
전파 62, 117, 147, 157-158, 168, 172, 191-192, 194, 210, 306
정교주일 44
정교주일 시노디콘 62, 72
정교주일의 시기송 44, 47, 50, 58, 61, 65
정교회 내의 보수적인 경향 131

정교회 성소의 문 22-23
정교회 신학의 서방화 312, 317
정교회 예배 시간 24-25
정교회 예배에서의 성가 14, 18-19, 25-26, 44, 57
정교회 예배의 언어 18
정교회에서의 성령의 발현 246-249
정교회예배의 비격식성 21
정교회의 교리적 정의 126-132
정교회의 진보적 경향 131
제1차 니케아 공의회 128
제2차 니케아 공의회 129, 132
제국공의회 173-174
제단 13, 22, 38, 229, 305
제롬 168
조과 17-18
조지 프레스티지 152, 183
존 웨슬리 124
존 카르미리스 27, 136
존 클리마쿠스 292
존 헨리 뉴만 155
종교개혁 94, 135, 189, 245, 299, 312-313, 315
종부성사 42
죄 29, 31-32, 39, 42, 46, 53, 57, 65, 81, 83-84, 95-97, 101, 105, 159, 206, 280, 284-286, 292, 302
주변모축일 44, 72-73
주상성인 테오돌 67
중기 플라톤주의 228, 231-232, 234, 239
중생의 목욕 30

지상의 천국(정교회 예배) 12-13
지오울라스 존 137
지혜: 지혜와 동정녀 마리아 97 ; 하나님의
  지혜 96, 137
지혜론자 137
진리의 표준이 되는 합의 150
진정한 성경해석으로서의 전승 153

184, 192-197
켈리 J. N. D. 159
콘스탄틴 173
퀴니섹스트 공의회 58, 119
크론스타트의 존 21
크리소스톰 31, 35
키릴 루카리스 135
키프리안 160, 178

ㅊ

창조세계의 구원과 통일 86-87
천사들 13, 23, 86-87, 94, 101, 105-109, 218, 288,
  292
철야예배 18
초월성: 하나님의 초월성과 내재성 225 ; 성
  부의 초월성 233, 235-236, 243 ; 삼위의
  공통 본성 239, 249, 270
충만으로서의 교회 301, 304
침례 123

ㅋ

카르타고 공의회 178
카시안 197
카파도키아 교부들 141, 160, 228, 236-237,
  240, 242-243
칼케돈 공의회(451) 129-131, 167, 176, 184
캐터린 135
케리그마 120, 147, 161, 164, 166, 177, 181-182,

ㅌ

타라시우스(총대주교) 66
타락 이후의 신화 280
타락한 천사들 108-109
타종 19
터툴리안 148-149, 160, 168, 177-178, 180
테오도시우스 173
테오토코스 45, 105-106
테오파네스 44
토마스 아퀴나스 184, 236, 239, 249
톨레도 248
트렌트 공의회 62, 85, 191
특별 성사 17

ㅍ

평신도 신학자들 127, 136

포포비치 137
폴리캅 180
플라톤 135, 201, 230-234, 239
플로렌스 공의회 15, 275, 300
플로렌스키 137
플로로프스키 15, 134-135, 137, 143-144, 171, 188
피터 모길라 135
필라레트 203
필로 231-232
필로칼리아 11
필리오 254

ㅎ

하나님의 내재성과 초월성 225
하나님의 본질적 통일성과 위격적 다양성 266
하나님의 양자가 됨 31, 279-281
하나님의 어머니 46-47, 94-95, 203
하나님의 에너지들 240, 267, 269, 288
하나님의 영광 98, 106-107, 268
하나님의 자기 비하 46, 270
하나님의 형상 31, 46, 49-51, 53-55, 59, 84, 91, 107-108, 271, 280, 282-285, 288
하비 콕스 43
한스 킹 175
합의 125, 128-129, 131, 136, 138, 145, 179-180, 184, 188, 202
『헤르마스의 목자』 213
혼인 28, 41
회개 39-40, 293
회교 통치 하에서의 생존 133
회중석의 부재 20, 23
후광 74-75
희생제사로서의 성찬식 38
힐라리 146
a Patre Filioque 247, 251
De Spiritu Sancto(바실) 160-165, 192, 194-195, 199, 201, 207, 254, 262
Lex orandi 7, 160, 314
On Hypotyposes 238
Outlines of Theology 238
startsy 104, 123
Theological Hypotyposes(위-디오니시우스) 239
Tri-Unity 263, 265-267
via remotionis 228, 234, 238